COMPREENDER O TRABALHO PARA TRANSFORMÁ-LO

A PRÁTICA DA ERGONOMIA

Agradecimentos

Julia Issy Abrahão
    por ter iniciado o processo de tradução.

Marvia Waks Rosenfeld Sznelwar,
    pela força e apoio na preparação dos desenhos.

Fausto Leopoldo Mascia,
    pela ajuda na revisão e incentivo.

François Guérin,
    que possibilitou esta edição em português.

Revisão técnico-científica:

LAERTE IDAL SZNELWAR
Médico e Doutor em ergonomia
Professor do Departamento de Engenharia de Produção
Escola Politécnica da Universidade de São Paulo

LEILA NADIM ZIDAN
Engenheira pesquisadora em ergonomia

III

F. GUÉRIN
A. LAVILLE
F. DANIELLOU
J. DURAFFOURG
A. KERGUELEN

COMPREENDER O TRABALHO PARA TRANSFORMÁ-LO

A PRÁTICA DA ERGONOMIA

Tradução:
GILIANE M. J. INGRATTA
MARCOS MAFFEI

Universidade de São Paulo
Escola Politécnica
Departamento de Engenharia de Produção

COMPRENDRE LE TRAVAIL POUR LE TRANSFORMER –
LA PRATIQUE DE L'ERGONOMIE
A edição em língua francesa foi publicada pela Éditions
de l' ANACT
© 1997 by ANACT

Compreender o trabalho para transformá-lo
© 2001 Editora Edgard Blücher Ltda.
1ª edição – 2001
10ª reimpressão – 2022

Blucher

Rua Pedroso Alvarenga, 1245, 4º andar
04531-934 – São Paulo – SP – Brasil
Tel.: 55 11 3078-5366
contato@blucher.com.br
www.blucher.com.br

É proibida a reprodução total ou parcial por quaisquer meios sem autorização escrita da editora.

Todos os direitos reservados pela Editora Edgard Blücher Ltda.

FICHA CATALOGRÁFICA

Guérin, F.
 Compreender o trabalho para transformá-lo: a prática da ergonomia/ F. Guérin...[et al.]; tradução Giliane M. J. Ingratta, Marcos Maffei. – São Paulo: Blucher: Fundação Vanzolini, 2001.

 Outros autores: A. Laville, F. Daniellou, J. Duraffourg, A. Kerguelen
 Título original: Comprendre le travail pour le transformer, la pratique de l' ergonomie.

 Bibliografia
 ISBN 978-85-212-0297-4

 1. Ergonomia I. Guérin, F. II. Laville, A. III. Daniellou, F. IV. Duraffourg, J. V. Kerguelen, A.

04-0043   CDD-620.82

Índices para catálogo sistemático:
1. Ergonomia   620.82

CONTEÚDO

Prefácio da edição brasileira IX
Prefácio da segunda edição francesa XII
Prefácio da primeira edição francesa XV
Advertência XVII
Capítulo 1: Ação ergonômica e análise do trabalho 1
Capítulo 2: Trabalho, tarefa, atividade 7
    I.   Uma questão de recorte 8
    II.   Trabalho, tarefa e atividade 11
    III. A atividade de trabalho: uma forma da atividade humana 16
    IV. A tarefa: um conjunto de prescrições, mas também de representações 25
    V.   A função integradora da atividade de trabalho 26
    VI. A abordagem ergonômica 29
    VII. O confronto entre os pontos de vista 32
    VIII. Uma leitura do funcionamento da empresa do ponto de vista da atividade ... 37
    IX. Construir a ação ergonômica do ponto de vista do trabalho 40
Capítulo 3: Bases para uma prática 47
    I.   O lado da empresa: objetivos, meios, mas variabilidade 48
    II.   Diversidade e variabilidade dos indivíduos 50
    III. A construção dos modos operatórios 53
    IV. As dimensões coletivas da atividade 59
    V.   "Erro humano" ou falha na representação? 62
    VI. Relações entre a atividade, o desempenho e a saúde. 63
    VII. Os saberes dos operadores sobre sua própria atividade 68
Capítulo 4: Resultados e conseqüências da atividade 69
    I.   Conseqüências para os operadores 71
    II.   Conseqüências para os meios de trabalho e a produção 76
Capítulo 5: A diversidade das ações ergonômicas 79
    I.   O estatuto dos ergonomistas 79
    II.   A diversidade das empresas 81
    III. A diversidade das origens das demandas 81
    IV. A diversidade dos objetos da ação ergonômica 82
    V.   A especificidade de cada ação ergonômica 82
    VI. A análise da atividade e os outros métodos em ergonomia 83

Capítulo 6: A construção da ação ergonômica 85
    I.   Esquema geral da abordagem 85
    II.   A demanda, ponto de partida da ação ergonômica 86
    III. Identificar o que está em jogo 91
    IV. Dimensionar a ação ergonômica 95
    V.   A proposta de ação ergonômica 96
    VI. Estruturar-se para conduzir a ação ergonômica 98

Capítulo 7: Conhecimento do funcionamento da empresa 100
    I.   A dimensão econômica e comercial 101
    II.   A dimensão social e demográfica 103
    III. As leis e regulamentações 119
    IV. O ambiente geográfico da empresa 120
    V.   A dimensão técnica 121
    VI. A produção e sua organização 122

Capítulo 8: Abordagem da situação de trabalho 128
    I.   Da análise das tarefas à abordagem da atividade 128
    II.   A escolha das situações a analisar 131
    III. Os primeiros contatos com os operadores 132
    IV. As primeiras investigações 134

Capítulo 9: O pré-diagnóstico e o planejamento das observações 137
    I.   Focalização da análise em torno de hipóteses 137
    II.   No centro das hipóteses: a atividade 138
    III. A elaboração do pré-diagnóstico 142
    IV. Demonstração e compreensão 142
    V.   No centro dos métodos: a observação 143
    VI. Levando em conta a dimensão temporal 144
    VII. A categorização dos observáveis 145
    VIII. Planificar a observação para quantificar e comparar 145
    IX. Planificar a observação para dar conta do desenrolar da atividade 147
    X.   Caracterização do meio e análise da atividade 148

Capítulo 10: As modalidades práticas da observação 149
    I.   Algumas grandes categorias de observáveis 149
    II.   As técnicas de registro 156
    III. A descrição da atividade observada 160
    IV. Os limites da observação 163

Capítulo 11: As verbalizações 165
    I.   Os momentos da verbalização e seus objetivos 166
    II.   As verbalizações sobre as condições de exercício da atividade e suas conseqüências 167
    III. As verbalizações em relação a uma atividade observada 168
    IV. As modalidades do questionamento 169
    V.   Das verbalizações à estrutura da atividade 172

Capítulo 12: O diagnóstico e a transformação 175
    I.   A função do diagnóstico local 175
    II.   Do pré-diagnóstico ao diagnóstico 176
    III.   A formulação do diagnóstico local 177
    IV.   Do diagnóstico à transformação 178
    V.   O diagnóstico geral, em relação às possibilidades de transformação 179
    VI.   Toda transformação é um processo de concepção 181
    VII. Identificar os atores e os objetivos 182
    VIII. Formular objetivos detalhados antes de escolher soluções 183
    IX.   Avaliar as soluções propostas 184
    X.   A chegada dos equipamentos, a fase de ajuste e a partida 186
    XI.   A vida cotidiana 186
    XII. Avaliar a ação ergonômica, identificar seus efeitos 186

Conclusão 192

Bibliografia 193

Posfácio da primeira edição (Alain Wisner) 196

Posfácio da segunda edição (Yves Lichtenberger) 198

"O trabalho do pintor está sob a pintura, assim como a realidade está sob o visível. O trabalho e a realidade são, desse modo, dissimulados pela visibilidade que criam."

Bernard Noël

PREFÁCIO DA EDIÇÃO BRASILEIRA

Podemos nos alegrar de termos cumprido uma etapa significativa para o desenvolvimento da ergonomia no Brasil. Fruto do empenho de pessoas obstinadas, aqui está a primeira edição em português dessa importante obra direcionada a todos que se preocupam e se ocupam das questões ligadas ao "trabalhar".

O livro, que considero uma obra de referência obrigatória em ergonomia, foi escrito graças à reunião de vários autores que têm uma ampla e significativa trajetória dentro da ergonomia. Autores e atores em diversos trabalhos realizados junto a escolas, instituições públicas, sindicatos, empresas, os responsáveis por esse livro são conhecidos por sua notória contribuição para o desenvolvimento da discussão teórica, dos métodos de pesquisa e ação, e de processos de transformações efetivas no trabalho.

Além de juntos escreverem e terem participado em outros trabalhos, eles têm outro ponto em comum: todos trabalharam no laboratório de ergonomia do Conservatoire National des Arts et Métiers, sob a direção do Prof. Alain Wisner. Durante aproximadamente 30 anos, inúmeros trabalhos foram desenvolvidos nesse laboratório sob sua batuta. O livro que ora prefacio pode, de certa forma, ser considerado como uma síntese de muita coisa que se passou naquele lugar, extremamente dinâmico, durante esse período.

Ousaria dizer que talvez um dos legados fundamentais é justamente o que está no livro, a análise ergonômica do trabalho, oriunda da escola franco-belga de ergonomia e que, desde os seus primórdios, tem possibilitado a compreensão e a transformação de inúmeras situações de trabalho. Nessa linhagem, este livro é uma obra fundamental, pois ele nos propõe o estudo e entendimento do método da análise ergonômica do trabalho. Além da discussão do método em si, referência fundamental para pessoas que atuam na área do trabalho, há inúmeros exemplos, que ajudam a situar o leitor no campo da ergonomia.

Fruto das contribuições dos cinco autores, que têm estilos e experiências diversas, podemos mergulhar na riqueza de questões que são colocadas quando se propõe fazer de fato ergonomia. Dessa forma, apesar de a obra ser finita, na medida em que se apresenta como um objeto-livro, ela amplia em muito o horizonte das questões colocadas e as possibilidades para se pensar uma ação efetiva de transformação do trabalho.

O fato de se editar este livro em português é muito significativo. Quase onze anos após a primeira edição, chega até nós a tradução da segunda edição em francês, que foi bastante alterada e atualizada pelos autores. Para nós, a obra vai ser muito útil, por proporcionar aos diversos futuros leitores uma aproximação maior com a ergonomia e, em especial, com a análise ergonômica do trabalho.

O público a que se destina este trabalho é bastante amplo: pessoas interessadas nas questões e desafios colocados pelo trabalho no mundo de hoje; o trabalho, tema sempre citado e pouco tratado na sua profundidade.

Em nosso país temos enormes problemas devidos a acidentes, doenças profissionais e relacionados ao trabalho, além de questões de qualidade e de produtividade. Muitas vezes a sua origem é imputada ao "erro humano", à imprudência, ao não respeito aos procedimentos, isto é, o próprio trabalhador seria o principal responsável pelos problemas que o atingem diretamente e seria também, graças a uma atribuída falta de qualificação, responsável por deficiências ligadas à qualidade e aos resultados da produção.

Aí entra a ergonomia, aí entra principalmente a análise ergonômica do trabalho para colocar essa questão no seu devido lugar e colocar em xeque esse tipo de preconceito, tão nefasto que dificulta a introdução de mudanças efetivas. As principais causas dos problemas estão na inadequação do trabalho às características humanas. Os projetos dos sistemas de produção, dos processos, da organização do trabalho e das tarefas são feitos, muitas vezes, a partir de estereótipos simplificados do que seria a população de trabalhadores. Em geral, o lugar que o trabalho ocupa dentro de um projeto de produção é irrisório, frente à importância dada aos custos das máquinas e a outros componentes da produção. O resultado é que a questão do trabalho, do ser humano na produção, fica relegada para segundo ou último plano — na realidade, o ser humano é "encaixado" na produção.

A ergonomia propõe uma abordagem diferenciada, baseada numa perspectiva antropocêntrica. O trabalho e a produção são importantes para o desenvolvimento das sociedades humanas e dos indivíduos. A importância dos outros fatores não deveria sobrepujar o humano na produção, uma vez que se pode banalizar a própria existência das pessoas trabalhando. Se esse trabalhador "não serve", troca-se.

Muito há que se fazer, em nosso meio, para ultrapassarmos uma realidade ainda cruel com relação ao trabalhador. Na categoria "trabalhador" se enquadra muita, muita gente, e não é apenas operário da fábrica, o operário agrícola, o operário urbano. Todos aqueles que trabalham, que executam tarefas como assalariados ou não, merecem ter no seu trabalho não apenas um meio de ganhar a vida, mas um meio de desenvolvimento pessoal e social.

Acredito que, pelo menos em parte, aquilo que escrevi acima pertence ao passado. Infelizmente, uma grande parte ainda permanece.

Será que, ao pensar numa nova ferramenta, o projetista coloca em lugar de evidência o usuário desta? Será que, ao organizar a produção numa linha de montagem, uma empresa pensa nas necessidades de pausa, nas necessidades das pessoas para obter retorno sobre o que realizam? Será que, ao pensar na aplicação de venenos contra insetos no campo, os projetistas pensam no peso do equipamento, nas condições do solo, no calor? Será que, ao se desenvolver um programa de computador, pensa-se no uso real do sistema, nas limitações e propriedades da memória humana? Será que alguém que tem um papel de gestão, em determinado sistema de produção, tem de fato tempo e condições de fazê-lo? Será que ao evidenciar que há riscos de acidente do trabalho e que eles só não ocorrem mais amiúde por causa da prudência das pessoas, as empresas seriam instadas a transformar a situação de trabalho?

Tantos "será" poderiam ser colocados neste texto! Desculpem se esqueci algum, mas o mais importante é que temos um imenso desafio pela frente... transformar o trabalho! Como diz o livro original "compreender e transformá-lo". Tenho dificuldade em dizer o que vem de fato em primeiro lugar, uma vez que, ao parar para refletir sobre o que se está fazendo, já estamos desenvolvendo um processo de transformação.

De qualquer maneira, interessar-se profundamente pelo trabalho, buscar entender, procurar melhorar é um desafio para muitos. Desafio esse que passa por muitos níveis, desde o reconhecimento de que a inteligência no trabalho é algo sempre presente, fato que ajudaria de vez a acabar com o conceito errado de "mão-de-obra", até o reconhecimento de que o direito a um trabalho decente é uma questão de cidadania, fundamental para o desenvolvimento pessoal, social, tecnológio e econômico de nosso país.

A ergonomia tem se desenvolvido consideravelmente no Brasil, apesar dos enormes problemas que ainda persistem. Dessa forma, estamos procurando, através da edição deste livro, reduzir a falta de referências bibliográficas que podem ser úteis para aqueles que têm interesse nas questões do trabalho. Lacuna enorme, principalmente se pensarmos que o universo de pessoas que têm acesso à leitura em francês é reduzido, infelizmente. Literatura referente à análise ergonômica do trabalho foi basicamente escrita nessa língua. Portanto, a tradução dessa obra é de fundamental importância para aqueles que queiram se aprofundar no conhecimento desse método e conhecer a ergonomia que se desenvolve a partir de tal abordagem.

A leitura deste livro e de outros que, certamente, virão em seguida, tanto frutos de traduções como obras originais desenvolvidas por autores brasileiros e de língua portuguesa, poderá também servir para o aprofundamento do intercâmbio com a França, na área da ergonomia. Convém lembrar que muitos entre nós que hoje se dedicam ao ensino da ergonomia também estudaram no Laboratório de Ergonomia do Conservatoire National des Arts et Métiers, em Paris, e em outras escolas francesas. Hoje há vários profissionais atuando em nossas universidades, centros de pesquisa e empresas, que tiveram o privilégio de ser alunos do Prof. A. Wisner e também dos autores do livro.

Finalmente, acredito que, ao viabilizar a tradução para o português de um livro cuja leitura ficava restrita a poucos, estou prestando uma sincera homenagem a nossos professores, colegas e alunos. Traduzir é de certa forma continuar a obra dos autores, que a partir desta edição se torna acessível a todos os que lêem em português e que, espero, poderão também contribuir para transformar o trabalho.

Laerte Idal Sznelwar
Departamento de Engenharia de Produção
Escola Politécnica da Universidade de São Paulo

PREFÁCIO DA SEGUNDA EDIÇÃO FRANCESA

Obra de referência sobre a metodologia da ação ergonômica, *Compreender o trabalho para transformá-lo* foi várias vezes reimpresso, em função de seu sucesso junto a um vasto público de ergonomistas e futuros ergonomistas em formação, e também, de uma maneira mais limitada, junto a iniciadores dessas ações, direções de empresas e sindicalistas. Aparece agora em sua segunda edição, consideravelmente reorganizada por seus cinco autores.

Trata-se de uma obra de metodologia, pois a ergonomia é mais uma arte que uma ciência, pondo intimamente em relação a compreensão do trabalho e sua transformação, apoiando-se numa pluralidade de contribuições de diferentes disciplinas, e conduzindo a ações singulares em cada caso, necessitando agregar conhecimentos gerais sobre o trabalho a conhecimentos específicos co-produzidos com os trabalhadores da empresa envolvida.

Apostar numa obra abrangente é audacioso por dois motivos. Por um lado, porque é cada vez mais generalizada a presença da ação ergonômica, seja enquanto análise das disfunções em matéria de saúde e segurança no trabalho, seja enquanto acompanhamento de mudanças técnicas ou organizacionais na implantação de fábricas, na transformação de espaços de trabalho, no desenvolvimento de sistemas de informação, na definição de formações, etc. Por outro lado, porque as abordagens da ação ergonômica variam, em função de serem os ergonomistas empregados da empresa ou exteriores a ela (consultores ou pesquisadores), e as demandas virem das direções ou das instituições representativas dos trabalhadores.

Essa aposta revela-se bem-sucedida, especialmente porque põe em evidência, além dessas diferenças, várias características comuns à ação ergonômica, as quais gostaria de ressaltar a seguir, a partir de minha visão de economista e sociólogo.

Se não existem separações estanques entre os diferentes modos de ação, é preciso ressaltar que a ação ergonômica difere da ação sociológica, centrada na compreensão e na transformação das relações entre os atores, e da ação em gestão, centrada na definição da estratégia e na adequação dos meios aos resultados.

Primeira característica: a ação ergonômica convida a todos aqueles que participam da concepção do trabalho a "descer do cavalo", *a observar do mais perto possível* o que liga as condições materiais e organizacionais do trabalho a seus resultados, *a atividade real do trabalho*, e a levá-la em consideração desde o início, ampliando o coletivo envolvido na concepção e os objetivos da concepção.

Se o trabalho assalariado se caracteriza, já antes de F. W. Taylor, desde a Revolução Industrial, pela divisão das tarefas na empresa e a separação entre trabalho de concepção e de execução, a atividade de trabalho não pode ser reduzida à prescrição de tarefas. O trabalho é, de fato, *"tomada de iniciativa para fazer o sistema funcionar"*:

- gestão de acasos de toda ordem;
- antecipação, gestão simultânea de vários horizontes temporais;
- ao mesmo tempo atividade individual singular e atividade coletiva, e para tanto, de comunicação.

A ação ergonômica leva, portanto, em consideração os trabalhadores, individual e coletivamente, como atores de seu trabalho, da construção de sua saúde e de suas competências. Procura, a partir das regras de metodologia e deontologia correspondentes, pôr em evidência o trabalho real em relação ao prescrito, não para reduzir por princípio as diferenças, mas para fazer evoluir os dispositivos técnicos, os meios de comunicação, o conteúdo dos empregos e formações.

Segunda característica da ação ergonômica: a função integradora da atividade de trabalho permite, no decorrer da ação e, se possível de maneira duradoura na empresa, *constituir um ponto de vista sobre o trabalho* que esclareça a relação entre as condições, a atividade, e os resultados do trabalho. Esse ponto de vista se fundamenta sobretudo na análise do trabalho e na simulação da atividade futura, e articula estreitamente observações, verbalizações e entrevistas, confrontações entre departamentos e posições hierárquicas (cada qual detendo uma parte do enigma), estabelecimento de dados e análise de documentos, capacidade de inferir do local ao global.

Essa visão do trabalho *deve ser relacionada a outras visões*, também legítimas, deslocando de maneira dinâmica os compromissos que toda conduta de mudança implica. A ação ergonômica aborda assim a realidade sistêmica da empresa ou do projeto, mas de um ângulo próprio, a atividade de trabalho. Tem uma preocupação global, a transformação do trabalho, de suas condições materiais, de suas regras, de sua realidade e resultados, que só pode alcançar confrontando-se com outros atores e outros campos como a tecnologia e a gestão.

Terceira característica da ação ergonômica: tem o *triplo objetivo* de contribuir:
- para a melhoria das condições de trabalho e da saúde dos trabalhadores, o desenvolvimento de suas competências (a variabilidade e a autonomia sendo fonte de aprendizagem), uma visão diferente sobre o emprego (quer seja de seu volume, da carga de trabalho, do conteúdo dos empregos, ou dos processos de inclusão e exclusão);
- para um melhor funcionamento da empresa, de seus sistemas técnicos, de sua organização, da gestão de seus recursos humanos, de seu desempenho global;
- e, conseqüência e meio dos dois objetivos anteriores, para o enriquecimento do diálogo social, a ação levando em conta a pluralidade de lógicas existentes na empresa, contribuindo para a transformação das representações sobre o trabalho e favorecendo a emergência de um caráter mais conjunto das demandas.

Compreender o trabalho para transformá-lo ajudará no desenvolvimento de ações ergonômicas num contexto marcado pelo aumento da concorrência internacional, o desemprego em massa e os processos de exclusão, a insatisfação crescente dos trabalhadores com a evolução de suas condições de trabalho; mas também marcado por novos riscos e oportunidades ligados à evolução do trabalho, à sua crescente desmaterialização, ao desenvolvimento de sua dimensão de serviço, a uma maior exigência de responsabilização dos operadores e, paradoxalmente, de desenvolvimento dos procedimentos. A mudança nas organizações está, mais que no passado, na ordem do dia, seja em se tratando de flexibilidade, de múltipla competência, ou de reorganização do tempo de trabalho. Se não existe um bom modelo, bons métodos existem, sobretudo para uma confrontação com múltiplos critérios de visões e para uma valorização da atividade de trabalho.

A partir da experiência, outras obras virão, espero, para mais bem caracterizar:

- a dimensão cognitiva do trabalho;
- sua dimensão de comunicação, entre os trabalhadores, e entre estes e clientes ou usuários;
- a análise da intensificação do trabalho, do estresse, e do sentido do trabalho;
- a evolução desejável dos instrumentos de gestão, para que venham a considerar o trabalho não somente como custo, mas como fonte de valor, e nele integrar a evolução da saúde e das competências dos trabalhadores;
- a sociologia da ação ergonômica, o interesse dos diferentes atores; a resistência à demanda, a articulação entre o caráter local da análise do trabalho e aquele, em geral global, do que está em jogo, a gestão do tempo nas ações ergonômicas...

Procurar tornar as ações mais eficazes com o triplo objetivo já mencionado e mais bem responder às questões colocadas pela evolução do trabalho implicará num reforço da multidisciplinaridade e no desenvolvimento de ações combinando abordagens ergonômicas, sociológicas e gerenciais, mas desde já o leitor encontrará aqui referências preciosas.

Henri Rouilleault
Diretor Geral da ANACT

PREFÁCIO DA PRIMEIRA EDIÇÃO FRANCESA

Mudar o trabalho

Transformar o trabalho, eis a primeira finalidade do ergonomista, afirmam desde o início do primeiro capítulo os autores deste livro.

Vasto projeto... projeto talvez desmesurado! Mas projeto sem dúvida necessário. O trabalho é um fator de produção: é portanto um determinante da eficiência. É também a expressão da atividade humana. Sendo assim, o trabalho põe em jogo as capacidades físicas, cognitivas, psicológicas, os reflexos sensoriomotores, as competências, a experiência.

Transformar o trabalho é necessário para evitar desperdícios de energia e inteligência, para responder às exigências de qualidade, flexibilidade e redução de custos que nossa sociedade de competição econômica demanda.

Mas transformar o trabalho — e esse objetivo é, quem sabe, mais importante ainda — é também ter um projeto para o ser humano, na empresa. O trabalho está no cerne da relação entre o ser humano e a empresa. Condiciona amplamente seu posicionamento. É o determinante principal do salário, por meio da classificação.

É, ou não, oportunidade de qualificação e desenvolvimento profissional, solidariedade e satisfação. Incide consideravelmente sobre a saúde, os horários, a vida fora do trabalho. É uma alavanca de inserção ou uma ocasião de exclusão.

Mudar o trabalho, para que todos que o exercem nele encontrem, em sua diversidade, interesse, com a preocupação, ao mesmo tempo, de favorecer a eficiência, a competitividade, eis um projeto essencial ao qual os ergonomistas nos convidam.

É a ambição deste livro, realizado por profissionais envolvidos tanto com a prática quanto com a pesquisa, contribuir nesse projeto por meio de uma apresentação muito concreta da prática ergonômica. Estará à sua altura? Pergunta difícil e provocante, ao mesmo tempo, em relação à qual este livro dá elementos sem, no entanto, respondê-la.

Os autores evocam a articulação necessária com outros domínios: a economia, a técnica, as relações sociais.

A ergonomia, e este livro o ilustra bem, é ao mesmo tempo um conjunto de conhecimentos sobre o ser humano no trabalho — fisiologia, psicologia, funcionamento cognitivo — e uma prática de ação.

Mas a transformação do trabalho, à qual legitimamente o ergonomista aspira, não se liga apenas ao ser humano, mas às técnicas, aos sistemas de gestão.

O próprio ser humano não é somente um mecanismo "fisiopsicossociológico bem regulado". Tem sentimentos, interesses individuais e coletivos.

Os projetistas industriais às vezes se mostram seduzidos por essa nova técnica, que permitiria enfim pôr em equações e parâmetros o ser humano, da mesma maneira que os dados técnicos e econômicos.

Os ergonomistas que evitem cair numa tal armadilha!

A ergonomia precipitou-se com razão a ocupar o vazio deixado no coração das ciências da organização pelo enfraquecimento do taylorismo. Poderá dar aí sua plena contribuição na medida em que não queira o monopólio.

A organização é o produto de uma multiplicidade de determinantes, entre os quais o ser humano no trabalho ocupa um lugar essencial, mas não exclusivo.

Mas, se ela deve evitar ser totalizante, a ergonomia tem seu lugar, um lugar útil e necessário entre as ferramentas de transformação da empresa.

Ela nos lembra, de fato — algo que merece uma atenção particular —, que a implicação do trabalho na saúde é muito mais ampla e difusa que os riscos profissionais apenas. Ressalta, como prática de ação, o lugar da observação junto às entrevistas.

Este livro nos dá vontade de ser ergonomista. Seja como for, leva a desejar que essa prática se desenvolva amplamente nas empresas, independentemente de seu tamanho, para além da situação atual e dos progressos já realizados.

Possa esse desejo se concretizar.

Pierre Louis Remy

ADVERTÊNCIA

Este livro é o resultado de uma história; muitos atores dele participaram de uma forma ou de outra, construindo assim, através de suas pesquisas, ensino e práticas, o procedimento e os métodos de análise da atividade, objeto desta obra. É impossível nomear todos esses atores; permanecerão então anônimos, esperando-se que reconheçam nela a sua contribuição.

A análise do trabalho tem como origem a obra de Faverge e Ombredane. A publicação de seu livro com esse título, em 1955, é um marco. Esses autores contribuíram para ampliar o campo da psicologia do trabalho, até então centrada na avaliação das aptidões: eles mostraram que, se o que se quer é compreender o trabalho, é preciso observá-lo onde ele acontece e perguntar aos operadores "o que há a fazer e como o fazem". Deram assim à análise ergonômica do trabalho suas primeiras bases. Wisner fez um percurso similar na fisiologia do trabalho. Retirou-a dos laboratórios, onde permanecia encerrada, e a levou para as fábricas. Fez a noção de atividade de trabalho ganhar sentido, ao unir a fisiologia e a psicologia do trabalho na análise da atividade, situando-a em suas relações com o funcionamento técnico, social e econômico da empresa. Produziu assim o primeiro curso sobre o assunto.

Grupos de professores, de pesquisadores e de profissionais se formaram, em especial no Conservatoire National des Arts et Métiers com Wisner, na École Pratique des Hautes Études com Leplat, e na Universidade de Liège com Véronique de Keyser; colaboraram entre si, trocaram reflexões e experiências práticas, organizaram encontros. Assim, essa problemática foi desenvolvida, suas bases teóricas aprofundadas, os métodos enriquecidos, as aplicações à transformação das condições de trabalho elaboradas.

Essa abordagem ergonômica dos problemas do trabalho ganhou cada vez mais espaço nas empresas. Começou a ter sua eficácia comprovada. Foi logo reconhecida pelos sindicatos de trabalhadores como meio para comprovar as más condições de trabalho e suas conseqüências, e dar base sólida às suas reivindicações. Mais tarde, as diretorias das empresas perceberam sua utilidade para melhorar o funcionamento de suas estruturas de produção.

A ergonomia centrada na análise da atividade passou a dialogar aos poucos com outras disciplinas: a lingüística, a antropologia, a psicopatologia do trabalho; estabeleceu uma relação complementar com a sociologia, a epidemiologia do trabalho, a demografia do trabalho; enriqueceu a problemática das pesquisas sobre inteligência artificial, formação profissional; participou da renovação de enfoques na segurança do trabalho; tem revelado sua eficácia na concepção de novas técnicas (informática, robótica) e no modo de conduzir projetos industriais; e vem ampliando seu campo de aplicação na arquitetura, na concepção de produtos, na domótica[*]. Começa a sair de seu espaço geográfico de origem: os países de língua francesa, principalmente Bélgica e França.

---

[*] Técnica de automação do lar (N.T.)

A análise ergônomica da atividade continua em evolução: é, de fato, objeto de pesquisa, meio de revelar novas questões sobre o funcionamento do homem no trabalho, mas também uma abordagem original para a transformação e a concepção dos meios técnicos e organizacionais de trabalho. Este livro se dirige mais particularmente, então, àqueles que nas empresas são encarregados dos problemas de condições de trabalho e da concepção dos meios de produção.

NOTA DA TRADUÇÃO

Gostaríamos de justificar a adoção das palavras "constrangimento" e "demanda" como tradução das palavras *contrainte* e *demande*, respectivamente. Apesar de serem correntemente usadas em português com o sentido proposto no texto, o seu emprego se justifica pela justeza do sentido e pelo histórico do seu uso em ergonomia.

"Constrangimento", apesar de ser mais usado entre nós para significar embaraço, em referência a um estado psíquico, tem vários significados que correpondem ao que se deseja passar em ergonomia. A palavra, originada do latim *constringere*, faz referência a apertado, aperto, compressão, coação, obrigatoriedade, restrição, cerceamento, injunções, entre outros. Se nos ativermos ao uso da palavra *contrainte*, em ergonomia, estamos utilizando o mesmo referencial, adequado ao que acontece no trabalho humano. Em algumas situações, o termo "exigência" se mostrou mais adequado para a tradução.

Outro aspecto interessante é que "contrangimento" pode seu utilizado com mais propriedade que a palavra "estresse", aportuguesada recentemente. Note-se que as duas têm raízes semelhantes e que o significado usado para os "fatores de estresse", no Brasil, nada mais é do que os diferentes constrangimentos. Propomos, dessa forma, manter a palavra "estresse" apenas no seu sentido original, usada como uma reação biológica à agressão.

"Demanda", usada em português com significados ligados à engenharia, onde tem relação com pedido, com volume, e à área jurídica, onde tem relação com contenda, ação judicial, processo; propomos, em acordo com vários colegas professores e pesquisadores, que seja usada em ergonomia com o sentido de solicitação, requisição, pedido, significados concordantes com o verbo "demandar" em português.

> *A complexidade de um objeto para um dado indivíduo depende da maneira pela qual este interage com ele. Usando uma forma mais poética, pode-se dizer que a complexidade reside no olho do observador.*
>
> Georges J. Klir, *Les multiples visages de la complexité*

1 AÇÃO ERGONÔMICA E ANÁLISE DO TRABALHO

Transformar o trabalho é a finalidade primeira da ação ergonômica. Para o ergonomista essa transformação deve ser realizada de forma a contribuir para:

- A concepção de situações de trabalho que não alterem a saúde dos operadores*, e nas quais estes possam exercer suas competências ao mesmo tempo num plano individual e coletivo e encontrar possibilidades de valorização de suas capacidades.
- Alcançar os objetivos econômicos determinados pela empresa, em função dos investimentos realizados ou futuros.

A nosso ver, esses dois objetivos podem ser complementares, desde que se aplique um procedimento que considere interações entre duas lógicas, uma centrada no social e outra na produção.

No entanto, existem muitas situações de adaptação, transformação ou concepção de sistemas de produção em que a predominância dos aspectos financeiros, técnicos ou organizacionais não favorece a reflexão sobre o lugar incontornável do homem no sistema de produção.

Na maior parte dos casos:

- O orçamento do investimento está decidido.
- Os objetivos quantitativos e qualitativos de produção estão esboçados.
- As principais escolhas tecnológicas já foram feitas.
- Opções para a compra das máquinas foram definidas com base em memoriais descritivos e especificações muitas vezes sumários.
- O grupo de projeto elabora hipóteses sobre os fluxos de produção, realiza o estudo de implantação das máquinas e de distribuição do espaço.

---

* Neste livro, o termo "operador" designa toda pessoa que exerce uma atividade profissional, quaisquer que sejam suas características (ofício, classificação profissional, sexo, etc.).

- As principais escolhas em matéria de organização (número de níveis hierárquicos, organização do tempo de trabalho, etc.) são decididas para atingir o conjunto dos objetivos.
- Etc.

Só depois é que se pensa no trabalho dos assalariados.

O plano do processo de produção já elaborado engendra um conjunto de fatores que determina em grande parte o modo como o trabalho será realizado, tornando-o fortemente dependente.

Só então as questões relativas aos trabalhadores são colocadas:

- De quem e quantos dispomos?
- Estão disponíveis na empresa ou devem ser contratados?
- Qual é a sua idade?
- Qual é o seu estado de saúde?
- Quais são os "saber-fazer" disponíveis e, em que medida correspondem às necessidades criadas?

É fácil perceber que técnicas, como a organização do trabalho, terão de empregar procedimentos visando dar coerência a um sistema cuja concepção ficou incompleta.

Os responsáveis pelos recursos humanos, em suas funções de seleção, contratação e formação de pessoal, tentarão adaptar os "meios" humanos às características técnicas e organizacionais do sistema de produção.

Essa lógica de concepção tende a ignorar a especificidade do funcionamento humano. Por isso, ela conduz a freqüentes desilusões no início das operações numa indústria, às vezes com conseqüências graves, manifestas ou ocultas. É mais fácil responsabilizar por elas os trabalhadores do que os métodos de gestão, de concepção ou de escolha técnica. Essa lógica se expressa em noções como a de erro humano, atribuindo precipitadamente a responsabilidade de um incidente de produção ou de um acidente material aos próprios trabalhadores. Ela minimiza, de fato, a influência dos meios de trabalho cuja concepção não leva suficientemente em conta as especificidades de funcionamento do operador humano e sua variabilidade:

- Deixa pouco lugar à variabilidade da produção: duração das séries de produção, não-cumprimento do planejamento da produção, mudanças de um componente em uma linha de montagem, evolução de um formulário administrativo, variações na qualidade da matéria-prima.
- Subestima a influência da rigidez da organização do trabalho ou dos constrangimentos de tempo, as conseqüências de certos tipos de organização do tempo sobre a saúde, como por exemplo o trabalho noturno.
- Ignora as contradições entre estruturas organizacionais rígidas e a necessidade de uma cooperação eficaz entre os trabalhadores; isso se verifica particularmente em situações degradadas de produção, onde sua importância nem sempre é claramente percebida.
- Enfim, tal lógica não dá a devida atenção ao conteúdo de formações às vezes mal adaptadas às situações com as quais os trabalhadores serão confrontados.

Trata-se de uma estamparia bastante velha, população essencialmente feminina, sem participação dos trabalhadores nas decisões. Equipamento composto de pequenas prensas, cadências elevadas e nível de ruído muito acima do limite regulamentar. A pressão do CHSCT (Comitê de Higiene Segurança e Condições de Trabalho) leva a direção da empresa a efetuar melhorias. Durante um fim de semana, sem avisar a operadora do posto de trabalho, a direção faz um enclausuramento na máquina. Segunda-feira de manhã, a operadora começa a trabalhar. No primeiro movimento da prensa, ela perde um dedo.

O ruído foi considerado só em suas características físicas, como uma questão estritamente técnica que se pudesse resolver independentemente da natureza do trabalho a realizar, da coleta de informações necessárias e da opinião dos interessados. A solução técnica adotada modificou substancialmente os índices perceptivos úteis para a realização da atividade de trabalho. A operadora não teve nem o tempo nem os meios para elaborar os novos modos operatórios que lhe permitiriam trabalhar com segurança.

Uma empresa agroalimentar investe na compra de uma linha de desossamento vertical para grandes bovinos. Objetivo anunciado: aumento de produtividade. Secundariamente: melhoria de condições de trabalho, pois com a nova linha não seria necessário virar os quartos de carne, como se fazia antes, nas mesas de desossamento. Alguns meses após o início do funcionamento da linha, o médico do trabalho se preocupa com o aumento de problemas lombares em diferentes postos da linha. Se a penosidade ligada à manipulação dos quartos de carne foi atenuada, novos constrangimentos apareceram. Devido à natureza da coleta de informações visuais indispensáveis para a realização de um desossamento de qualidade, e à concepção dos postos de trabalho, as posturas adotadas pelos operadores tornaram-se ainda mais penosas por terem de desossar animais de diversos tamanhos, pois a concepção da linha supunha animais de conformação idêntica.

Uma pequena empresa de salgação investe em novas técnicas de fabricação. O diretor afirma ter formado preventivamente os trabalhadores para essa evolução. No entanto, seis meses após o início do funcionamento da nova unidade, o aumento esperado na produtividade não foi atingido, e numerosos defeitos na produção são constatados. O diretor da empresa deseja um diagnóstico da situação...

Os novos materiais foram escolhidos sem a colaboração dos trabalhadores. A implantação de postos de trabalho em fábricas antigas acarreta deslocamentos consideráveis. Os cruzamentos de fluxo perturbam a produção.

Uma formação genérica sobre a evolução da profissão foi, de fato, dada, porém sem ter relação direta com o conjunto de conhecimentos anteriormente desenvolvido e sua necessária evolução para fazer funcionar a nova ferramenta de trabalho.

Vários paradoxos podem explicar algumas das dificuldades encontradas na empresa em decorrência desse investimento:

- *por um lado, o diretor faz um esforço constante para explicar, retificar, mostrar certas regras e gestos, não hesitando em insistir, em "pegar no pé" dos trabalhadores (usando uma de suas expressões);*

- *por outro lado, numerosos índices mostram que os trabalhadores não têm conhecimento de dados às vezes essenciais à sua atividade (a localização de certas ferramentas ou materiais, a natureza das tarefas seguintes previstas, as perspectivas comerciais, etc.).*

> Constata-se uma distância entre as dúvidas do diretor quanto às competências dos agentes de salgação e as observações relativas ao conjunto do seu conhecimento:
>
> - o diretor confirma suas impressões através das dificuldades encontradas por certos agentes quanto a noções de aritmética. Essas lacunas escolares lhe soam ainda mais prejudiciais, pois julga o domínio de certas noções físicas complexas indispensável para se ter competência na salgação;
> - as observações da atividade dos trabalhadores reforçam, por seu lado, os conhecimentos mobilizados pelos operadores em sua atividade, tais como: o conhecimento da carne, a antecipação dos resultados das ações em curso, o controle de suas ações passadas, sua capacidade de organização e de planejamento para o cumprimento de sua tarefa.
>
> De acordo com o ponto de vista que se adote:
> - não são as mesmas informações que aparecem como essenciais;
> - não é o mesmo conjunto de conhecimentos que aparece como significativo.
>
> Na verdade, esses dois pontos de vista dizem respeito a uma mesma realidade, mas não é segundo a mesma lógica que o diretor e os operadores representam os objetivos a alcançar e os meios para realizá-los. ☐

> Uma empresa química implementa seu sistema de controle de processo e decide centralizar o conjunto de informações numa sala de controle.
>
> A direção da empresa, convencida de que tudo funciona como imaginou, julga inoportuna a idéia da equipe de pesquisadores — a qual pediu um estudo para conhecer melhor a evolução do trabalho decorrente dessa automação — de se encontrar com os operadores de área, cuja atividade, segundo ela, nada tem a ver com a dos operadores da sala de controle.
>
> No entanto a análise mostra que um número impressionante de comunicações entre os operadores de área e os da sala de controle informam estes sobre o estado de certas partes da instalação (fechamento de válvulas, vazamentos, etc.), ou pedem que os operadores de área venham à sala (cujo acesso é para eles teoricamente proibido) para explicitar índices de disfunções. ☐

Assim, muitas disfunções constatadas na produção de uma empresa ou de um serviço, e numerosas conseqüências para a saúde dos trabalhadores, têm sua origem no desconhecimento do trabalho, ou, mais precisamente, no que chamamos atividade de trabalho dos operadores. Com muita freqüência, são negligenciadas:

- As informações que eles procuram ou que detectam em seu ambiente.
- A maneira como eles tratam essas informações, em função de sua formação e experiência profissional.
- Os raciocínios que fazem para decidir ações.
- Os gestos que fazem, os esforços que exercem, as posturas que adotam e graças aos quais agem sobre as ferramentas, objetos e o ambiente de trabalho.

Essa atividade é, porém, fundamental para o funcionamento do serviço, da oficina, da empresa. Os resultados de sua análise permitem ajudar na concepção dos meios materiais, organizacionais e em formação, para que os trabalhadores possam realizar os objetivos esperados em condições que preservem seu estado físico, psíquico e sua vida social.

Os exemplos anteriores evidenciam construções e manifestações de "representações" errôneas do trabalho real dos operadores.

A representação que os responsáveis pelo projeto têm do trabalho e de sua realização, leva-os freqüentemente a minimizar a variabilidade dos sistemas técnicos, a diversidade e a complexidade dos serviços a prestar, ou a dar a impressão de que essa variabilidade é totalmente previsível, e portanto controlável. Ora, a máquina quebra, a ferramenta se desgasta, o dossiê está incompleto, o programa de computador apresenta um erro inesperado, o preço do objeto não está marcado na embalagem no momento da passagem do cliente pelo caixa.

São momentos em que só o trabalho do operador permite a "regulação" desses incidentes. E não é simples:

- Ele dispõe, no momento adequado, das informações necessárias ao tratamento e à resolução desses incidentes?
- Essas informações são compreensíveis?
- Ele tem à sua disposição as ferramentas para o conserto?
- Ele precisa se colocar numa postura totalmente desequilibrada para ter acesso ao local onde deve agir?
- etc.

Na realidade, os trabalhadores são implicitamente considerados como "meios de trabalho", adaptáveis aos constrangimentos decorrentes de escolhas técnicas e organizacionais:

- Sua idade e seu sexo não importam, e suas capacidades de adaptação são tidas como infinitas.
- Funcionam de maneira constante.
- Não correm riscos em seu trabalho, desde que respeitem as normas de segurança e os modos operatórios prescritos.

Presume-se que eles possam:

- Ler uma informação manuscrita e pouco legível.
- Trabalhar tanto de dia quanto de noite da mesma maneira, sem que isso tenha conseqüências para sua saúde e vida social.
- Digitar dados no computador em ritmo constante, sem cometer erros.
- Seguir procedimentos bastante estritos "quando tudo vai bem" ou, ao contrário, transgredi-los para acelerar uma cadência, fazer um conserto rápido, ou fazer andar uma fila de espera num guichê.
- Aprender novas tarefas muito rapidamente, sem ajuda.

A análise do trabalho permitirá "corrigir" essas "representações redutoras" do homem.

Só procedendo dessa forma é que a ação poderá ter uma boa probabilidade de eficácia, embora a análise ergonômica por si só não permita definir os novos meios de trabalho, pois:

- Por um lado, ela se inscreve num projeto ou numa situação existente, submetida a seus próprios constrangimentos econômicos, técnicos, sociais.

- Por outro lado, ela está no centro de um conjunto de pontos de vista sobre o trabalho, muitas vezes divergentes. São eles:
    - o da direção, que, pressionada pela concorrência, deseja desenvolver a atividade da empresa investindo num procedimento novo;
    - o dos trabalhadores preocupados em fazer valer seus interesses próprios, em fazer reconhecer seus conhecimentos do trabalho e em influir nas escolhas determinantes para sua própria situação de trabalho;
    - o das instituições representativas dos trabalhadores, exprimindo seu ponto de vista sobre o emprego, as políticas de formação, de remuneração, de melhoria das condições de trabalho, etc.;
    - o do serviço médico, que tem por prioridade a saúde dos trabalhadores;
    - o do departamento de recursos humanos, encarregado de gerenciar o emprego, os salários, as qualificações, a formação e os conflitos sociais;
    - o do departamento de métodos, que organiza o trabalho, concebe as situações de trabalho em função dos objetivos de desempenho da empresa;
    - o da supervisão, que se incumbe da gestão cotidiana da produção, as conseqüências no dia-a-dia do absenteísmo, de esgotamentos de estoque.
    - etc.

Ora, esses diferentes pontos de vista se manifestam freqüentemente de modo contraditório e, portanto, só podem resultar em soluções de compromisso.

Se, por um lado, a análise ergonômica do trabalho, traz um outro olhar sobre o trabalho, uma outra maneira de situar a atividade de trabalho no contexto de funcionamento da empresa, por outro tem de se confrontar com esses diferentes pontos de vista.

Assim, a ação ergonômica não consiste unicamente em aplicar métodos, em realizar medidas, em fazer observações, em conduzir entrevistas com os trabalhadores. Ela deve:

- Ajustar seus métodos e as condições de sua aplicação ao contexto, às questões e ao que foi identificado como estando em jogo.
- Inscrever as possibilidades de transformações do trabalho que disso decorre num processo de elaboração do qual participem os diferentes atores envolvidos, com seus pontos de vista e interesses próprios.

O propósito desta obra é, portanto, apresentar os conhecimentos básicos úteis à análise ergonômica do trabalho, seus métodos, bem como uma maneira abrangente de proceder para a implantação de ações de transformação do trabalho.

> *Na física ocorre que, quando se muda de ponto de vista, as leis parecem diferentes: um deslocamento do quadro de referência pode levar a um deslocamento dos conceitos, um deslocamento em nossos modos de perceber as causas e os efeitos.*
>
> Douglas Hofstader, *Vue de l'esprit*

2 TRABALHO, TAREFA, ATIVIDADE

Não raro, no começo de uma obra sobre ergonomia, o autor recorre à etimologia para dar uma primeira definição da disciplina. Construída a partir de dois radicais: *ergon* e *nomos*, a palavra "ergonomia" designaria uma ciência do trabalho. Mais precisamente, a ergonomia teria por objetivo definir as regras do trabalho.

No começo de um curso, o formador recorre às vezes ao expediente de perguntar ao público o que faz, em sua opinião, um ergonomista. Obtém habitualmente uma resposta mais concreta, mas não necessariamente mais clara: aproximadamente, a ergonomia seria uma disciplina que se interessa pelas condições de trabalho. Mas o campo que tal definição cobre é habitualmente muito impreciso, como mostra a seguinte transcrição sucinta de uma introdução a um curso de ergonomia.

— *Na opinião de vocês, o que faz um ergonomista?*

— *Trata das condições de trabalho.*

— *E o que são* — *o formador pergunta* — *condições de trabalho?*

— *Os ruídos, o calor, o frio, a poeira, os odores...*

— *E o que mais?*

— *As cores,... as vibrações,... as dimensões,... as posturas,... talvez a facilidade de utilização de uma máquina! Os produtos tóxicos, também.*

— *Em suma, as condições materiais de trabalho. E o adicional de insalubridade? Diz respeito ao ergonomista?*

— *???? ... só se for para eliminar esse tipo de adicional.*

— *Então vamos supor que o ergonomista seja chamado para eliminar um constrangimento térmico numa oficina. Ele realiza corretamente seu trabalho, faz recomendações eficazes, e a empresa as segue, fazendo os investimentos necessários. Ao ser eliminado o constrangimento térmico, a direção da empresa suspende o pagamento do adicional de insalubridade que ele gerava. Os trabalhadores vão achar que suas condições de trabalho melhoraram?*

— *Claro que não, podem até entrar em greve.*

— *Então o adicional de insalubridade diz respeito à ergonomia?*

— *Claro!*

— *E o prêmio de produtividade?*

— *Não, isso é com a produção.*

— *No entanto vocês hão de concordar que esse modo de remuneração tem por objetivo aumentar a velocidade do trabalho. Ora, os efeitos do constrangimento térmico são ainda mais graves se os assalariados têm uma atividade física considerável, cuja intensidade depende da velocidade de trabalho. Conclui-se então que o prêmio de produtividade diz igualmente respeito à ergonomia.*

— *Sim, mas aí não acaba mais!*

— *Não nos precipitemos em responder a essa questão antes de colocá-la corretamente, pois poderíamos dar muitos outros exemplos: os contratos por tempo determinado e, de maneira geral, as modalidades precárias de emprego, a classificação de cargos e salários, a composição das equipes de trabalho, suas causas e conseqüências fora dos domínios da empresa.*

— *Se tudo está em tudo, então não há nada que se possa fazer. Vamos ficar só fazendo filosofia!*

— *Vocês acabaram de assinalar a necessidade do recorte, na realidade, de um objeto para a ação. Trata-se justamente de uma questão filosófica: não a do recorte que se impõe efetivamente, mas a da maneira como se define um objeto para a ação e os critérios usados.* □

O que a ergonomia estuda não é necessariamente mais claro para a maioria das pessoas. Uma pesquisa mostraria que um número de pessoas cada vez maior conhece a palavra. Por quê? Por terem comprado um aspirador com um "cabo ergonômico"* ou por possuírem uma cadeira de "formato ergonômico"*, etc. Para eles, a ergonomia é sinônimo de maior conforto por causa dos objetos que ela contribuiu para modificar.

Se interrogarmos ergonomistas, principalmente os que baseiam sua prática no que propõe a escola franco-belga, sua resposta será que a atividade de trabalho é o cerne de seu interesse. Face a essa diversidade de representações, convém reconhecer que há algumas ambigüidades quanto ao objeto da disciplina que justificam portanto uma tentativa de esclarecimento. Antes de tentar fazê-lo, convém sublinhar a importância dessa questão, o caráter arriscado de tal tentativa e os limites de nosso empreendimento.

I — Uma questão de recorte

A importância desse esclarecimento provém da própria natureza dos métodos. Estes só fazem sentido se postos em relação com os objetivos que devem permitir alcançar. Reduzidos, conforme a acepção corrente do termo, a um conjunto de meios, os métodos se vêem imediatamente enquadrados numa lógica de aplicação. A reflexão sobre os métodos se transforma então em considerações sobre as técnicas de aplicação. Acredita-se estar refletindo sobre a metodologia quando, na verdade, não se faz mais que limitar-se à determinação de ferramentas para a ação. Na medida em que se trata, neste livro, de propor

Trabalho, tarefa, atividade 9

uma metodologia, é imperativo definir a que ela se propõe, ou seja, a natureza da representação da realidade em relação ao objetivo a alcançar.

O caráter arriscado da tentativa decorre tanto da necessidade de levar em conta a história da disciplina quanto da grande complexidade de seu domínio de ação. Ao longo de sua breve história, o campo da ergonomia não cessou de se ampliar com a experiência. As influências portanto são múltiplas, todas contribuindo para enriquecer um capital comum à comunidade de ergonomistas. É difícil dar conta dessa riqueza quando se procura tomar uma posição. Além disso, a amplitude do que está em jogo, prática e teoricamente, nos problemas do trabalho e de sua evolução complica habitualmente o debate. Abordar com serenidade as dimensões filosóficas e ideológicas, aliás essenciais, dessas questões, nunca é simples. O pior é ceder à tentação de contorná-las. A natureza das questões em jogo faz com que abordá-las exija mais espaço do que dispomos nesta obra. As páginas que se seguem destinam-se mais a suscitar a reflexão do que a fornecer respostas, mesmo parciais.

O debate a seguir ilustra bem, nos parece, a complexidade das questões subjacentes a situações de trabalho bastante comuns.

Uma empresa decide dar uma formação em ergonomia a seus profissionais do departamento de métodos. Pediu-se a eles que observassem a atividade dos operadores de certas situações de trabalho, e um primeiro balanço é realizado com os responsáveis da empresa.

— Os participantes ficaram frustrados — ressalta o responsável pelo departamento de métodos. — Esperavam técnicas práticas, diferentes das que possuem. Pois de fato consideram que já são observadores.

— De fato são observadores, já que são organizadores e, como tal, profissionais ligados ao estudo do trabalho. O problema não é esse. Na verdade, o objetivo era fazê-los observar outras coisas.

— O que eles observaram, no entanto, foram os postos de trabalho que é função deles conceber e organizar.

— Não se interessaram pela atividade dos trabalhadores que ocupam esses postos, e recolheram muitos fatos. Segundo a expressão deles, viram "defeitos".

— Sim, mas acham que vocês não propuseram remédios.

— Antes de procurar soluções possíveis, assunto da segunda parte da formação, seria preciso inicialmente que eles vissem o que chamaram de "defeitos". Em seguida, é preciso que descubram que essa expressão é discutível. Falam em defeitos porque têm como objetivo enquanto profissionais, estabilizar os postos, quer dizer, reduzir a variabilidade das situações constatadas por meio de técnicas de organização. Finalmente, é preciso ajudá-los a descobrir que os problemas são diferentes segundo o ponto de vista que se adota. Interessar-se pela atividade do operário é um ponto de vista diferente daquele que habitualmente eles têm, e que se centra na máquina, no posto, na peça.

— Vocês falam em pontos de vista; tudo bem, mas as pessoas estão prontas para observar; faltam-lhes as ferramentas.

— Deixem-me dar um exemplo. Um dos postos observados foi concebido para fabricar um certo tipo de torneira e é uma hipótese razoável supor que ele tenha sido bem-concebido. Ocorre

que a torneira fabricada é ligeiramente diferente, de modo que a movimentação da operadora é modificada de forma desfavorável, obrigando-a a uma postura pouco confortável. Os participantes viram isso, era esse o objetivo e, vocês têm razão, a ergonomia pode de fato fornecer-lhes ferramentas para analisar esse tipo de situação. Mas o principal problema é a reação espontânea deles: adaptar o posto ao novo tipo de torneira. Vocês sabem, melhor que eu, que se trata de uma falsa solução, em função da diversificação dos produtos a serem fabricados. Nesse sentido, a inadaptação que constataram não é um defeito. O que precisam é de um novo modelo de concepção que integre a variabilidade intrínseca das situações de trabalho. Porque se não os problemas não são resolvidos, apenas deslocados ou jogados para a frente.

— *Talvez estejamos querendo demais — observa o presidente da empresa. — Por razões de segurança, e após uma intervenção do fiscal do trabalho, instalamos nas prensas pequenas comandos manuais duplos, que as operárias devem manter pressionados durante o ciclo de fabricação. Hoje temos problemas de tendinite, sobre os quais vem alertando o médico do trabalho.*

— *Para resolver esse problema, na opinião dele, a pressão nos comandos manuais poderia ser eliminada usando-se uma grade, que a operadora abaixaria antes de acionar a prensa.*

— *Acrescenta-se uma operação a mais, que pode agravar o constrangimento de tempo. Além disso, será que a grade não vai atrapalhar o controle visual que a operadora faz da realização da operação?*

— *Mas, então, como faremos?*

— *Talvez — responde o presidente da empresa — devêssemos ter optado por uma solução automática. Na época, nós a descartamos por razões financeiras.*

— *Não sei se teria sido a solução, mas o exemplo reforça a necessidade de construir por inteiro as questões antes de se precipitar a dar as soluções. Isso supõe que se adote o que chamei agora há pouco o ponto de vista da atividade da operária, integrando nele o conjunto dos parâmetros que determinam e constrangem essa atividade: a segurança, decerto, mas também a postura e os movimentos, as exigências de controle, os constrangimentos de tempo, etc.*

— *De acordo — admite o responsável pela área de métodos —, pode-se observar e analisar para fazer progredir o modo como se funciona. Mas gostaria de lembrar o objetivo inicial dessa formação: melhorar as condições de trabalho.*

— *É a minha vez de concordar. Não estou esquecendo as condições de trabalho, é meu ofício. Mas não estaria sendo honesto se não dissesse de início que é impossível mexer nesse domínio sem considerar o funcionamento global da empresa e suas escolhas em todas as áreas, técnicas, organizacionais, comerciais e sociais. Com certeza, será necessário assumir compromissos, estabelecer prioridades, e compreendo que vocês queiram critérios para definir ações imediatas. Mas, se vocês não quiserem criar novos problemas a cada vez que solucionam os que vão aparecendo, é importante elaborar critérios que levem em conta a produção em qualidade e em quantidade, a atividade concreta das operárias e as condições dessa atividade. Elaboraremos tais critérios com os participantes na segunda parte da formação. Para chegar a isso, era necessário correr o risco de pôr na mesa, através de um procedimento adequado, o que hoje discutimos aqui.* □

II — Trabalho, tarefa e atividade
1 — Atividade de trabalho, condições e resultados da atividade

A ergonomia tem por objeto o trabalho, mas é preciso reconhecer que a palavra "trabalho" abrange várias realidades, como mostra seu uso corrente. É utilizada, conforme o caso, para designar as condições de trabalho (trabalho penoso, trabalho pesado...), o resultado do trabalho (um trabalho malfeito, um trabalho de primeira...) ou a própria atividade de trabalho (fazer seu trabalho, um trabalho meticuloso, estar sobrecarregado de trabalho...).

Conforme o contexto da frase, a maior parte dessas expressões pode designar qualquer uma dessas três realidades que acabamos de evocar. Isso demonstra sua fundamental unidade. A atividade, as condições e o resultado da atividade não existem independentemente uns dos outros. O trabalho é a unidade dessas três realidades (Fig. 1).

A rigor, uma análise do trabalho é uma análise desse sistema e do seu funcionamento. Seria preciso se recusar a separar as diferentes realidades que o compõem e exigir do analista do trabalho que tenha a competência necessária para abordá-las todas.

Na prática, isso não é possível, em função da amplitude do campo teórico e prático a investigar. De fato, as realidades que compõem o trabalho são consideradas separadamente nas práticas da empresa, bem como nas das disciplinas científicas que historicamente se constituíram nesse campo: sem ignorar sua unidade, focalizaram separadamente a atividade, os resultados e as condições de trabalho.

Na empresa, o pessoal do departamento de recursos humanos, preocupado com o desequilíbrio da pirâmide etária ou pela necessidade de deslocar trabalhadores, centra-se nos que estão em atividade (estados, aptidões, mobilidade, etc.). Os departamentos comerciais e de qualidade, confrontados com a pressão da concorrência, analisarão, ainda que de forma diferente, os resultados obtidos (relação qualidade/preço). Quanto aos profissionais do serviço de segurança do trabalho, preocupados com o aumento do número de acidentes, mobilizar-se-ão em relação às condições técnicas e organizacionais da produção, e assim por diante. Assim, o trabalho da empresa é objeto de abordagens diferenciadas.

Do mesmo modo, as práticas científicas que têm por objeto o trabalho constituíram-se a partir de pontos de vista específicos: o economista aborda o trabalho a partir do valor produzido e o sociólogo a partir das relações que se estabelecem entre os diferentes atores. O fisiologista e o psicólogo se interessam por sua vez pelos componentes físicos e mentais da atividade, e assim por diante.

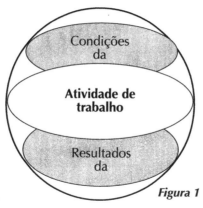

Figura 1

Nesse sentido, há uma multiplicidade de ciências do trabalho, e ninguém pode pretender abordar só com a sua competência uma realidade tão complexa. Portanto é necessário um certo recorte do campo de conhecimento e de ação. Cada um se coloca em função desse recorte, sem ignorar contudo que a dimensão do trabalho pela qual ele se interessa não é independente das outras. Mas não é difícil demonstrar a existência de uma nítida separação, não raro estanque, entre as diferentes preocupações.

O problema se complica no instante em que o objetivo não é mais só o conhecimento, mas também a ação. De fato, os recortes que herdamos podem conduzir a uma falsa evidência: o domínio da ação é idêntico ao do conhecimento necessário à ação.

Assim, por exemplo, ter um bom conhecimento das características das condições térmicas de trabalho, ou do ambiente sonoro, parece ser suficiente para agir. De fato, existem leis científicas de referência, que definem as relações entre as características desses ambientes e os mecanismos de regulação térmica ou de funcionamento do aparelho auditivo. Interessar-se pela atividade do operador e seus resultados pode então parecer supérfluo. Na melhor das hipóteses, serão descritos apenas para situar o contexto no qual essas condições se apresentam.

> *Chamado para estudar problemas de ambiente térmico, um ergonomista faz medidas de temperatura radiante com um termômetro de globo. Posiciona o aparelho no posto de trabalho em questão. O serviço de métodos indicou as peças que o operador fabrica e lhe forneceu a ficha descritiva do posto (modos operatórios a adotar, tempos alocados, etc.).*
>
> *O ergonomista faz seus cálculos com base nisso e conclui que o constrangimento térmico é efetivamente muito sério. Antes de fazer suas "recomendações", ele apresenta os resultados ao operador. Este os contesta, observando que o posto não é tão difícil de suportar quanto pode parecer.*
>
> *Nessa situação, o ergonomista fica perplexo. O operador estará subestimando os constrangimentos aos quais é submetido e/ou temendo as possíveis repercussões do estudo sobre sua situação de trabalho (é pago por produção, e se "beneficia" de um adicional de insalubridade)? Por desencargo de consciência, o ergonomista refaz todas as medidas e confirma a exatidão dos cálculos. Volta em seguida a falar com o operador. Este então lhe explica que não segue o modo operatório previsto, sobretudo para se proteger do fluxo de calor radiante.*
>
> *A análise da atividade confirmará, efetivamente, a existência de estratégias particulares, inclusive diferentes, para cada um dos três operadores do posto. Isso complica de modo considerável o modelo dos constrangimentos térmicos reais. De fato, o mais jovem tolera uma postura bastante desequilibrada ao mesmo tempo que acelera ao máximo a realização da tarefa perto do forno. Os outros dois operadores, com variações pessoais, limitam os constrangimentos térmicos e posturais fracionando a tarefa a ser realizada.*
>
> *O operador mais jovem usa um modo operatório relativamente próximo daquele definido pelo serviço de métodos. A diminuição do constrangimento térmico se faz à custa de uma aceleração instantânea da velocidade do trabalho e da adoção de uma postura difícil de manter por muito tempo. Tal estratégia não é independente de sua idade e, segundo sua expressão, ele ganha tempo que aproveita para sair mais cedo.*
>
> *A situação é diferente para seus colegas das equipes seguintes. São mais velhos e adotaram uma estratégia de fracionamento em lotes que lhes permite limitar os constrangimentos térmicos e posturais, mas que impede que eles se adiantem. Um deles obtém o acordo da equipe sobre essa estratégia; o outro entra em choque com o preparador, que preferiria não fracionar os lotes de peças a enfornar para terminar mais depressa.*

> Este exemplo ilustra o lugar central que ocupa a atividade para construir corretamente a questão das condições térmicas de trabalho dos operadores. As medidas a efetuar, assim como a interpretação dos resultados, dependem diretamente de um conhecimento que não se limita ao fluxo de calor radiante, classicamente posto sob a rubrica "condições de trabalho". Além disso, esse conhecimento coloca em evidência a existência de outros problemas (posturas, constrangimentos de tempo, composição das equipes...) a considerar de três pontos de vista: o da concepção do forno, o da organização do trabalho e o da gestão de pessoal.

Limitar-se a considerar os aspectos técnicos no início do procedimento que acabamos de descrever representa um risco de natureza igual ao que se corre em abordagens do trabalho privilegiando unilateralmente os aspectos econômicos, sociológicos ou biológicos. Em cada um desses casos, a procura de relações unívocas de causa e efeito, como única referência indispensável à ação, leva a uma redução do trabalho de um de seus componentes.

Esse risco espreita o ergonomista quando este não tem a preocupação constante de abordar o trabalho de maneira global. Assim, fizeram-se recomendações sobre o número e a repartição das pausas no caso de um trabalho fisicamente pesado a partir apenas de critérios cardiovasculares. Desse ponto de vista, as pausas devem ser freqüentes e curtas. Nesse caso, é evidente que o trabalho foi reduzido ao funcionamento fisiológico do operador. Ora, para o trabalhador, uma pausa não é somente um tempo para se recuperar. Tem igualmente um caráter social que favorece, entre outras coisas, trocas úteis ao trabalho.

2 — Tarefa e atividade de trabalho

Numa empresa, a primeira informação que a direção fornece é a sua atividade. Acontece o mesmo quando se pede a um trabalhador para falar sobre a empresa onde trabalha. Não se trata da atividade de trabalho, mas da atividade de produção de bens ou serviços que a empresa oferece em "seu mercado". Para a empresa, sua atividade é antes de mais nada os resultados que obteve e os objetivos a que se propôs. A rigor, trata-se então do resultado da atividade coletiva de trabalho.

Prosseguindo a conversa, o que se faz sistematicamente no início de uma ação ergonômica, os interlocutores vão falar sobre os meios dos quais a empresa dispõe para obter esses resultados, e aqueles que pretende adquirir para atingir os objetivos definidos em termos de nichos de mercado, quantidade a produzir, prazos a cumprir, qualidade dos produtos ou serviços, etc. Dependendo do interlocutor, a ênfase será posta num ou noutro dos meios mas, quase sempre, são os meios materiais e financeiros que são lembrados: faturamento, porcentagem destinada à pesquisa e ao desenvolvimento, etc.; número de estabelecimentos, filiais, área construída e capacidade de armazenamento, tecnologia e capacidade de produção, etc. Os recursos humanos e a organização são evocados de forma global e tão-somente por seu potencial de ação a serviço dos resultados esperados.

Da mesma maneira, quando os operadores falam espontaneamente de seu trabalho é em termos de resultados a obter: "ele embala produtos, ela costura vestidos, ela atende desempregados, ele dirige trens, ela administra apólices de seguro", etc. Depois, descrevem os meios que usam: "eu disponho de um estoque de caixas de papelão, bandejas plásticas e uso um rolo de filme de PVC, tenho uma máquina de costura, tenho um fichário e uso o telefone", etc.

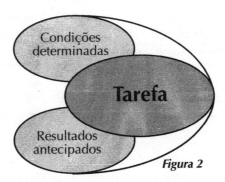

Figura 2

De fato, todos na empresa referem-se às tarefas que cumprem. Isso é verdade em todos os níveis, do presidente, que ressaltará o arsenal comercial e financeiro, ao operador, que insistirá nas quantidades a produzir, nos prazos a cumprir, no dispositivo a conduzir, nos procedimentos a respeitar, etc.

No seu aspecto mais geral, essa maneira espontânea de falar do trabalho da e na empresa revela o que é uma tarefa: como mostra o esquema na Fig. 2, é um resultado antecipado, fixado dentro de condições determinadas. Na realidade, as pessoas não falam de seu trabalho, mas de sua tarefa.

A tarefa mantém, evidentemente, uma relação estreita com o trabalho através das condições e dos resultados deste. Mas essa relação é a do objetivo à realidade: as condições determinadas não são as condições reais, e o resultado antecipado não é o resultado efetivo. Essa é uma primeira razão pela qual a tarefa não deve ser confundida com o trabalho.

Mas existe uma segunda razão mais fundamental: fica faltando a atividade de trabalho, ou seja, a maneira como os resultados são obtidos e os meios utilizados. Os ergonomistas experimentam no cotidiano a dificuldade de explicitar isso somente a partir das entrevistas que podem fazer com os membros da empresa.

Numa empresa do setor químico, cuja produção é submetida a rigorosos critérios de qualidade (resultados a obter), procedimentos muito precisos são entregues aos operadores (meios). No encontro com um operador, numa visita durante a negociação de uma ação ergonômica, ocorre o seguinte diálogo:

— É simples, basta seguir a receita — e mostra o documento que descreve as fases de transformação do produto associadas à ordem e ao tempo de cada uma das operações, bem como ao estado requerido dos diferentes parâmetros.

— Sim, mas eu não faço panquecas com o livro de receitas na mão.

— O que fazemos aqui não é cozinhar. (O que é saboroso, quando se pensa na linguagem geralmente empregada na química, onde só se fala em "panelas de pressão", temperatura de forno...) — Não, trata-se apenas de seguir a receita.

— OK, mas aí você precisa esfriar a 50°e, para isso, manipular uma válvula. Mas não acontece de imediato; há uma inércia do sistema. Como você faz para atingir o valor no prazo indicado?

— Bem, é do ofício; não há duas panelas de pressão que reagem da mesma maneira — diz. E, referindo-se a uma outra operação, acrescenta, mostrando a válvula: — Aqui, para dar certo, é preciso dar três voltas na válvula para abrir.

Trabalho, tarefa, atividade **15**

O *operador vai dizer que, apesar da receita, "leva seis meses para dar conta". Quanto ao engenheiro, vai explicar, a partir de um certo número de incidentes, os limites da automação do comando das válvulas.* □

Convém então distinguir claramente três realidades:
- a tarefa como resultado antecipado fixado em condições determinadas;
- a atividade de trabalho como realização da tarefa;
- o trabalho como unidade da atividade de trabalho, das condições reais e dos resultados efetivos dessa atividade.

Disso resultam várias conseqüências importantes, que não serão desenvolvidas neste capítulo pois, afinal, são o próprio conteúdo desta obra.

A análise do trabalho, como já afirmamos, é rigorosamente a análise do conjunto desse sistema. Desse ponto de vista, os ergonomistas não são os únicos a fazer análise do trabalho: existem outras maneiras de analisar o trabalho. Nem todas incluem a análise da atividade. Nesse caso, reduzem-se, em essência, à análise do trabalho prescrito. Inversamente, uma análise da atividade que não se inscreve numa análise do trabalho é incapaz de descortinar possibilidades de transformação, pois ignora o que, ao mesmo tempo, determina, constrange e autoriza a atividade concreta do operador. A análise ergonômica do trabalho é uma análise da atividade que se confronta com a análise dos outros elementos do trabalho.

A tarefa não é o trabalho, mas o que é prescrito pela empresa ao operador. Essa prescrição é imposta ao operador: ela lhe é portanto exterior, determina e constrange sua atividade. Mas, ao mesmo tempo, ela é um quadro indispensável para que ele possa operar: ao determinar sua atividade, ela o autoriza.

O operador desenvolve sua atividade em tempo real em função desse quadro: a atividade de trabalho é uma estratégia de adaptação à situação real de trabalho, objeto da prescrição. A distância entre o prescrito e o real é a manifestação concreta da contradição sempre presente no ato de trabalho, entre "o que é pedido" e "o que a coisa pede". A análise ergonômica da atividade é a análise das estratégias (regulação, antecipação, etc.) usadas pelo operador para administrar essa distância, ou seja, a análise do sistema homem/tarefa.

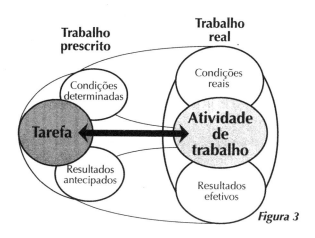

Figura 3

III — A atividade de trabalho: uma forma da atividade humana

Em primeira análise, a atividade se opõe à inércia. É o conjunto dos fenômenos (fisiológicos, psicológicos, psíquicos...) que caracterizam o ser vivo cumprindo atos. Estes resultam de um movimento do conjunto do homem (corpo, pensamento, desejos, representações, história) adaptado a esse objetivo. No caso do trabalho, esse objetivo é socialmente determinado. Sem atividade humana não há trabalho, mas pode haver uma produção. Um automatismo, por exemplo, materializa de certo modo o trabalho necessário a sua concepção, fabricação e manutenção e transmite a cada unidade produzida uma parte do valor desse trabalho.

Normalmente, a atividade de trabalho é distinguida com nitidez da atividade humana em geral. Nos formulários administrativos, as mulheres sem atividade remunerada são obrigadas a se declarar sem profissão. Aquele que "não trabalha", que "não consegue encontrar trabalho", é um desempregado. Diz-se habitualmente de um estudante "que ele nunca trabalhou" e de um aposentado "que ele parou de trabalhar". Alguém que conserta sua própria máquina de lavar, ou põe papel de parede na sua sala, não trabalha, se "distrai". Em suma, o trabalho é uma atividade específica inerente à "vida ativa". Expressão significativa que, tomada ao pé da letra, implica que o estudante, a dona-de-casa, o aposentado não têm atividade. Conseqüentemente, não é a atividade em si, mas sua finalidade, que caracteriza o trabalho. É exterior ao homem considerado como indivíduo isolado, ou seja, social numa acepção bem particular da palavra: o homem não tem domínio sobre as condições nem sobre os resultados de sua atividade profissional. É nesse sentido que alguns autores definiram o trabalho como atividade imposta. O regime assalariado é a forma atual dessa imposição.

Alguns, é bem verdade, aprenderam o ofício que queriam. Têm a sorte de exercê-lo. Têm motivos pessoais para desenvolver uma atividade profissional, motivos que se somam àquele, normalmente mencionado, de ganhar a vida. Mas trata-se de uma pequena minoria e mesmo estes, habitualmente, não têm controle sobre as condições de exercício de seu ofício: a maneira de se organizar é mais ou menos definida, o tempo de realização geralmente imposto. Têm muito pouca influência sobre a escolha da matéria-prima e das ferramentas. Os critérios de qualidade do resultado a obter são socialmente definidos, e assim por diante.

Observemos por exemplo um guia de alpinismo. Levou dois clientes mais velhos que ele, de cidade grande e maltreinados, num percurso não muito difícil, bem-conhecido dele. Na volta, está com ar cansado e diz isso. As pessoas que levou também estão cansadas, mas encantadas. O cansaço delas nada significa, nem pensam nele. No dia seguinte, se quiserem, poderão descansar; enquanto o guia terá de fazer de novo talvez o mesmo percurso.

Do ponto de vista do dispêndio de energia, da solicitação do sistema cardiovascular, etc., os constrangimentos do percurso foram infinitamente mais pesados para os clientes. Eles não têm o preparo do guia.

Era dele a responsabilidade pelos clientes, pela segurança deles. É pago para isso, é uma preocupação constante. Se, apesar de tudo, seus clientes não ficassem satisfeitos, poderiam reclamar na agência de turismo. Não seria bom para ele, que já passou dos cinqüenta. Já viu pessoas hesitarem por causa de sua idade. Há ainda o que iriam dizer seus colegas. Claro, estes sabem por experiência que não se pode acreditar em tudo que os clientes dizem. Mas ainda assim poderia ter alguma conseqüência sobre sua remuneração e o respeito adquirido na região.

Trabalho, tarefa, atividade

> *Além disso, conhece tão bem o percurso que já não tem grande prazer em fazê-lo. Há entretanto uma exceção: quando ele leva seu neto, é maravilhoso, e não se sente cansado como no fim desse dia.*
>
> *O que devemos concluir dessa história? Primeiro, que aparentemente a atividade do guia e a de seus clientes foram idênticas, ao menos em relação àquele dia. Além disso, essa mesma atividade pode ter para o guia uma significação e conseqüências diametralmente opostas em termos de fadiga. De modo que o que diferencia essas atividades aparentemente idênticas é, em essência sua finalidade social.*

Desse modo, o trabalho, com todos os componentes que nele já distinguimos (atividade, condições e resultados da atividade), apresenta sempre um caráter duplo, pessoal e sócio-econômico conforme o ângulo que é abordado, o da pessoa que trabalha ou o da empresa.

O analista do trabalho sempre se confronta com a singularidade de uma pessoa que, no ato profissional, põe em jogo toda a sua vida pessoal (história, experiência profissional e vida extraprofissional) e social (experiência na empresa, identidade e reconhecimento profissional). Mas, ao mesmo tempo, defronta-se com o modo como essa singularidade fundamental é objeto de uma gestão sócio-econômica por parte da empresa: política social e gestão dos recursos humanos tendo por "objeto" os trabalhadores, a escolha das condições e objetivos de produção determinando o uso social dessa população.

1 — A dimensão pessoal do trabalho

A dimensão pessoal do trabalho se expressa concretamente nas estratégias usadas pelos operadores para realizar sua tarefa. Estas são o objeto real da análise ergonômica da atividade, cuja questão inicial é sempre a mesma: como esse operador, essa operadora, tendo carac-

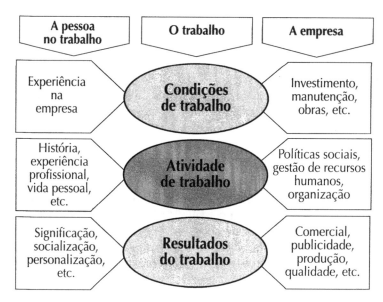

Figura 4 *— O duplo caráter pessoal e sócio-econômico do trabalho.*

terísticas pessoais particulares, faz para atingir os objetivos que ele(a) se fixa em função da tarefa que lhe foi confiada, e isso em condições que, mesmo sendo determinadas, não deixam de ser objeto de uma gestão e de uma apropriação pessoal. Não considerar essa dimensão leva a uma abordagem mutilada da situação de trabalho.

O resultado da atividade de um trabalhador é sempre singular, seja ele um objeto, parte de um objeto, ou um serviço cujas características concretas dependem inteiramente da atividade desenvolvida para executá-lo. Mesmo na produção em massa, os objetos padronizados que se fabricam só são idênticos em aparência. Pelo trabalho humano neles investido, trazem o traço pessoal, mesmo ínfimo, daquele que os realizou. Esse traço pode ter a ver com um conjunto de conhecimentos específicos, modos particulares de utilização das máquinas ou ferramentas, etc.

As costureiras numa linha de confecção apontam sem erro a colega que fez tal costura, colocou tal guarnição. Numa oficina onde as operárias não tinham o direito de se deslocar, registramos as comunicações entre cada uma delas e a supervisora. Entre outras coisas (qualidade, ajuste das máquinas...), recolhemos observações do tipo: "Fala para a Josiane tomar cuidado ao colocar as guarnições, elas estão ficando um pouco para fora".

A controladora de uma linha de eletrônica identificou, no início de sua jornada de trabalho, simplesmente ao olhar a placa-suporte, que a titular de um posto de inserção de componentes estava ausente e fora substituída por uma trabalhadora temporária.

Várias operadoras cortam carne congelada. No final de uma análise de sua atividade, uma delas indicou espontaneamente qual era a operadora envolvida nos diferentes modos operatórios apresentados num gráfico onde não constavam nomes.

Numa metalúrgica, um operário nos disse quem ajustara sua máquina, sem tê-lo visto.

A caixa de uma loja de departamentos reclama de erros na etiquetagem diretamente a quem os fez, mesmo havendo vários encarregados realizando essa tarefa de maneira indiferenciada por todas as gôndolas.

Ao receber um cliente, uma funcionária sabe, pelo diálogo que tem com ele, qual a recepcionista que o atendeu.

Em análise do trabalho, esses traços têm uma função informativa extremamente importante. A "matéria-prima" do trabalho não é, para o operador, uma "página em branco": habitualmente ele lê o traço da atividade de seus colegas no "objeto" que recebe, e deixa nele a marca de seu próprio trabalho. Nesse sentido, o resultado da atividade é sempre uma "obra (*ergon*) pessoal", sinal da habilidade, personalidade, etc., daquele que a produziu.

A importância dessa dimensão é considerável para o indivíduo: o significado de sua atividade, ao concretizar-se no resultado, impregna de sentido sua relação com o mundo, fator determinante da construção de sua personalidade e de sua socialização. Trabalhar não é somente ganhar a vida; é também e sobretudo ter um lugar, desempenhar um papel. Desse ponto de vista, não ter trabalho é um drama, mas ter um trabalho no qual as possibilidades de investimento pessoal são exíguas não deixa de ter conseqüências graves. Interessar-se pela atividade de trabalho é saber discernir, no seu resultado, esse esforço permanente do trabalhador para dar sentido à sua tarefa, para além do sistema psicossociológico de reconhecimento psicossocial.

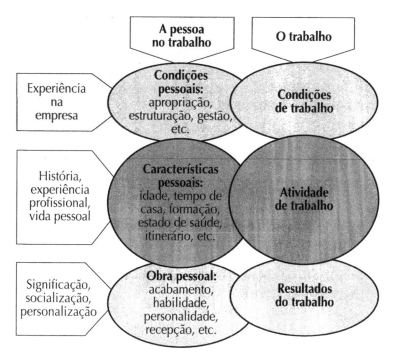

Figura 5 — *O caráter pessoal do trabalho.*

Uma operária, sem qualificação definida do setor metalúrgico, é contratada como temporária. Fala de seu emprego e de sua falta de qualificação em termos que poderiam fazer supor uma total falta de interesse, de possibilidade de investimento, etc. E no entanto, após ter parado cinco vezes "sua" prensa por não estar segura da qualidade das peças fabricadas, ter "levado uma bronca" do chefe do setor que ela "incomodou" para saber a opinião dele, ter pedido a uma colega mais antiga para ajudá-la a decidir se as peças deviam ir para o refugo, essa mulher nos explica, com uma peça na mão, que detectar um defeito nunca é simples. Mostrando uma ranhura quase imperceptível, explica:

"O senhor veja, um defeito aparece de repente. Não se sabe o que vai acontecer com ele. Às vezes cresce, se desenvolve e é preciso decidir a partir de que momento ele não é mais aceitável. Noutras vezes, se estabiliza e desaparece. É preciso prestar muita atenção."

Essa compreensão, fundamental, da atividade de trabalho só é possível em situação real. Requer atenção ao que a operária faz concretamente, e pede que se estabeleça um diálogo com ela sobre as razões que a levaram a pôr uma peça no refugo.

Ocorre o mesmo com as condições de trabalho. São sempre as condições da atividade pessoal. A linguagem dos trabalhadores fornece múltiplos exemplos, a começar pelo emprego quase sistemático do possessivo, pois dizem "sua" fábrica, "seu" posto, "suas" ferramentas, "sua" máquina, "sua" equipe, e assim por diante.

Existe aí um fenômeno de apropriação impossível de ser reduzido a uma facilidade de linguagem ou a um sentimento exacerbado de propriedade. Na realidade trata-se de atividade: para trabalhar é necessário estruturar seu "espaço sensorial e motor", é preciso conhecer o barulho da máquina, pegar o jeito da ferramenta, poder contar com os membros da equipe.

> *Um pintor de parede explica: "Com um pincel novo, não sei trabalhar. A tinta escorre. Eu preciso fazer o pincel ficar do meu jeito."*
>
> *Uma datilógrafa que tem sua máquina substituída, não "sente" mais quando uma letra sai repetida. De modo geral, não gosta de trabalhar com a máquina de uma colega, mesmo sendo do mesmo modelo: "Não funciona igual, e eu erro."*

Os trabalhadores arrumam seu espaço de trabalho, não só para personalizá-lo (fotos, flores, decoração, etc.), mas também em função de sua atividade (escritórios com mobília idêntica não são organizados da mesma maneira em sua orientação em relação ao exterior, circulação interna, disposição do que se precisa, etc.), ou ainda em relação a certas características da situação de trabalho (numa empresa que fabrica explosivos, encontram-se imagens sagradas em certos postos).

> *Um chefe de equipe numa construção explica assim as dificuldades encontradas na véspera da colocação de uma viga:*
>
> *"Fernandez faltou. Quem o substituía era de fato competente, mas, mesmo assim, a coisa não andava."*

Essa dimensão sempre pessoal das condições de trabalho ganha sentido em função do itinerário profissional do trabalhador e de sua experiência no ofício, na empresa, no setor, no posto ocupado. A relação pessoal da atividade com o resultado procurado é assim mediada pelas condições (espaciais e temporais, técnicas e organizacionais, relacionais...) nas quais a atividade se desenvolve.

2 — O caráter sócio-econômico do trabalho

Todo trabalho tem um caráter sócio-econômico. Resulta de sua inserção numa organização social e econômica da produção. A análise do trabalho não pode ignorar essa dimensão, pois é ela que transforma a atividade humana em atividade de trabalho. Reduzir a atividade de trabalho à atividade pessoal não permite captar as reais características das situações de trabalho a transformar.

O resultado da atividade é social em primeiro lugar porque o que é produzido (objetos ou serviços) resulta da atividade coordenada de vários operadores. É evidente no caso da grande indústria, mas é igualmente verdade para o trabalhador isolado, pois a atividade profissional se insere de maneira mais ou menos direta numa rede cerrada de cooperações.

A linha de montagem é o sistema de organização que mostra mais claramente isso, pois a cooperação entre os operadores é imediata. Uma linha de montagem é um sistema de coleta de trabalho humano que se objetiva no produto que passa de posto em posto. É o que ocorre com um televisor, um automóvel, uma calça.

Trabalho, tarefa, atividade

Mas um serviço prestado numa prefeitura não depende somente do funcionário municipal. A organização da recepção, a gestão do estoque de formulários, o trabalho do técnico em informática, a atividade da faxineira ocorrem, em tempos diferentes, para a obtenção de um resultado socialmente aceitável.

> *Numa pequena loja de calçados, situada numa rua de pedestres, no centro da cidade, a atividade de trabalho é em parte condicionada pelos problemas que as entregas causam. Além das limitações de horário impostas, o entregador tem de deixar o caminhão a mais de cinqüenta metros. O comerciante o ajuda a descarregar os pacotes, o que acarreta problemas de vigilância na loja. Dependendo do horário em que o entregador chega, ele não pode guardar imediatamente a mercadoria no estoque, que então entulha a loja e aumenta a exigência de vigilância durante as vendas. Num caso assim, a situação de trabalho inclui os problemas decorrentes da urbanização do centro da cidade.*

Essa socialização tomou historicamente a forma de um parcelamento das tarefas. Os tímidos questionamentos dessa forma não invertem a tendência à ampliação contínua da cooperação no decorrer do trabalho: os processos técnicos são cada vez mais sofisticados, os objetos a fabricar cada vez mais complexos, as demandas a satisfazer cada vez mais numerosas e precisas, de modo que a diversidade dos operadores envolvidos no processo de trabalho e o nível de sua cooperação crescem continuamente. Simultaneamente, essa cooperação é mediada de maneira crescente pelos sistemas de informação cujo desenvolvimento caracteriza a evolução dos dispositivos técnicos.

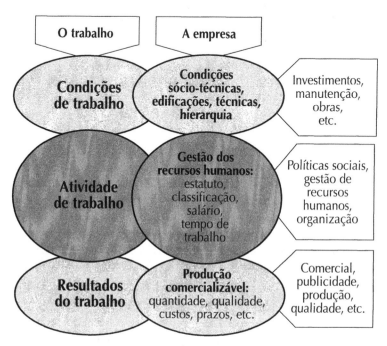

Figura 6 — *O caráter sócio-econômico do trabalho.*

Desse ponto de vista, as condições de trabalho são sempre as condições sociais de produção. A fábrica, o serviço, a organização, o sistema de informação, o dispositivo técnico são concebidos, implantados, organizados e mantidos tendo em vista assegurar essas condições.

O caráter social do trabalho é inseparável de sua dimensão econômica. Os objetos e serviços são reconhecidos como o resultado de um trabalho somente se podem ser vendidos no mercado. Há aí uma verdadeira transformação do resultado concreto em um valor econômico.

Numa empresa que fabrica ataduras cirúrgicas, as operadoras têm de garantir, por razões evidentes, uma qualidade de 100% na produção. No entanto são pagas por produção. Se o controle de qualidade detecta uma atadura com problema num lote, elas são obrigadas a rever o lote inteiro, além de manter sua produção.

No entanto a atadura malcerzida, por exemplo, foi fabricada, mas, não apresentando a qualidade requerida para ser vendida, o resultado da atividade das operadoras não é levado em consideração e, conseqüentemente, não é pago.

As ferramentas de gestão da empresa são estruturadas em função dessa transformação. Referem-se à quantidade de trabalho necessária para um dado conjunto de meios de produção, assim como à satisfação de normas relativas à situação de concorrência com a qual a empresa se defronta no mercado.

Uma empresa agroquímica fez um cálculo econômico para elaborar seu plano de modernização. O número de trabalhadores foi definido a partir desse cálculo, que se traduziu num plano FNE* e uma distribuição abstrata de pessoal: assim, previu-se um operador e um ajudante de mecânico para operar uma máquina de embalagem automatizada.

Por certo, não se trata de indivíduos, mas de uma fração quantificável de trabalho humano de um certo tipo (uma duração média de ajustes da máquina de embalagem) que a empresa pode aceitar incorporar no valor da unidade de embalagem produzida, compatível com as exigências da concorrência.

As aptidões mobilizadas pelo operador para sua atividade de trabalho são, elas próprias, transformadas em valor de mercadoria. Tornam-se um recurso a utilizar que tem um custo (o custo da mão-de-obra). No século XIX, falava-se em força de trabalho porque as empresas procuravam mobilizar essencialmente força física ("um trabalhador de alto-forno é como um boi" escreveu Taylor). Hoje em dia se fala em recursos humanos como uma grande destreza, capacidade de resistência a certos constrangimentos, uma boa acuidade visual, cortesia no trato com as pessoas, o gosto e a habilidade em se comunicar... (basta ver os termos empregados nos classificados e os conselhos de redação para os *curriculum vitae*).

Existe portanto — e as palavras são significativas da realidade econômica que indicam — um mercado de emprego, no qual se encontram:

---

*FNE, Fonds National pour l'Emploi (Fundo Nacional para o Emprego), que financia "programas sociais" nas empresas, como, por exemplo, programas de aposentadoria antecipada.

- Empresas que demandam trabalhadores com características particulares porque farão uso delas.
- Trabalhadores que oferecem o que as empresas precisam em troca de um salário.

Tradicionalmente, esse ato econômico complexo abstrai as especificidades individuais. As qualidades requeridas são de fato consideradas externas às pessoas que as possuem. Da mesma maneira, o uso que será feito dessas qualidades (intensidade e duração da utilização) não leva em conta essas especificidades. Faz-se uma distinção entre as características pessoais que são mobilizadas para o trabalho e a pessoa em si.

> *Um chefe de pessoal, a partir de um dado momento, se recusa a contratar mulheres que têm filhos pequenos: "É complicado demais por causa das férias escolares e das doenças no inverno."*
>
> *Um jovem diplomado não consegue encontrar emprego porque não tem experiência profissional. "Como poderia adquiri-la", diz ele, "se ninguém me contrata? É absurdo!"*
>
> *O responsável por um banco acaba de contratar jovens universitários. "O que eu preciso é que eles façam a triagem dos cheques. São muito qualificados para isso."*
>
> *O empregado de um plano de saúde é encarregado de verificar todos os reembolsos de combustível dos médicos, por julgarem-no capaz de detectar "os que exageram". De fato, ele conhece as distâncias porque há anos em seu lazer faz turismo de bicicleta.*
>
> *O chefe de pessoal de uma empresa de eletrônica reclama das jovens operárias que vão a boates no sábado à noite. "Faltariam menos nas segundas-feiras e seriam mais eficientes se ficassem descansando."*

Essa separação entre o homem e as capacidades que tem, seja para rejeitá-las, seja ao contrário para utilizá-las, é cada vez menos brutal, em função das evoluções atuais que requerem uma crescente mobilização das potencialidades humanas (o que não deixa de levantar um certo número de questões sérias). Mas todo trabalho, enquanto processo econômico, implica em tal separação. Nada como uma linha de montagem para demonstrá-lo.

> *Numa indústria eletrônica, trabalham novecentas mulheres sem qualificação formal. Foram contratadas com base essencialmente em sua destreza. A maioria tem uma formação de costureira adquirida num centro de aprendizado mantido com empenho pela Câmara do Comércio e da Indústria da região, cujo presidente é o diretor da fábrica de eletrônica. Este último não faz mistério dos motivos pelos quais mantém e desenvolve essa formação, quando praticamente não mais existe demanda por ela na indústria têxtil regional: é o melhor preparo possível para ocupar um posto nas linhas de inserção e montagem de cabos (este exemplo tem alguns anos, mas não é difícil ainda hoje encontrar situações similares).*
>
> *Observemos uma dessas linhas, composta de uns cinqüenta postos de trabalho. As placas-suporte sobre as quais elementos devem ser inseridos e montados são afixadas numa esteira que passa em frente a cada posto de trabalho. A duração do ciclo é de 96 segundos. A velocidade é imutável, da manhã até a noite, de segunda à sexta. Esses 96 segundos representam o tempo "socialmente" necessário à fabricação de um elemento de televisor nas condições dadas de concorrência no mercado de eletrodomésticos.*
>
> *Mas concretamente esses 96 segundos não têm o "mesmo peso" para as operárias de manhã e no fim da tarde, por causa do cansaço acumulado. Essa velocidade é objetivamente diferente para a operária jovem que está começando (aprendizagem), para a que tem um ano de experiência*

e para sua colega que tem 10 anos de casa e 35 anos de idade. O que dizer então da operária transferida de uma outra linha de montagem para substituir uma colega ausente num posto diferente daquele que conhece? Esses 96 segundos, nos quais cada operadora é obrigada a realizar sua atividade, não têm o mesmo significado para a mãe de família preocupada com a doença de seu filho, para a mulher que preferia ter sido costureira, ou para a moça sem diploma que encontrou um emprego assim que abandonou a escola.

Em suma, para essas cinqüenta mulheres, esses 96 segundos são abstratos na medida em que negam suas especificidades individuais. Ao mesmo tempo, e sem trocadilho, são terrivelmente concretos, já que definem a cadência de trabalho.

Todo trabalho tem, portanto, uma dimensão ao mesmo tempo pessoal e sócio-econômica. As dificuldades encontradas pelos trabalhadores nas empresas residem na articulação entre esses dois termos. O lugar onde se dá essa articulação é a situação de trabalho.

Não se trata, evidentemente, de duas realidades diferentes, mas de duas dimensões de uma mesma realidade: por exemplo, o homem obtém, através de sua atividade de trabalho, um resultado que é ao mesmo tempo:

- Uma obra pessoal, que poderá ou não dar-lhe satisfação, orgulho, etc.
- Um bem ou um serviço cuja utilidade será objeto de um reconhecimento social no momento do ato de troca, qualquer que seja sua forma histórica (escambo ou troca por intermédio de um equivalente monetário, etc.).

A análise do trabalho não pode, pois, ser conduzida abordando essas duas dimensões uma após a outra, e menos ainda uma independente da outra. Sua originalidade reside justamente na articulação imediata das dimensões pessoais e sócio-econômicas, e na maneira como dá conta disso.

No esquema da Fig. 7, observa-se que as elipses da direita se sobrepõem às da esquerda: o que diz respeito à empresa impõe-se sobre o que é relativo à pessoa no trabalho. Esse

Figura 7 — *A situação do trabalho.*

artifício empregado no esquema é uma maneira de ressaltar que a dimensão sócio-econômica do trabalho domina a dimensão pessoal da atividade. Essa dominação toma a forma do trabalho prescrito no quadro de uma organização imposta.

Com efeito, o trabalho prescrito é sempre relativo a um tempo médio socialmente necessário, e esse tempo é definido tendo como referência uma intensidade média da atividade e uma qualificação média dos trabalhadores, quaisquer que sejam as diferenças inter e intra-individuais da população no trabalho. A distância, sempre constatada entre o trabalho prescrito e o trabalho real, revela ao mesmo tempo essa dominação e seus limites.

IV — A tarefa: um conjunto de prescrições, mas também de representações

Em situação de trabalho profissional, a definição da tarefa corresponde a um modo concreto de apreensão do trabalho que tem por objetivo reduzir ao máximo o trabalho improdutivo (a partir dos indicadores de gestão usados na empresa) e otimizar ao máximo o trabalho produtivo. A eliminação das "más" maneiras de trabalhar e a busca dos métodos mais eficientes permitem atingir esses objetivos.

A tarefa corresponde, em primeiro lugar, a um conjunto de objetivos dado aos operadores, e a um conjunto de prescrições definidas externamente para atingir esses objetivos particulares. Conforme o caso, ela integra em maior ou menor grau a definição de modos operatórios, instruções e normas de segurança. Ela especifica as características do dispositivo técnico, do produto a transformar, ou do serviço a prestar, o conjunto dos elementos a levar em conta para atingir os objetivos fixados.

Em segundo lugar, a tarefa é um princípio que impõe um modo de definição do trabalho em relação ao tempo. Supõe-se que essa definição produz vantagens para os dois protagonistas, sob o controle da direção à qual pertence o tempo de trabalho. O conceito de tarefa está ligado à necessidade de estabelecer métodos de gestão que permitam definir e medir a produtividade decorrente da relação entre os gestos dos operadores e as ferramentas mecânicas de produção.

A característica principal desse processo de elaboração é a sua exterioridade em relação ao trabalhador envolvido. Por conseguinte, a tarefa freqüentemente não leva em conta as particularidades dos operadores, e muito menos o que eles pensam sobre as escolhas feitas e impostas. Elaborada dessa forma, ela é exterior ao operador, separada dele, e é imposta. Todavia, na quase totalidade das situações de trabalho, esses constrangimentos são administrados ativamente pelos operadores, e sua própria natureza pode acabar sendo parcialmente remodelada ao longo do tempo.

Uma questão se coloca então. Em que medida os constrangimentos que o trabalhador tem de enfrentar podem ser "lidos", discernidos *a priori* nos objetivos fixados, nas propriedades das máquinas ou dos materiais? Em que medida podem ser discernidos só *a posteriori*, revelados pela atividade realizada pelo trabalhador para lidar com eles?

O ergonomista deve, pois, identificar as características da situação de trabalho que orientam a maneira pela qual o trabalhador realiza sua atividade. Com efeito, é a partir da definição do contexto de realização da atividade que algumas hipóteses podem ser elaboradas, indispensáveis para a escolha das variáveis pertinentes à descrição e à compreensão da atividade.

O papel do ergonomista é identificar e estruturar, partindo da análise da atividade atual dos trabalhadores, ou realizando simulações da atividade futura, o conjunto de seus prováveis determinantes, e discernir as incoerências e os riscos reais e potenciais:
- De prejuízo à saúde dos trabalhadores.
- De disfunção das instalações.

No entanto, mesmo se um certo número de determinantes parece ser totalmente objetivo e objeto de consenso, muitos exemplos de procedimentos teóricos de tratamento de dados, de cadência de linha de montagem ou de máquina, de temperatura de reação de um processo químico, etc., revelaram-se inexatos quando confrontados com os fatos.

É preciso, portanto, prestar muita atenção à origem das informações sobre os determinantes da atividade. Muitas delas são na verdade bastante dependentes das diversas representações existentes na empresa:
- As da hierarquia, que informam com mais freqüência sobre os critérios de apreciação e de sanção do que sobre a objetividade dos constrangimentos.
- As dos operadores envolvidos, não necessariamente as mais objetivas, mas que são essenciais, já que intervêm diretamente na organização de sua atividade.

V — A função integradora da atividade de trabalho

A atividade de trabalho é o elemento central que organiza e estrutura os componentes da situação de trabalho. É uma resposta aos constrangimentos determinados exteriormente ao trabalhador, e ao mesmo tempo é capaz de transformá-los. Estabelece, portanto, pela sua própria realização, uma interdependência e uma interação estreita entre esses componentes.

Ela unifica a situação. As dimensões técnicas, econômicas, sociais do trabalho só existem efetivamente em função da atividade que as põe em ação e as organiza.

A seqüência a seguir permite descrever os determinantes da atividade de trabalho (Fig 8):
- De um lado, o trabalhador com suas características específicas.
- Do outro, a empresa, suas regras de funcionamento, o contexto de realização do trabalho.
- No centro, o que contribui para a organização desses dois conjuntos:
    - o estatuto do trabalhador e o salário, objetos de negociação;
    - a tarefa, conjunto de objetivos e prescrições definidos exteriormente ao trabalhador;
    - a atividade de trabalho, ou seja, a maneira como um trabalhador alcança os objetivos que lhe foram designados.

O trabalhador, no decorrer da realização de sua atividade de trabalho, estabelece um compromisso entre:
- A definição dos objetivos de produção.
- Suas características próprias, e sua capacidade de atingir esses objetivos, levando-se em conta as condições de realização de sua atividade, postas à sua disposição pela empresa.
- O reconhecimento social de uma qualificação e sua negociação na forma de um contrato de trabalho.

Os resultados da atividade de trabalho devem ser relacionados:
- Por um lado, com a produção tanto de um ponto de vista quantitativo como qualitativo.
- Por outro lado, com as conseqüências que acarretam aos trabalhadores.

Essas conseqüências podem ser negativas (alteração da saúde física, psíquica e social). Podem ter efeitos positivos (aquisição de novos conjuntos de conhecimentos, enriquecimento da experiência, aumento na qualificação).

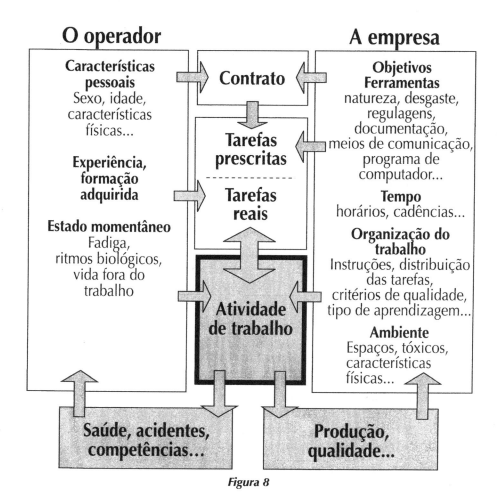

Figura 8

Às vezes, as conseqüências negativas podem ocorrer "em cadeia". Uma fila que fica muito comprida num guichê de embarque para um vôo com hora de partida marcada, pode provocar a aceleração dos procedimentos, riscos de erro, uma manipulação apressada das bagagens, com conseqüências físicas e psíquicas para os operadores. Além disso, um extravio das bagagens leva um cliente a fazer reclamações, penosas para o operador na chegada ao destino. De acordo com a formação, a experiência e a "resistência física" do operador, suas respostas a essa pressão de tempo serão mais ou menos adequadas e pior ou melhor toleradas.

Assim, a atividade depende das características próprias do operador, mas — em contrapartida — ela age sobre estas, de forma negativa ou positiva.

Entre os determinantes da atividade, distinguem-se:

Os *fatores internos* próprios de cada trabalhador, entre outros:

- Sexo.
- Idade.
- Tempo de serviço.
- Estado de saúde.
- Estado no momento, determinado pelos ritmos biológicos, o cansaço.
- A formação inicial.
- A formação profissional continuada.
- Os itinerários profissionais.

Os *fatores externos*, que descrevem a situação na qual se exerce a atividade, sendo que esta permite ao mesmo tempo articulá-los, organizá-los e até mesmo transformá-los. Esses fatores externos podem ser:

- Objetivos a alcançar: atender ao telefone, orientando corretamente os clientes quanto aos interlocutores certos, gerir um conjunto de informações para permitir a alimentação automática de seu posto de trabalho e monitorar o escoamento da produção pronta sem interromper o funcionamento da máquina, etc.
- Meios técnicos: mesa telefônica de maior ou menor desempenho, um sistema de manutenção e de transporte confiável, adequadamente dimensionados para atender nos prazos corretos as múltiplas demandas, e concebidos de tal maneira que permita lidar com as situações degradadas, etc.
- Uma organização do trabalho: atender ao telefone exclusivamente ou também digitar e recepcionar a clientela, ter a responsabilidade total da gestão dos fluxos ou compartilhá-la com seus colegas de trabalho, assegurar a costura de x peças por hora, trabalhar em turnos, etc.
- Regras e normas: respeitar um procedimento para estabelecer o contato e pedir informações ao interlocutor, só mandar vir o veículo autoguiado para o escoamento das peças usinadas quando faltarem n peças para encher a caixa de peças acabadas, manipular um produto somente depois de pôr luvas, etc.
- Meios humanos: uma única telefonista para uma jornada inteira de trabalho ou turnos menores com mais pessoas, agentes de produção que tiveram uma formação complementar em logística, etc.
- Normas quantitativas e qualitativas de segurança: uma avaliação do trabalho da telefonista através de uma pesquisa sobre a satisfação dos clientes, uma quantidade de peças boas e portanto de caixas transportadas, etc.
- Um espaço de trabalho: aberto ou fechado, um ambiente térmico variável segundo as estações do ano, emanações de vapores tóxicos, proximidade de máquinas ruidosas e que produzem vibrações, etc.
- Um contrato que define o tempo de trabalho, a qualificação, o salário, os benefícios sociais, o respeito ao regulamento interno, as sanções, etc.

A atribuição de um posto de trabalho a um trabalhador raramente se dá por acaso. As diferentes representações das aptidões necessárias à realização do trabalho contribuem para a definição de perfis de trabalhadores "aptos" a ocupar esses postos, mas a realização da atividade em si pode gerar fenômenos de seleção.

Certos trabalhos são realizados preferencialmente por mulheres e não por homens — aliás, com freqüência por mulheres jovens, sem que sua formação profissional corresponda necessariamente à atividade da empresa.

> *Como vimos, jovens mulheres que tiveram uma formação de costureira podem facilmente ser encontradas trabalhando numa linha de montagem de eletrônica, simplesmente porque o que se requer não são competências em montagem eletrônica, mas uma habilidade sensório-motora que permita realizar trabalhos de grande precisão num tempo restrito.*

Essa forma de estruturação das populações de trabalhadores em função do sexo, idade, natureza da formação, força física, etc. é uma das constantes principais das situações de trabalho. Manifesta-se entretanto de maneira diferenciada segundo o setor de produção ou as características dominantes da organização do trabalho.

VI — A abordagem ergonômica

O que torna específica a abordagem ergonômica? Em microeconomia, a necessidade de abordar a empresa considerando a atividade é cada vez mais freqüentemente lembrada pelos economistas. O movimento de gestão de recursos humanos tem se desenvolvido de maneira considerável. Não deveria a ergonomia se colocar modestamente a seu serviço? Nessa perspectiva, não seria a análise do trabalho apenas uma das ferramentas da gestão dos recursos humanos? Por que nossa insistência em querer distinguir a análise da atividade de trabalho da análise do trabalho?

Compreender corretamente a natureza dessa distinção é decisivo para situar o estatuto, a natureza e a contribuição da ergonomia ao conhecimento e às transformações das situações de trabalho.

A linguagem empregada no cotidiano por si só revela a pertinência do problema levantado por essas questões. Quando alguém fala de seu trabalho refere-se antes de mais nada a uma categoria sócio-profissional e freqüentemente a um setor econômico: ele é comerciante, dono de armazém de secos e molhados, pesquisador em eletrônica, operário mecânico, empreiteiro, agricultor, médico do trabalho, bancário, executivo, etc. A atividade profissional no sentido usual do termo tem uma relação evidente com a atividade efetiva de trabalho. Mas, na realidade, as palavras se referem a conteúdos muito diferentes.

1 — A separação entre a função organizadora e a atividade de trabalho

A representação da atividade de trabalho que ainda prevalece amplamente hoje em dia foi formalizada no início do século XX pelo taylorismo, graças a um esforço de conhecimento da atividade exigida pelo desenvolvimento industrial da época. Taylor foi um observador atento e perspicaz do conteúdo do trabalho. É útil sublinhar os pressupostos de toda ordem (científicos, sócio-econômicos e ideológicos) que determinaram a produção desse conhecimento e a utilização social que dele foi feito. É também útil lembrar que essa formalização é a conclusão de um movimento empírico: as tendências à padronização, à aceleração da divisão do trabalho não datam da época de Taylor.

Um dos efeitos desse movimento, a partir do momento em que foi formalizado num corpo de doutrina, é a separação entre o trabalho prescrito e o trabalho efetivo. A função organizadora torna-se autônoma de tal forma na empresa (estruturas, atores) que não há mais correspondência entre a atividade definida e organizada pelo departamento de métodos e as características do emprego geridas por outros atores na empresa.

Em relação ao sistema homem/tarefa, produz-se então uma divisão fundamental:

- A organização do trabalho reduz o conhecimento da atividade de trabalho ao necessário para a organização dessa atividade.
- A gestão de pessoal não mais se ocupa do que se faz no posto de trabalho (é o papel da organização); o departamento de pessoal se encarrega da seleção e da administração do conjunto dos problemas formalizados pelo contrato de trabalho.

Esse quadro conceitual manteve-se relativamente estável até o início da década de 70 e serviu de referência às evoluções do trabalho e às modificações importantes de sua organização.

A ergonomia nasceu dentro desse quadro. Utiliza noções como tarefa, posto de trabalho, etc. O desenvolvimento de suas ferramentas e a formulação de recomendações quanto às condições de trabalho se davam a partir do quadro conceitual definido pelo taylorismo. O conteúdo da atividade não era ainda preocupação da maioria dos ergonomistas.

2 — Transformações e contradições

As evoluções técnicas, sociais e econômicas recentes vêm determinando há vinte anos uma considerável transformação do trabalho. Afetam ao mesmo tempo o conteúdo da atividade efetiva e o quadro dessa atividade. As palavras empregadas no cotidiano hoje em dia demonstram essas transformações: controle, vigilância, informação, comunicação, flexibilidade, reatividade, mobilidade, iniciativa, motivação, responsabilidade, inteligência, etc. Não ignorando o caráter ideológico que podem ter em certas circunstâncias, indicam a existência de novas exigências e constrangimentos que não eram levados em conta pela abordagem taylorista.

Hoje, a atividade concreta de uma vendedora varia conforme as técnicas de venda e o modo de remuneração adotados por quem a emprega. A mesma coisa acontece com um desenhista, uma escriturária, um torneiro mecânico, um caixa, etc. Mas a atividade nessas profissões continua podendo ser identificada pelo resultado obtido, mesmo se seu conteúdo e suas condições se diversificam de maneira crescente. No entanto, como identificar *a priori* as atividades de uma assistente, de um técnico de solos, de um técnico em comércio, de um técnico em qualidade, ou ainda... de um ergonomista? É sintomático ter de perguntar cada vez com mais freqüência em que consiste o trabalho das pessoas. Estas têm uma dificuldade cada vez maior para descrever o que fazem concretamente.

É verdade que os setores industriais, assim como as empresas de um mesmo ramo de atividade, não evoluem no mesmo ritmo. Estão submetidos a desigualdades de desenvolvimento tecnológico, a pressões comerciais, a evoluções econômicas particulares, etc. Essas desigualdades podem afetar de modo diferente um mesmo processo de produção. Assim, na confecção, o corte sofreu evoluções infinitamente mais profundas que as operações de costura e montagem. É comum encontrar, a montante e a jusante de um processo muito sofisticado, o trabalho de operárias sem qualificação formal no sentido mais taylorista do termo.

Em alguns casos, apenas o nome da atividade mudou, tendo seu conteúdo se mantido idêntico (as operárias sem qualificação formal tornaram-se, a partir de 1970, agentes de fabricação, as secretárias tornaram-se assistentes, etc.), mas tal fenômeno não deve ocultar a ausência de um modelo adaptado à descrição das novas profissões e da evolução das antigas.

Reivindica-se cada vez menos o taylorismo nas empresas, como demonstram todas as tentativas de pesquisa no domínio da organização do trabalho nesses últimos vinte anos (ampliação e enriquecimento das tarefas, grupos semi-autônomos, direito à expressão dos trabalhadores, círculos de qualidade, etc.). Na prática, no entanto, a evolução da atividade dos trabalhadores continua a entrar freqüentemente em conflito com a aplicação dos princípios tayloristas de organização do trabalho.

Nas situações de trabalho, é preciso saber então:

- Identificar concretamente a existência de arranjos não-desprezíveis na organização do trabalho.

- Constatar que eles são repetidamente questionados face às menores dificuldades da empresa.

- Discernir, por trás dessas evoluções contraditórias, a permanência de uma abordagem taylorista da atividade, como mostram os exemplos a seguir.

A burótica foi introduzida nos serviços administrativos de uma grande empresa petrolífera. As jovens contratadas como datilógrafas têm formação técnica em secretariado. O sistema de que dispõem atualmente permite não só corrigir em tempo real os textos, diagramá-los, mas também modificá-los segundo as indicações dos autores. No entanto o sistema organizacional não evoluiu: elas têm de digitar rapidamente textos que são corrigidos pela responsável do serviço e depois devolvidos aos autores. Estes voltam a falar com a responsável para pedir eventuais modificações antes da versão definitiva. As operadoras julgam que o sistema de processamento de texto nessas condições é utilizado como uma simples máquina de escrever. Além disso, essa situação gera contradições, que têm repercussão na carga de trabalho.*

"Temos de digitar o mais rápido possível, mas não há como não usar imediatamente a possibilidade de corrigir no mínimo os erros de digitação."

Em resposta aos ergonomistas que ficam em dúvida quanto à coerência entre as possibilidades do dispositivo técnico e a rigidez do sistema organizacional, uma operadora observa ingenuamente:

"Se a gente trabalhar diretamente com os autores, o que sobra para a chefe fazer?"

---

* Burótica significa automação ou informatização de escritórios.

Numa empresa do setor de eletrodomésticos, uma experiência de enriquecimento das tarefas é empreendida pela direção. A linha fordista clássica é "rompida". A cada operadora é confiada a tarefa de montagem completa de um aparelho e a responsabilidade pelo controle de qualidade. Os novos tempos de operação foram calculados somando-se os tempos de execução das operações anteriormente parceladas. Mas a variabilidade dos tempos aumenta de modo considerável em função da probabilidade de incidentes, das exigências de memorização, das conseqüências das interrupções. A introdução da organização "just in time" (que explica a essência das modificações introduzidas na linha), a formação estritamente operatória dada às operadoras, a reprodução idêntica do sistema de remuneração por produção, agravam sem dúvida esses fenômenos. Decorridos alguns meses, a maioria das operadoras desejava voltar à organização anterior.

Nessa grande empresa de tecnologia de ponta, os engenheiros da área de pesquisa se vêem confrontados com uma organização cada vez mais rígida de seu trabalho: definição estrita dos objetivos, caráter imperativo dos prazos, controle dos tempos... "É por causa da concorrência, nos dizem. É preciso chegar antes dos americanos ou dos japoneses. Impõem-nos cada vez mais um programa com obrigação de apresentar resultados, como se fosse possível fazer um planejamento estrito. Estamos nos tornando 'os operários sem qualificação formal' da pesquisa." ☐

O divórcio taylorista entre as funções de organização e de gestão de pessoal resulta em impasses cada vez mais dispendiosos tanto para os trabalhadores quanto para a produção. Falta um elo unificador. Donde a emergência, embora tímida e ainda pouco audaciosa, de uma função de gestão de recursos humanos instada a reconhecer de fato o ponto de vista da atividade efetiva de trabalho.

Esse movimento já se iniciou. Prova disso é a importância dada no discurso — mesmo que não nos fatos — à expressão dos trabalhadores e aos procedimentos participativos, bem como à evolução nas solicitações feitas aos ergonomistas. Além disso, a experiência acumulada em meio século de prática ergonômica mostra que a exigência de constituir esse ponto de vista na empresa é o que prioritariamente está em jogo na análise do trabalho:

- Primeiro, para compreender os determinantes da atividade de trabalho dos homens e das mulheres nas situações profissionais.
- Em seguida, para agir sobre elas.
- E enfim, para assegurar uma certa perenidade a essa ação.

VII — O confronto entre os pontos de vista

Mesmo já havendo um movimento nesse sentido, as questões relativas ao trabalho continuam freqüentemente a ser colocadas no quadro de um modelo que impede seu tratamento eficaz. Em geral, os efeitos que a empresa pede ao ergonomista para analisar, se referem a uma ou mais causas que independem da globalidade das situações de trabalho. Esse modelo leva a definir o objeto "condições de trabalho" como um sistema fechado cujo funcionamento pode ser explicado pela soma dos efeitos dos diferentes fatores que o compõem. As interações desse sistema com as outras dimensões do trabalho e da empresa são consideradas tão tênues que podem ser negligenciadas quando se abordam as questões. As planilhas de análise das condições de trabalho foram elaboradas a partir de um modelo desse tipo. Funcionam através do somatório de fatores que têm — cada um — efeitos identificáveis. A planilha preenchida, imagina-se, dá conta das condições de trabalho.

Este tipo de modelo, determinista, é posto em xeque quando o "objeto" a construir pertence a sistemas tais como o homem ou a empresa. Esses sistemas vivos são capazes de extrair por si só energia ou informação de seu ambiente. Seu funcionamento é, pois, governado por leis diferentes daquelas que, segundo se julgava, se aplicavam aos objetos do mundo físico-químico (cuja abordagem, aliás, tem demonstrado cada vez mais claramente os limites dos modelos deterministas).

Em particular, os sistemas vivos não se resumem à soma dos elementos que os compõem. Portanto, é impossível prever o efeito de um fator independentemente dos outros. Além disso, são espontaneamente ativos, capazes de gerir as relações que estabelecem com o seu ambiente.

Ora, no domínio do trabalho, as demandas são habitualmente formuladas no quadro de um sistema determinista. Portanto devem ser reconstruídas de acordo com as características dos sistemas vivos. Caso contrário, os problemas concretos encontrados pelos operadores ficam ocultos e as possibilidades de ação são limitadas. Nessas condições, a instrução da demanda é fundamental. Ela coloca a questão do ponto de vista adotado para efetuar a reconstrução das questões dirigidas aos ergonomistas.

1 — Pontos de vista diferentes

Existem de fato pontos de vista diferentes sobre as situações de trabalho. Como uma paisagem que, sendo sempre a mesma, se mostra cada vez de um jeito ao ser contemplada de diferentes belvederes, uma mesma situação de trabalho também revela seus aspectos de forma diferenciada ao ser abordada de diferentes pontos de vista.

O demanda referente a problemas com reflexos nos monitores leva o ergonomista a constatar as dificuldades de uso em função da qualidade do equipamento e da iluminação ambiente. Os problemas visuais expressos pelos operadores, desde que reconhecidos pela empresa, não exigem que se adotem medidas (embora fossem freqüentemente necessárias quinze anos atrás). Será que não se estará correndo o risco de ficar com a consciência tranqüila ao se produzir tão-somente "números" para comprovar a realidade de uma situação por todos reconhecida? Retomar os princípios de iluminação e os critérios de concepção das telas, mesmo sendo necessário, não basta para resolver essa situação.

Agora, se reformulada do ponto de vista da atividade de trabalho, essa demanda abre um campo considerável para a ação ergonômica. Esta não mais se aplicará à questão inicial, mas à maneira como os operadores realizam sua tarefa, apesar das dificuldades de utilização dos monitores. Discutir-se-á então a reaparição do papel, cujo desaparecimento havia sido por todos previsto com a informática, a utilização de outros monitores segundo os momentos do dia, o recurso mais freqüente às pastas arquivadas, etc. O objeto, nesse caso, torna-se a organização do trabalho implantada, de maneira muitas vezes informal, em função das características da situação presente.

A ação se dará obviamente sobre a adaptação da iluminação e a distribuição espacial dos monitores, mas igualmente:
- sobre a organização do trabalho, se não for possível substituir os computadores;
- sobre os critérios de escolha desse no momento de sua troca;
- sobre a estratégia a ser seguida quando essa substituição for efetuada, de modo a levar em conta os "hábitos" de trabalho que a situação atual contribuiu para estruturar.
- etc.

Não é uma mensagem que se aceite facilmente. De fato, para os interlocutores do ergonomista os problemas colocados por essa maneira de reconstruir o objeto da ação ergonômica são múltiplos.

A direção da empresa questiona a eficiência dos investimentos em informática que realizou, faz as contas. Os ganhos de produtividade que esperava são anulados pelo que considera uma má utilização do computador (tempo de processamento maior, aumento do consumo intermediário de papel, etc.). É preciso modificar isso ou selecionar melhor o pessoal que utiliza os monitores. O departamento comercial esperava, graças à informática, o atendimento aos clientes em tempo real. Constata que os prazos não só não diminuíram como demonstram uma desagradável tendência a aumentar. O gerente do setor está atolado de serviço e não consegue atingir os objetivos que tinham sido definidos.

O médico do trabalho imaginava que só teria problemas de visão a tratar, para o que já preparara um dispositivo de prevenção. Na verdade, ele se vê tendo de enfrentar questões de constrangimento de tempo e de fadiga física ("corre-se o tempo todo").

A partir de uma demanda de ação ergonômica, há três tipos principais de pontos de vista que se podem adotar, que correspondem a três diferentes leituras do funcionamento da empresa. Cada ponto de vista reflete, com maior ou menor intensidade, as funções que os membros da empresa desempenham. São orientados:

- Pelos resultados da empresa.
- Pelas condições da produção.
- Pela atividade de trabalho em si.

Trata-se, sem dúvida, de uma categorização, e é possível discernir em cada uma dessas leituras nuanças, e até mesmo diferenças, por vezes consideráveis.

2 — O ponto de vista dos resultados

A leitura do funcionamento da empresa do ponto de vista do resultado é a mais estruturada. É a dos vários departamentos — administrativo, financeiro, comercial, gestão da produção e qualidade — para os quais foram construídas numerosas ferramentas de avaliação (planilhas, índices, indicadores, etc.). Cada uma delas expressa uma faceta dos resultados da empresa, de modo que as leituras feitas pelos atores desses departamentos não são totalmente homogêneas.

O departamento comercial de uma grande empresa de agroquímica diversifica continuamente as características de acondicionamento dos produtos praguicidas ("agrotóxicos"). O ganho ou a perda de mercado é determinado pela embalagem, uma vez que os produtos do seu principal concorrente são praticamente idênticos. As modificações se fazem no formato dos frascos, no tipo de tampas, e nos rótulos. Além disso, objetivando limitar os estoques, o departamento financeiro fez com que se adotasse o modo de produção em "just in time". Nessas condições, o gerente do setor de embalagem tem dificuldades para alcançar seus objetivos e questiona essas escolhas.

Essa situação implica freqüentes modificações na fabricação, que a rigidez do sistema técnico, recentemente automatizado, não permite assegurar de forma adequada. As séries são cada vez mais curtas. A duração média de sua realização é em torno de 15 horas. Segundo os cálculos da direção, as séries deveriam ter uma duração de realização cinco vezes maior para assegurar a rentabilidade do investimento. De fato, as modificações muito freqüentes na fabricação implicam em operações dispendiosas (drenagem, limpeza, adaptação aos novos produtos ou novos formatos). A freqüência das modificações pode ser atribuída não só à pouca duração das séries, mas também ao esgotamento de estoque. Além disso, a porcentagem de rejeitos pode atingir 30% nas séries curtas contra os 5% previstos originalmente.

3 — O ponto de vista das condições de produção

O ponto de vista dos departamentos técnicos, de manutenção e de organização não é o mesmo. Consideram o funcionamento da empresa a partir do emprego dos meios de produção. Como no caso anterior, esse ponto de vista provoca, conforme os departamentos envolvidos, uma leitura específica que não exclui contradições. Com freqüência, ele se mostra dependente do ponto de vista dos resultados. Além disso, quanto menor a empresa, menos estruturado ele é.

Nessa mesma empresa, a implantação das linhas automáticas de embalagem causa problemas com os frascos. Suas dimensões podiam variar alguns milímetros quando eram enchidos e empilhados manualmente. Nos sistemas automáticos, essas variações, bem como a leveza dos frascos, produzem incidentes na esteira transportadora ou no posicionamento sob os bicos de enchimento. "O ajuste é uma missão impossível", dizem os mecânicos ajustadores.

Os fornecedores da empresa, num primeiro momento, não conseguiram satisfazer às exigências de precisão, uma vez que as máquinas injetoras eram velhas demais. Tiveram de investir para não perder o mercado. O custo unitário dos frascos aumentou consideravelmente.

Dois anos após a automação, esses problemas ainda não estavam resolvidos de forma satisfatória, e a taxa de utilização das máquinas ainda é medíocre, devido à multiplicação dos incidentes. A carga de trabalho dos operadores e mecânicos ajustadores, conseqüentemente, aumentou. Os departamentos de organização e manutenção haviam previsto, até certo ponto, que esses problemas ocorreriam, mas não obtiveram a atenção devida quando a decisão de automatizar foi tomada.

4 — O ponto de vista da atividade de trabalho

O ponto de vista da atividade de trabalho não se traduz de forma estruturada na empresa. Os representantes dos trabalhadores de um lado e os departamentos de pessoal de outro estão habituados a uma leitura do funcionamento da empresa derivada essencialmente do domínio da negociação social. Historicamente, esta se organizou em torno das preocupações relativas ao contrato de trabalho (modalidade de emprego, duração da jornada, salário, qualificação, classificação, etc.). O conteúdo do emprego era considerado principalmente sob a forma das condições de trabalho, na medida em que estas se apresentavam como negociáveis. Mas a atividade compreendida no conteúdo do trabalho (ou seja, a utilização concreta dos homens e das mulheres no ato de trabalho e a maneira como o realizam) nunca esteve efetivamente em jogo nas relações sociais. O taylorismo impediu durante muito tempo a emergência dessa questão. Na prática, os problemas referentes à atividade concreta se resolviam habitualmente no nível da oficina, entre organizador e supervisão e, no melhor dos casos com o representante dos trabalhadores, o médico do trabalho e o responsável pela segurança.

O questionamento do modelo dominante de organização do trabalho iniciado 20 anos atrás, e a inadequação entre os novos empregos oferecidos e a qualificação da população de trabalhadores disponível, faz do conteúdo do trabalho uma questão central, embora a situação atual continue bastante marcada pelo taylorismo.

No plano funcional, um ponto de vista da atividade de trabalho sobre o funcionamento da empresa começa a se esboçar a partir do desenvolvimento dos departamentos de gestão de recursos humanos. Estes se diferenciam cada vez mais dos departamentos de pessoal. A manifestação de um ponto de vista da atividade — a qual é preciso reconhecer, ainda é limitada — continua, na prática, muito dependente dos pontos de vista precedentes.

> *A situação descrita no exemplo precedente pode ser lida, sem dúvida, do ponto de vista da atividade dos trabalhadores confrontados com uma considerável evolução ao mesmo tempo comercial, técnica e organizacional de sua situação de trabalho.*
>
> *Quem são eles? Em sua maioria, imigrantes sem qualificações, "enchedores de frascos". Essa expressão usada na empresa manifesta claramente a representação, taylorista, estritamente operatória da atividade dessa população. Esta apresenta características problemáticas para a evolução da empresa. Em 1986, a proporção de maiores de 40 anos é de 55%, e chegará a 74% no prazo de 5 anos, caso não se adote uma política de contratar pessoas com menos de 35 anos. Além disso, o tempo de serviço médio dessa população se aproxima dos 20 anos. Mesmo tendo a empresa destinado mais de 5% da folha de pagamento à formação, essa população encontra grandes dificuldades para se "adaptar às novas exigências, mas é imperativo se virar com eles mesmos", segundo o diretor. O responsável pela formação estimava que de 350 pessoas, 120 não se adaptavam a seu posto de trabalho ou davam problemas. Uma simples visita bastou para constatar essa situação, observando a atividade concreta (multiplicação dos incidentes, maior rigidez no constrangimento de tempo, sérias exigências de vigilância, etc.).*

5 — A confrontação necessária entre os pontos de vista

Na empresa, esses pontos de vista se confrontam e disso resulta a evolução das situações de trabalho. A constituição das bases nas quais se negociam os compromissos depende da importância assumida pelas estruturas e pelos pontos de vista de cada um dos atores. O mínimo enfraquecimento ou ausência de um deles se traduz imediatamente num déficit de conhecimento da dimensão a ele correspondente nas situações de trabalho e, em decisões prejudiciais ao conjunto da empresa.

> *Neste nosso exemplo, as decisões referentes ao plano de reestruturação industrial e sobretudo à automatização foram tomadas a partir de uma confrontação incompleta dos diferentes pontos de vista aqui apresentados. Tanto o departamento de pessoal quanto a comissão de fábrica não dispõem de informação sobre as características do pessoal que permita antecipar os problemas. As referências à formação limitam-se às escolares.*
>
> *O resultado é um sistema que funciona mal em vários níveis:*
>
> *- No nível técnico. Observamos uma taxa de utilização de máquinas de 65% para uma das instalações. No decorrer de um dia considerado normal, ela ficou parada em média 21 segundos a cada 40 segundos por causa de múltiplos incidentes. Dois problemas graves de concepção*

podem ser levantados. De um lado, é um sistema rígido inadaptado à variabilidade crescente da produção. De outro, foi concebido a partir do modelo errôneo do "enchedor de frascos". Assim, por exemplo, os operadores usavam estratégias de enchimento adaptadas à situação de "fim de barril" para certos produtos espumantes.

- No nível econômico. Os objetivos não são atingidos. A instalação anterior devia ser conduzida por um operador e um mecânico-ajustador responsável por duas máquinas, ou seja, por "uma pessoa e meia". Para atingir uma taxa de utilização das máquinas de 65%, o mecânico-ajustador precisou ficar em tempo integral num único sistema. Pode-se então questionar a validade do cálculo econômico que serviu de base à definição do número de pessoas a demitir no quadro do plano de reestruturação.

- No nível das condições de trabalho. Estas pioraram. Certas tarefas, fisicamente penosas, foram suprimidas. Mas os operadores se queixam agora de uma maior fadiga, de uma perda de controle sobre o ritmo de trabalho, e de dificuldades para administrar os problemas apresentados pela máquina, a qual aliás apelidaram de "TGV"*.

- No nível social. Verifica-se a constituição de duas populações: de um lado, os jovens mecânicos-ajustadores (idade média 35 anos), de outro os operadores de máquinas de envasamento e embaladores, cerca de 10 anos mais velhos. Essa diferenciação se agrava pelo próprio processo de formação, já que é nas funções ocupadas preponderantemente pelos trabalhadores mais velhos que se registra a menor participação nas formações de longa duração na área técnica.

Assim, a ausência do ponto de vista da atividade no momento da elaboração do plano de reestruturação e das escolhas industriais traduziu-se em decisões discutíveis e na criação de uma situação espinhosa em todos os planos que caracterizam o funcionamento da empresa.

Foram os parceiros sociais, ainda que de maneira contraditória, que contribuíram, através da Comissão de Fábrica, para constituir uma visão global, a qual claramente ficara faltando no plano de reestruturação.

Em função de fatores gerais (presença do modelo taylorista de organização do trabalho, formação dos quadros dirigentes...), ou especificamente franceses (fraca representação sindical, modelo de referência estritamente higienista para a medicina e a segurança do trabalho...), o funcionamento das empresas evolui sem que se leve suficientemente em conta o ponto de vista da atividade dos trabalhadores.

VIII — Uma leitura do funcionamento da empresa do ponto de vista da atividade

O que interessa ao ergonomista não é a atividade de trabalho por si só. Compreendê-la melhor só se justifica se permitir a transformação do trabalho, o que implica freqüentemente em acesso a uma leitura crítica do funcionamento da empresa. Essa leitura assume um caráter particular. Tem como ponto de partida a maneira pela qual os operadores efetivamente realizam o trabalho que lhes foi confiado. Essa leitura específica interroga as que são realizadas a partir dos outros pontos de vista presentes na empresa.

Aceitar essa abordagem é não somente lançar as bases de uma nova maneira de gerir os recursos humanos e de conceber os meios de trabalho, como também permitir uma

*TGV: *train à grande vitesse*; trem de alta velocidade. (N.T.)

melhor articulação entre o social e o econômico. Ler o funcionamento da empresa a partir da atividade supõe uma atitude constante: jamais julgar os elementos desse funcionamento como, *a priori*, intangíveis. Deve-se poder analisá-los, questioná-los, justificá-los na medida em que isso for necessário para a compreensão da atividade.

Trata-se, pois, de um processo que põe em relação os componentes da atividade com aquilo que a condiciona e determina no funcionamento da empresa. É a atividade de trabalho que orienta essa articulação.

Em termos de método, trata-se de uma abordagem teórica e prática que permite um contínuo ir e vir entre a atividade de trabalho e o conjunto de seus determinantes. Só assim se revela progressivamente o funcionamento da empresa em tudo que é útil à sua compreensão do ponto de vista da atividade de trabalho.

A observação se constrói, portanto, a partir de pontos de referência que facilitam a escolha das informações a coletar e permitem ordenar os fatos. O valor e a utilidade dos resultados dependem totalmente desse método, explicitado no exemplo seguinte.

A atividade dessa empresa é abater, embalar e entregar aves para diversos clientes.

Em sua primeira visita ao setor de embalagem, o ergonomista observa mulheres de mais de 40 anos fechando caixas de papelão cheias de aves, que ficam no chão ao lado de seus postos de trabalho. Forçam as caixas com o joelho, o que as obriga a adotar posturas penosas ("Temos de ficar de quatro").

A operação não pode ser realizada sobre o posto de trabalho dotado de uma seladora automática: as caixas estão tão cheias que deixam de ter o formato de paralelepípedo. O ergonomista observa ainda as dificuldades, e até mesmo o perigo, na circulação das empilhadeiras, pois as operadoras invadem a área de circulação com suas caixas; nota ainda a instabilidade das pilhas de caixas devido às suas deformações.

Os problemas de segurança e de penosidade são evidentes. O ergonomista comenta isso com o gerente de produção que o acompanha, e pergunta:

— As caixas são muito pequenas?

— Não, são de um tamanho padrão.

— Então, por que não se colocam menos aves?

— Impossível, pois o cliente impõe através de etiquetas com código de barra o número de aves por caixa, de acordo com a gestão de seus estoques.

— Isso acontece muitas vezes?

— De vez em quando. Mas normalmente as operadoras fecham as caixas sobre o posto de trabalho.

Parar por aí é renunciar à possibilidade de ter uma ação visando transformar essa situação problemática de trabalho.

É com o presidente da empresa que o ergonomista descobre margens de manobra ao realizar uma abordagem global do funcionamento da empresa a partir do que observou no setor de embalagem.

— Se não é possível mexer nem no tamanho das caixas nem no número de aves, e quanto ao tamanho delas? Por que são tão grandes assim?

O presidente da empresa explica que, no caso observado, tratava-se de aves de 13 semanas, mas normalmente são despachadas com 12 semanas. Mas é ele que passa os pedidos de produção das aves em função das previsões de venda dali a 3 meses. Para tanto, dispõe das estatísticas das vendas do ano n-1 e... de seu faro comercial. Disso resulta que a cada momento a situação concreta do setor de embalagem depende da qualidade das previsões feitas por ele 3 meses antes.

Quando há uma correspondência aproximada entre as previsões e as vendas, a embalagem das aves ocorre de maneira satisfatória nos postos de trabalho. Não é o caso quando as vendas foram subestimadas ou superestimadas. Se faltam aves, decide-se abatê-las mais cedo, com 11 semanas; se há excesso, adia-se o pedido junto ao criador, e elas são abatidas com 13 semanas. Disso resulta que freqüentemente (e não de vez em quando) as aves são menores ou maiores, exigindo então:

- *operações suplementares no primeiro caso: é necessário calçar as aves por razões de qualidade (evitar os choques durante o transporte); as operadoras ficam sob constrangimentos de tempo mais rígidos, em função do horário de saída dos caminhões, e o gerente constata um aumento no custo decorrente do consumo maior de produtos intermediários (que são caros, pois não se podem calçar as aves com qualquer coisa);*

- *operações mais penosas e perigosas no segundo caso, com conseqüências quanto à qualidade (devoluções pelos clientes passam a ocorrer) e quanto à gestão do pessoal (se essa fase dura, o absenteísmo tende a aumentar); é a situação observada no setor de embalagem.*

O presidente da empresa dispõe de uma margem de manobra extremamente reduzida, em decorrência da situação jurídica da empresa (o grupo do qual a empresa é filial controla o circuito de produção de aves; ele não pode, portanto, recusar aves que pediu para serem produzidas) e de sua estrutura comercial (o maior cliente representa 60% do faturamento e "Não sou eu quem decide pôr as aves em promoção quando há excesso; mas nunca resolvem isso com 3 meses de antecedência, e tenho de fornecer do mesmo jeito").

Assim, nesse exemplo, a atividade das operadoras revela as relações existentes entre:

- Por um lado, as estruturas jurídicas e econômicas da empresa, o quadro de limitações em que as escolhas comerciais ocorrem, o uso dos meios postos à disposição das operadoras e o sistema organizacional onde esse uso se inscreve.

- Por outro lado, as condições concretas de trabalho e de segurança que o ergonomista está encarregado de tratar.

De fato, como identificar essas condições sem olhar a atividade de trabalho e sua articulação com o funcionamento da empresa? Basta imaginar, em nosso exemplo, que a visita do ergonomista tivesse ocorrido num período considerado "normal": aves com 12 semanas, operadoras trabalhando nas condições previstas. Nada é, portanto, visível de imediato. Se seu olhar não for comandado por uma compreensão da atividade de trabalho, o ergonomista corre o risco de passar ao largo de um dos problemas essenciais das condições de trabalho e de segurança nesse setor.

Esse ponto de vista da atividade é sempre estruturado pelas mesmas questões fundamentais: em nosso exemplo, como as operadoras fazem para embalar as aves e, em função do que variam essas maneiras de proceder?

Ao reconstruir assim as questões, abre-se o campo da análise e ampliam-se as possibilidades de ação. Com efeito, para tratar das posturas dessas mulheres é preciso compreender também o trabalho do presidente da empresa, tendo como objetivo melhorar a qualidade de suas previsões: quanto mais ele "errar", mais as mulheres "ficarão de quatro". A contribuição do ergonomista nesse caso é estabelecer a realidade dessa relação, que tinha escapado completamente a todos.

Note-se que, ao fazer isso, o ergonomista ganha argumentos em termos de qualidade, de gestão do pessoal, etc. indispensáveis para "mexer" com a situação de trabalho. Assim, por exemplo, a sugestão do ergonomista de que passe a haver três tipos de caixa (11, 12 e 13 semanas) choca-se de imediato com o ponto de vista do gerente: estocagem, custos suplementares, modificação das seladoras, etc. Uma análise do trabalho relacionando as posturas e sua penosidade com a rigidez do constrangimento de tempo, as opiniões e devoluções dos clientes, o aumento da taxa de absenteísmo e os riscos de acidente, permite uma confrontação dos pontos de vista que possibilita reconsiderar as escolhas da empresa explicitando a interdependência dos critérios de eficácia e de saúde.

Assim, as margens de manobra e as bases dos compromissos a aceitar poderão ser debatidas tendo em vista contribuir para a transformação dessa situação.

IX — Construir a ação ergonômica do ponto de vista do trabalho

O interesse pelas concepções desenvolvidas anteriormente reside nas possibilidades de ação que são capazes de oferecer. É preciso tentar, portanto, "orquestrá-las" em relação à ação ergonômica, sua construção e condução, pois é esse o objeto desta obra.

Indicamos como fio condutor que liga todos os capítulos deste livro "a ação ergonômica a partir do ponto de vista do trabalho". O quadro da Fig. 9 dá uma visão sintética da concepção que estamos propondo.

Nesse quadro as linhas representam as três grandes etapas pelas quais é possível descrever sumariamente toda ação ergonômica. As colunas fixam para cada uma dessas etapas a orientação da ação a empreender. Os capítulos desta obra vão permitir ao leitor esclarecer o conteúdo de cada uma das células, e lhe fornecer meios concretos para atingir os objetivos que, acreditamos, devem ser propostas para construir uma ação ergonômica a partir do ponto de vista do trabalho.

Esse quadro pode ser interpretado seguindo duas orientações:

- Uma lógica metodológica, que adotaremos em função dos objetivos deste livro.
- Uma lógica profissional e social, que abordaremos sumariamente no fim deste capítulo.

1 — A instrução da demanda

Desde o primeiro contato com a empresa, o ergonomista define o objeto da ação ergonômica reformulando os problemas colocados, quaisquer que sejam, a partir da atividade concreta do trabalho, ou seja, das modalidades concretas de gestão, da distância entre o trabalho prescrito e a atividade real. Noutras palavras, o sistema homem/tarefa deve ser a base fundamental dessa instrução. Essa definição do objeto da ação ergonômica garante, desde o início, que os problemas colocados serão especificamente tratados no plano ergonômico (ponto de vista da atividade).

Trata-se então de constituir imediatamente, a partir da demanda, o ponto de vista da atividade de trabalho. Dizemos "constituir" porque esse ponto de vista praticamente não

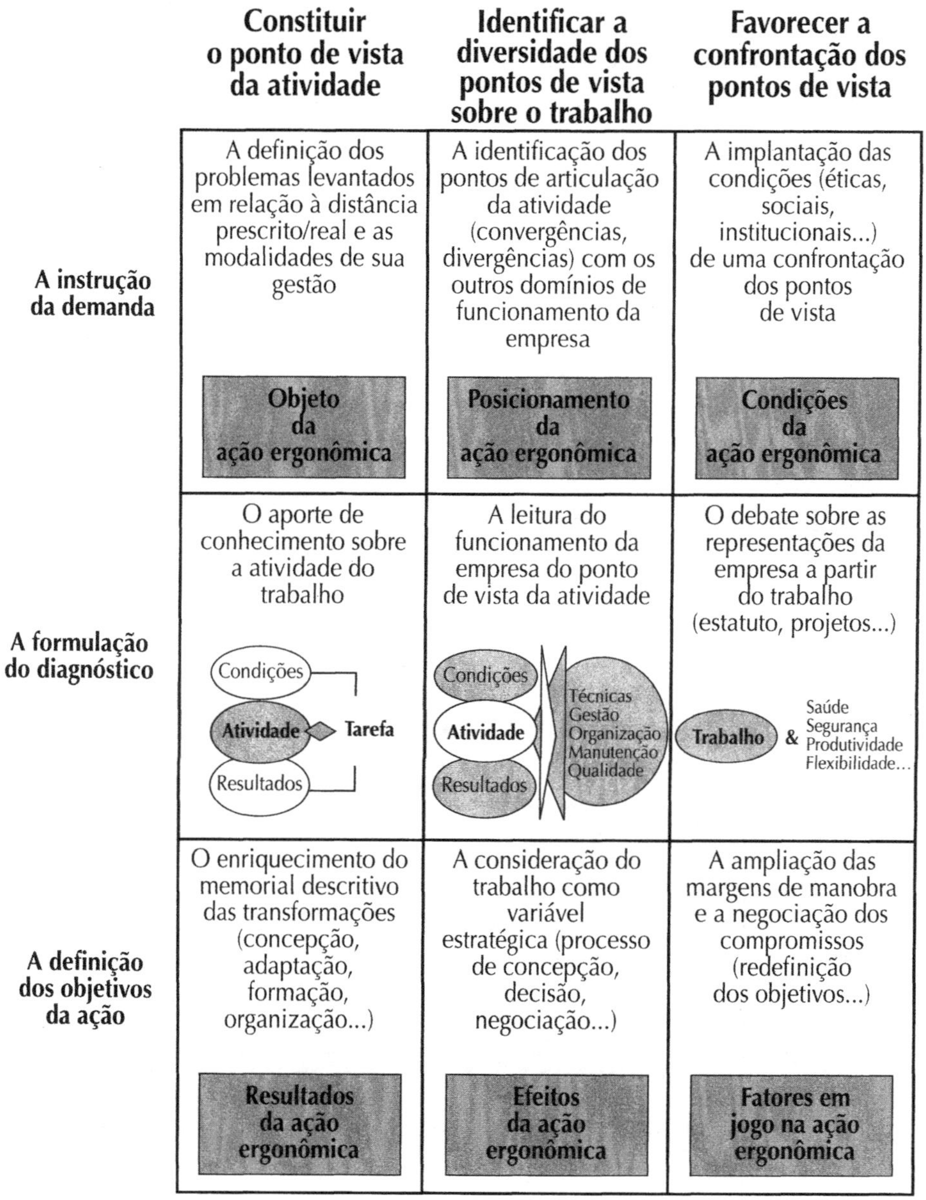

	Constituir o ponto de vista da atividade	Identificar a diversidade dos pontos de vista sobre o trabalho	Favorecer a confrontação dos pontos de vista
A instrução da demanda	A definição dos problemas levantados em relação à distância prescrito/real e as modalidades de sua gestão **Objeto da ação ergonômica**	A identificação dos pontos de articulação da atividade (convergências, divergências) com os outros domínios de funcionamento da empresa **Posicionamento da ação ergonômica**	A implantação das condições (éticas, sociais, institucionais...) de uma confrontação dos pontos de vista **Condições da ação ergonômica**
A formulação do diagnóstico	O aporte de conhecimento sobre a atividade do trabalho (Condições) (Atividade) ◆ Tarefa (Resultados)	A leitura do funcionamento da empresa do ponto de vista da atividade (Condições) (Atividade) Técnicas / Gestão / Organização / Manutenção / Qualidade (Resultados)	O debate sobre as representações da empresa a partir do trabalho (estatuto, projetos...) Trabalho & Saúde / Segurança / Produtividade / Flexibilidade...
A definição dos objetivos da ação	O enriquecimento do memorial descritivo das transformações (concepção, adaptação, formação, organização...) **Resultados da ação ergonômica**	A consideração do trabalho como variável estratégica (processo de concepção, decisão, negociação...) **Efeitos da ação ergonômica**	A ampliação das margens de manobra e a negociação dos compromissos (redefinição dos objetivos...) **Fatores em jogo na ação ergonômica**

Figura 9

existe de forma institucional na empresa. Toda ação ergonômica deve ao menos contribuir para lançar suas bases, se não for possível estruturar totalmente tal ponto de vista.

Essa reformulação das questões colocadas será posta em relação com os outros domínios que caracterizam o funcionamento da empresa. O objetivo é dar de fato início à construção de um ponto de vista do trabalho sobre esse funcionamento. O primeiro passo é buscar convergências, divergências, contradições entre o que o ergonomista pode identificar, nesse estágio, das características da atividade necessária à realização da tarefa (modos operatórios, deslocamentos, interrupções, vigilância, antecipações, etc.) e o que ele pode descobrir das exigências e constrangimentos levados em conta para definir essa tarefa (quantidade e duração das séries, prazos e determinação dos tempos dos ciclos, dos ritmos, dos horários; qualidade, apresentação, procedimentos de certificação e definição dos modos operatórios, dos procedimentos, das modalidades de controle, etc.).

A ação ergonômica assim se posiciona em relação ao que provavelmente está em jogo (saúde, segurança, conforto dos trabalhadores, por um lado; flexibilidade, eficácia, produtividade, por outro lado) nos problemas que são o objeto da demanda (diversidade dos pontos de vista).

Enfim, a instrução da demanda (Fig. 10) deve contribuir para a implantação das condições de confrontação dos pontos de vista, algo que não é necessariamente óbvio. Localizar os momentos, os atores, as estruturas (existentes ou a serem implantadas) nos quais se apoiar no decorrer da ação ergonômica, determina as possibilidades para que essa confrontação se dê em condições éticas e sociais aceitáveis. Agindo dessa forma, o ergonomista busca implicar todos os parceiros da empresa envolvidos nos problemas levantados.

A experiência prova que, quaisquer que sejam os problemas levantados, todos os integrantes da empresa estão potencialmente implicados. Essa implicação é mais ou menos

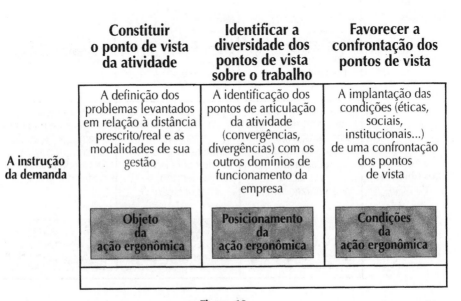

Figura 10

direta conforme a natureza desses problemas. Por mais competente que seja, o ergonomista jamais consegue estabelecer todas as ligações. Mesmo certas relações que posteriormente se mostrarão evidentes podem lhe escapar no estágio da instrução da demanda. O fato é que nenhum parceiro e/ou nenhuma informação podem ser descartados *a priori*, pois certamente terão seu lugar no quebra-cabeça (favorecer a confrontação dos pontos de vista).

A instrução da demanda tem por objetivo prático a implicação de todos os integrantes da empresa. Sua pertinência vai depender de como se conjuga, mesmo que de maneira contraditória, a qualidade da reformulação dos problemas levantados do ponto de vista do trabalho com as preocupações de cada um (operadores, direção e representantes dos trabalhadores, departamentos de recursos humanos, métodos, fabricação, manutenção, etc.). A importância dessa fase de instrução da demanda se revela na concretização da proposta de ação ergonômica.

2 — A formulação do diagnóstico

No estágio do diagnóstico, a possibilidade de produzir conhecimentos sobre a atividade de trabalho depende evidentemente da maneira como os problemas foram reformulados do ponto de vista do sistema homem/tarefa durante a instrução da demanda.

Como veremos, a reformulação das questões está na base da elaboração das hipóteses aptas a orientar as investigações necessárias à produção desses conhecimentos.

Uma ação é ergonômica quando comporta uma análise da atividade de trabalho que contribui para desvendar as estratégias usadas pelos operadores para efetuar sua tarefa, ou seja, para atingir os objetivos que lhes foram fixados em determinadas condições. O início de uma constituição na empresa de um ponto de vista da atividade de trabalho vai depender dessa análise. É o primeiro resultado tangível de toda ação ergonômica (ponto de vista da atividade).

Esses conhecimentos servirão para ver com outro enfoque a empresa e seu funcionamento. Leitura do funcionamento da empresa do ponto de vista da atividade para alguns, análise do trabalho pela atividade, ou análise multidisciplinar das situações de trabalho para outros; fora as discussões legítimas que provocam, todas essas expressões objetivam uma prática que procura meios de reconduzir a atividade dos homens e das mulheres como regente do trabalho.

Essa prática consiste em articular o que a análise da atividade de trabalho descobriu sobre as modalidades de gestão da distância entre o prescrito e o real, com as características:

- Da população, da formação, do contrato de trabalho e do estado dos indicadores sociais (política de gestão dos recursos humanos).

- Do sistema técnico, das ferramentas, da sua regulagem e manutenção (política de investimento e manutenção).

- Da clientela e dos usuários, da oferta de bens e serviços e da qualidade que deles se requer (política comercial e de qualidade).

- Das tarefas, de sua distribuição, da composição das equipes, dos tempos alocados (política de organização).

- Etc.

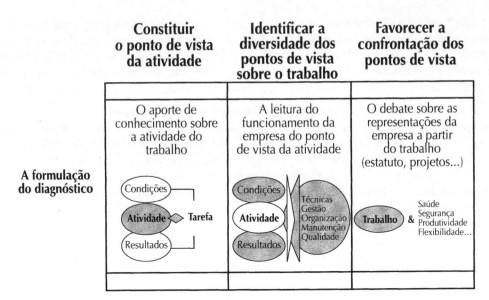

Figura 11

Trata-se portanto de reavaliar efetivamente o conjunto das condições de funcionamento da empresa e seus resultados do ponto de vista do trabalho (diversidade dos pontos de vista), como esquematizado na Fig. 11.

A eficácia dessa reavaliação depende totalmente de ela ser debatida na empresa. Essa discussão tem por objetivo contribuir para a mudança das representações sobre o trabalho feitas pelas diferentes áreas de funcionamento da empresa. É o segundo resultado tangível de toda ação ergonômica. Os ergonomistas participam ativamente nessa discussão a partir dos conhecimentos que produziram sobre a atividade de trabalho dos operadores. Com efeito, o déficit de conhecimento sobre o que acontece efetivamente nas oficinas e escritórios resulta em uma visão, se não errônea, no mínimo extremamente pobre do trabalho e de seus critérios de avaliação. Em outras palavras, essa discussão deve permitir enriquecer, ou até renovar, a reflexão nos mais diversos domínios, como a maneira de conceber a produtividade, a flexibilidade, a qualidade, a segurança, etc.

O que está em jogo numa discussão desse tipo é antes de mais nada a prática: qual é o volume e qual o conteúdo de emprego para qual população, qual equilíbrio entre evolução e preservação do conjunto dos conhecimentos, qual divisão de tarefas entre o homem e a máquina. Mas também quais os limites para a tendência de investir cada vez mais a vida inteira dos homens e das mulheres na produção (favorecer a confrontação dos pontos de vista).

3 — O memorial descritivo das transformações

A prática ergonômica só se justifica quando visa à transformação das situações de trabalho. É o próprio título desta obra. Mas são os ergonomistas que transformam as situações de trabalho que abordam? Não, e isso por duas razões essenciais, pelo menos:

- Desde 1974, ficou claramente estabelecido que "a contribuição da pesquisa científica para a melhoria das condições de trabalho não é determinada apenas pelo movimento de produção de conhecimentos" e, "mais ainda, não há necessidade natural de que conhecimentos produzidos no campo da pesquisa determinem *ipso facto* transformações reais na sociedade, como é a melhoria das condições de trabalho". O que a prática ergonômica produz é um *corpus* científico e não um programa político de transformação das situações de trabalho.

* A transformação das condições de trabalho é responsabilidade dos parceiros sociais. Na empresa, as mudanças resultam do jogo contraditório de interesses e relações de poder entre seus integrantes. E é precisamente para que a ação ergonômica possa levar a transformações efetivas que é essencial que ela seja expressamente exigida pelos parceiros sociais.

Qualquer que seja o estatuto do ergonomista na relação com a empresa, essa orientação se impõe. Se for consultor, não há nada mais discutível e perigoso que confiar a elaboração de soluções a especialistas de fora. Se empregado da empresa, não é enquanto ergonomista que vai elaborar soluções a pedido de seu empregador e por elas ser julgado. Os dogmas da Organização Científica do Trabalho, onde a racionalização do uso do trabalho humano (processo social se de fato o for) escondeu-se atrás da verdade científica "natural" desse uso, esse avatar da prática da Organização Científica do Trabalho deve servir como advertência à prática dos ergonomistas.

É por isso que evitamos falar em recomendações que lembrem demais o diagnóstico de um especialista ou o "pacote pronto" que a empresa espera muitas vezes do ergonomista.

O primeiro objetivo do ergonomista é responder aos problemas que suscitaram a ação ergonômica. Ele de nada serviria se os efeitos de sua passagem não se traduzissem num enriquecimento específico do memorial descritivo de transformações das situações de trabalho. Esse enriquecimento é o que autoriza um melhor conhecimento da atividade de trabalho dos operadores. Potencialmente, concerne a todos os domínios que determinam essa atividade: concepção e adaptação do dispositivo técnico, formação do pessoal, organização do trabalho.

Mesmo não fazendo separação entre esses domínios, é claro que para o ergonomista a demanda é o fio condutor do enriquecimento específico do memorial descritivo. Este é, efetivamente, o resultado da ação ergonômica, no sentido em que já estava incluso na

	Constituir o ponto de vista da atividade	Identificar a diversidade dos pontos de vista sobre o trabalho	Favorecer a confrontação dos pontos de vista
A definição dos objetivos da ação	O enriquecimento do memorial descritivo das transformações (concepção, adaptação, formação, organização...)	A consideração do trabalho como variável estratégica (processo de concepção, decisão, negociação...)	A ampliação das margens de manobra e a negociação dos compromissos (redefinição dos objetivos...)
	Resultados da ação ergonômica	Efeitos da ação ergonômica	Fatores em jogo na ação ergonômica

Figura 12

demanda inicial, como a resposta que se queria para uma necessidade socialmente expressa (ponto de vista da atividade).

Mas, além dos resultados que respondem à demanda, a ação ergonômica visa efeitos a longo prazo. De fato, a solução que pode ser definida pelos parceiros sociais a partir de uma contribuição ergonômica logo se mostrará limitada em função da evolução da empresa e de seu meio: novo produto, novas condições de mercado, nova legislação, etc. A situação de trabalho continuará, então, a se transformar.

Se a ação ergonômica não permitiu uma inflexão nos processos de decisão, concepção e negociação, é bem provável que as evoluções se façam sem levar suficientemente em conta o trabalho dos operadores. Em outras palavras, a ação deve possibilitar a introdução gradativa do trabalho como uma das variáveis estratégicas do funcionamento da empresa (diversidade dos pontos de vista).

Enfim, a ação ergonômica deve possibilitar a condução do próprio processo de elaboração das soluções dos problemas que a justificaram. Esse processo envolve a empresa e toda diversidade de seus integrantes, mas o ergonomista deve dele participar no âmbito de sua competência: o trabalho. Fazer ergonomia é aceitar a defesa dessa "bandeira" na elaboração dos compromissos que deverão ser negociados se o que se quer é que as coisas mudem.

A eficácia dessa participação vai depender das condições instauradas desde o início da ação ergonômica para favorecer uma real confrontação entre os pontos de vista. A contribuição do ergonomista nessa confrontação, sempre relativa ao trabalho concreto, deve permitir a ampliação das margens de manobra dos parceiros sociais e alimentar a negociação dos compromissos que deverão ser aceitos no momento em que a empresa resolver agir.

Trata-se portanto da redefinição dos objetivos e dos meios de ação relativos aos investimentos, à gestão dos recursos humanos, à organização. Nisso reside o que está verdadeiramente em jogo, social e economicamente, na ação ergonômica (confrontação dos pontos de vista).

4 — Ponto de vista da atividade, ponto de vista do trabalho, e confrontação dos pontos de vista

Em síntese, com referência à Fig. 9, a primeira coluna tem como referencial o ofício específico do ergonomista, que dispõe de um corpo de conhecimentos, métodos e ferramentas adaptado ao tratamento dos problemas da empresa (que dizem respeito a todos os seus integrantes) do ponto de vista de seus efeitos sobre a atividade concreta dos homens e das mulheres que trabalham.

A segunda coluna é relativa a uma abordagem multidisciplinar das situações de trabalho. Em função disso, não se refere só aos ergonomistas mas a todos os que intervêm no campo do trabalho. Ela define uma outra maneira de abordar a empresa, sua situação, seu funcionamento, seus projetos, levando a repensar sua gestão (no sentido mais amplo da palavra) sobre novas bases.

A terceira coluna é da ordem da prática social, visando criar as condições da implantação dessa nova maneira de gerir a empresa, devolvendo ao trabalho — e àqueles que trabalham — seu lugar.

> A ciência fala de órgãos, funções, células, moléculas para admitir enfim que
> há muito tempo não se fala mais em vida nos laboratórios, mas ela não diz
> jamais carne que, justamente, indica a mistura, numa parte do corpo, aqui
> e agora, de músculos e sangue, de pele e pêlos, de nervos e funções
> diversas, que confunde, pois, o que o saber pertinente analisa.
>
> Michel Serres, *Le tiers instruit*

BASES PARA UMA PRÁTICA

A atividade de um operador, num dado momento, é o resultado de um compromisso complexo levando em consideração numerosos fatores:

- Fatores externos ao operador:
    - os objetivos determinados pela empresa;
    - os meios postos a sua disposição;
- Fatores internos:
    - as propriedades gerais do organismo humano e as características particulares, estáveis ou do momento, do operador em questão;
    - as propriedades gerais do raciocínio humano, os saberes adquiridos pelo operador ao longo de sua história e a orientação particular de seu raciocínio num dado momento;
    - mas também a personalidade do operador e seus projetos individuais.

Vários termos desse compromisso variam com o tempo. Os compromissos portanto se atualizam permanentemente. Para atingir os objetivos fixados, o operador, com os meios de que dispõe, levando em conta seu estado interno e seus conhecimentos, elabora estratégias originais que são objeto de constantes ajustes e novas orientações.

Propomos nesta obra métodos de análise do modo como a atividade se constrói em relação a esses diferentes fatores. Em nossa visão, a leitura dessa elaboração permite compreender as conseqüências da atividade sobre a saúde e a produção, e também pôr em evidência as competências demonstradas pelos operadores.

Conseqüências para a saúde

A interpretação das ligações entre trabalho e saúde será abordada aqui não somente em termos de "fatores de risco", mas também observando o papel ativo do operador na construção de modos operatórios os menos desfavoráveis possíveis para sua saúde, e os casos em que essa tentativa é posta em xeque.

Conseqüências para a produção

A análise da atividade do operador esclarecerá os casos em que ele encontra dificuldade para atingir os objetivos fixados pela empresa, e permitirá identificar os determinantes dessas atividades que se relacionam com os meios fornecidos (ferramentas, dispositivos técnicos, organização do trabalho, formação proposta, etc.).

A evolução das competências dos operadores

A análise da atividade do trabalho permite igualmente identificar as competências mobilizadas pelos operadores. Essa identificação leva freqüentemente à localização de competências não-reconhecidas na empresa, suscetíveis de servir de base a uma evolução profissional, ou de orientar os investimentos técnicos. É também possível avaliar em que medida a situação de trabalho favorece uma evolução dessas competências ou, ao contrário, a limita. Enfim, em certos casos, a análise do trabalho evidencia uma inadaptação da formação oferecida aos operadores, permitindo então propor o conteúdo de uma formação complementar.

Trata-se, portanto, de descrever aqui as bases da prática que será exposta. Serão especificados inicialmente os fatores que intervêm nos compromissos elaborados e, depois, serão apresentados alguns elementos relativos à construção de uma estratégia pelos operadores. Enfim, abordaremos as ligações existentes entre a atividade assim construída e a saúde.

I — O lado da empresa: objetivos, meios, mas variabilidade

Para atingir os objetivos de produção, a empresa define meios técnicos e organizacionais. Os operadores, na elaboração de seus modos operatórios, têm de levar em conta dois constrangimentos subestimados: a variabilidade da produção, e os constrangimentos temporais.

1 — A variabilidade na empresa

As empresas se organizam habitualmente de modo a limitar os fatores aleatórios na produção ou no fornecimento de serviços. Na realidade, sempre subsiste uma variabilidade importante.

Podem-se distinguir duas grandes categorias de variabilidade:

- Uma variabilidade normal, que decorre do próprio tipo de trabalho efetuado: as corridas de um motorista de táxi ou os pedidos dos clientes numa loja variam a todo instante.

- Por outro lado, existe uma variabilidade incidental como, por exemplo, uma peça mal-lixada que não se encaixa, uma ferramenta que quebra, um dossiê incompleto.

Uma parte da variabilidade normal é previsível e, pelo menos parcialmente, controlada; por exemplo:

- As variações sazonais no volume da produção. Uma fábrica de chocolate sabe que tem de enfrentar um pico de produção antes do período das festas de fim de ano, um escritório de contabilidade passa por uma atividade mais intensa no período dos balanços, etc.

- As variações periódicas decorrentes da natureza da produção: numa administradora de crédito, uma quinzena será empregada para fazer e mandar os extratos, a outra para verificar os pagamentos. Num serviço de atendimento hospitalar, a manhã poderá ser reservada para atender os pacientes, e a tarde para marcar as consultas por telefone.
- A diversidade dos modelos de produtos ou dos tipos de serviço oferecidos: os diferentes modelos de um veículo que se sucedem numa linha de montagem, as múltiplas edições de um jornal regional, as variantes nas fórmulas de um adubo produzido num mesmo laboratório.
- As variações nas matérias-primas decorrentes de diferentes fornecimentos: as variações no tipo de petróleo cru numa refinaria, a multiplicidade do número de fornecedores de freios numa linha automotiva, etc.

Tais variações são programadas pela empresa. No entanto sua ocorrência junto aos operadores pode ser mais ou menos esperada, mais ou menos brutal, e suas conseqüências para as operações de produção mais ou menos previsíveis. Por exemplo, se os operadores de uma refinaria não ficam surpresos com certas características de um petróleo cru "venezuelano", prevêem com mais dificuldade as características de uma mistura de crus de diversas procedências.

Uma outra parte da variabilidade (normal e incidental) da produção é aleatória, por exemplo:

- As variações instantâneas da demanda, em natureza e volume, nos serviços que têm contato com uma clientela (entradas no pronto-socorro de um hospital, fluxo no guichê de uma estação).
- Os incidentes que ocorrem num dispositivo técnico (pane ou desajuste de uma máquina, mau funcionamento de um sensor, quebra de uma ferramenta), ou na rede de energia (pane elétrica, diminuição na pressão do ar).
- As variações imprevisíveis do material sobre o qual se trabalha (rochas repentinamente mais duras numa mina, presença de cardumes para os pescadores, rompimento do papel numa gráfica, rosca com rebarbas impedindo fixação do parafuso).
- As variações do ambiente (meteorologia, congestionamento no tráfego para um motorista).
- Etc.

Mesmo que o momento e a forma precisa dessas variações sejam imprevisíveis, certos elementos dessa variabilidade são do conhecimento do operador, que espera uma freqüência mais elevada de certos incidentes em certos momentos.

O objetivo do estudo da variabilidade da produção para os ergonomistas não é suprimi-la. A análise do trabalho permite compreender como os operadores enfrentam a diversidade e as variações de situações, e quais conseqüências trazem para sua saúde e para a produção. A partir dessa análise torna-se possível delinear a parte de variabilidade aleatória redutível, a parte de variabilidade controlada a considerar na organização do trabalho, e os meios a fornecer aos operadores para enfrentar a variabilidade incontornável.

2 — Os constrangimentos temporais

O tempo é um dos elementos essenciais que intervêm na determinação dos modos operatórios.

Conforme as situações de trabalho, a pressão do tempo resulta de uma combinação de constrangimentos relativos:

- Às normas de produção:
  - cadências automáticas (deslocamento automático de uma peça);
  - quantidade de peças ou dossiês a tratar num tempo determinado;
- Às limitações temporais:
  - hora de partida de um trem ou avião;
  - tempo de secagem de um cimento ou de uma cola;
  - hora do fim do serviço;
  - prazo máximo para resolver um incidente sem que este degenere em problema grave, ou para socorrer um doente...
- Ao aparecimento de acontecimentos não-controlados:
  - acumulação de incidentes;
  - aumento de uma fila de espera;
- À colaboração com outras pessoas:
  - espera pela disponibilidade de um guindaste;
  - interrupção da atividade da enfermeira quando o médico chega para a visita.

Em certas situações, a gestão dos constrangimentos temporais realizada pelo operador está ligada à gestão dos constrangimentos referentes ao espaço:

- No trabalho em linhas de montagem, existe uma relação proporcional entre o tempo e a distância percorrida pela peça. Numa linha de montagem automotiva, o aumento na duração de uma operação se traduzirá pelo aumento da zona ocupada pelo operador ("ele a ultrapassa"). Ao contrário, para se adiantar, o operador "recua" na linha.
- Em certas atividades comportando numerosos deslocamentos (supervisão de uma grande unidade automatizada, por exemplo), os constrangimentos têm a ver com estar no lugar certo na hora certa.
- A regulação temporal da atividade pode estar relacionada à quantidade de um estoque exagerado a montante, ao espaço disponível para acumular as peças fabricadas.

II — Diversidade e variabilidade dos indivíduos

Acabamos de assinalar a importância da variabilidade industrial. Também no que diz respeito aos indivíduos, as diferenças e variações são a regra.

1 — A diversidade interindividual

O "trabalhador médio" não existe. Homem ou mulher, mais ou menos jovem, baixo ou alto, com vista boa ou usando óculos, cada pessoa tem também sua própria história, sua própria experiência. Os constrangimentos, as dificuldades, e os eventos positivos que cada um encontra fora de seu trabalho variam.

Bases para uma prática

Por isso, o "mesmo posto de trabalho", ocupado por duas pessoas diferentes, apresentará duas situações de trabalho específicas: os operadores altos ou baixos adotarão posturas diferentes, o que tem mais experiência desenvolverá estratégias diferentes daquele que tem menos. Os esforços, os raciocínios usados e a fadiga resultante não serão equivalentes, mesmo que o resultado produzido pareça idêntico.

2 — As variações intra-individuais

A essa diversidade entre as pessoas, acrescentam-se as variações do estado de cada um. Essas variações ocorrem, ao mesmo tempo, em escala diária (efeito dos ritmos biológicos, fadiga ligada aos acontecimentos do dia), semanal e trimestral (acumulação de fadiga entre dois feriados) e ao longo dos anos (efeitos do envelhecimento).

Variações a curto prazo

O organismo humano obedece a ritmos biológicos, dos quais os mais conhecidos são os ritmos menstruais das mulheres e os ritmos circadianos (de aproximadamente 24 horas). Estes últimos se manifestam em estados funcionais variáveis segundo as horas do dia. Certas secreções são mais intensas em certos horários, a sensibilidade aos medicamentos ou aos tóxicos varia no decorrer do dia, assim como as capacidades da memória, por exemplo. Não é, portanto, o "mesmo homem" ou a "mesma mulher" que executam o trabalho, conforme as horas do dia ou da noite.

Numa sala de controle de uma instalação de processo contínuo, o acompanhamento dos indicadores varia nitidamente segundo o turno. No decorrer do turno da noite, a freqüência dos deslocamentos do olhar de uma área a outra do painel é mais baixa do que de dia. Além disso, as áreas inspecionadas com mais freqüência diferem também de dia e de noite, embora a produção e a freqüência de incidentes mantenham-se análogas.

A essas variações circadianas, somam-se os efeitos dos acontecimentos do dia: a fadiga ligada ao trabalho, aos acontecimentos familiares ou ao transporte, modifica também o estado da pessoa. A atenção diminui, se solicitada demais ou de menos no decorrer de um longo período. Um acontecimento abrupto (ofuscamento repentino) pode igualmente provocar variações no estado.

Variações relativas à idade

Ao longo da vida ativa, o estado funcional do operador se transforma:
- por um lado, em função das leis do envelhecimento biológico geneticamente determinadas;
- por outro lado, em função dos efeitos do meio.

Depois dos 35 anos, mais ou menos, as funções biomecânicas, cardiovasculares, pulmonares, musculares sofrem uma redução de sua capacidade máxima; os órgãos sensoriais perdem parte de seu poder discriminativo; o sono fica mais vulnerável e se torna cada vez mais sensível a variações de horários e de ambiente. Essas transformações são acentuadas por, entre outras coisas, repetidas agressões provocadas pelas condições de trabalho.

Por outro lado, as transformações das funções cognitivas com a idade dependem muito da formação escolar inicial, das formações ulteriores (profissionais ou não) e da diversidade das experiências adquiridas (em particular no trabalho).

Disso resultam várias conseqüências:

- Uma variabilidade intra e interindividual importante: cada função evolui com a idade num ritmo diferente (pode-se conservar uma boa acuidade auditiva, tendo ao mesmo tempo limitações articulares consideráveis). Cada um tem sua história, sua formação, não sofreu as mesmas agressões.
- Processos de compensação que se desenvolvem para limitar as alterações ligadas à idade. Assim, a experiência num trabalho ajuda a limitar os esforços físicos; estratégias de busca de informações e modalidades de raciocínio compensam o déficit das funções fisiológicas.

Numa linha de montagem de motores, a análise da atividade mostra que os operadores mais velhos desenvolvem estratégias particulares para diminuir os esforços físicos: regularidade nas operações para fazer coincidir o momento de fixar o parafuso com o posicionamento da parafusadora pneumática, para não ter de puxar com muita força na posição de operação a mola de contrabalanço (dispositivo de fixação) dessa ferramenta; fazer estoques intermediários, ou pegar várias peças na mão, para reduzir os deslocamentos até as áreas de abastecimento; desenvolvimento do controle tátil para o posicionamento das peças, para atenuar as posturas inclinadas requeridas pelo controle visual.

Assim, a experiência, a consciência das transformações de seu organismo com a idade, levam os operadores a elaborar estratégias e desenvolver habilidades para se poupar.

No entanto, quando os constrangimentos são muito severos, e a organização do trabalho ou a concepção do posto não deixam possibilidade de "fazer de outro jeito", os operadores mais velhos encontram dificuldade para realizar o trabalho esperado; só se mantêm em seu posto à custa de agressões à sua saúde e de uma fadiga muito maior, ou são então deslocados para postos ditos "leves", mas não raro desqualificados, quando existem na empresa, ou são mesmo levados a deixar a empresa, com risco de enfrentar o desemprego por um longo tempo.

Quando o trabalho é variado e complexo, e uma formação profissional periódica é garantida, a competência dos operadores pode se manter e até mesmo se desenvolver. Inversamente, se o conteúdo do trabalho for pobre, se uma formação periódica não lhes for dada, ou se não for adaptada às modalidades de aprendizagem dos adultos que estão envelhecendo, então a competência dos operadores fica limitada, e surgem dificuldades quando se modifica a tarefa, o emprego, ou os meios técnicos de trabalho.

O fenômeno do envelhecimento de cada trabalhador se inscreve num contexto geral marcado por vários tipos de evolução:

- Uma evolução demográfica: a população francesa ativa (mas é também o caso atualmente em muitos países) tende a "envelhecer"; para os homens, a parcela dos com mais de 45 anos passará de 29% em 1990 para 37% em 2010; e, para as mulheres, de

Bases para uma prática 53

27% para 38%; essas projeções do INSEE* se apóiam em três hipóteses: uma diminuição da taxa de atividade dos menores de 25 anos, uma estabilização da taxa de atividade dos maiores de 55 anos, e um aumento da taxa de atividade das mulheres, até um certo teto.

- Uma evolução das gerações, caracterizada entre os jovens por um aumento no tempo de escolaridade e de formação profissional.
- Uma evolução das formas de organização, das condições de trabalho e principalmente das tecnologias.

É preciso pois situar o avanço da idade individual em relação a evoluções mais amplas numa escala temporal maior.

III — A construção dos modos operatórios
1 — Os objetivos a atingir e sua combinação

A atividade de um operador num dado momento é organizada em função de diferentes objetivos:

- Os objetivos *gerais* fixados pela empresa (por exemplo, usinar cinqüenta peças por dia).
- Os objetivos *intermediários* que o operador se fixa para atingir os primeiros (usinar trinta peças antes do meio-dia, para ter tempo de limpar a máquina no fim do dia; regular a ferramenta a cada cinco peças para evitar defeitos nas cotas usinadas).
- Objetivos mais *pessoais* (não começar uma peça próximo à hora do almoço, para não ter de retomar uma usinagem começada; liberar tempo num dado momento para poder falar com um representante sindical).

Conforme a situação, a margem de manobra de que o operador dispõe para atingir os objetivos de produção é maior ou menor. Em quase todos os casos, observam-se tentativas por parte dos operadores para antecipar os eventos a vir e planejar o desenvolvimento posterior de sua atividade. Conforme o caso, será uma antecipação cobrindo um prazo bem curto (o próximo carro), ou um prazo maior, de um dia ou uma semana. Esse planejamento é evidentemente reconsiderado a partir de cada evento que surge.

Uma enfermeira inicia a distribuição dos remédios nos doze quartos de que é encarregada. Ao chegar no quarto 4, é interrompida pela campainha de um paciente do quarto 10. Ela constata que ele precisa com urgência de uma injeção, vai até o posto de enfermagem preparar a seringa, e volta para aplicar a injeção. Ela procura o médico residente para avisá-lo do estado do paciente do quarto 10, e precisa fazer várias ligações telefônicas para encontrá-lo. Retoma então sua distribuição de remédios a partir do quarto 4. Quando está no quarto 7, o médico aparece e pede que ela o acompanhe ao quarto 10...

Se a enfermeira fosse observada sem que se levasse em conta seus objetivos, por exemplo, medindo seus deslocamentos, o que se veria é que ela se desloca sucessivamente entre os seguintes pontos:

---

* INSEE, Institut National de la Statistique et des Études Économiques (Instituto Nacional de Estatística e Estudos Econômicos).

quartos 1, 2, 3, 4, 10, posto de enfermagem, quarto 10, posto de enfermagem, quartos 4, 5, 6, 7, 10.

Mas, quando se leva em conta os objetivos da enfermeira, constata-se que esses diferentes deslocamentos não são equivalentes.

Há nesse relato duas histórias diferentes: a história da distribuição de remédios e a história do paciente do quarto 10, que interrompe a primeira. A história do paciente do quarto 10 pode aliás ser dividida em duas "sub-histórias": a do atendimento ao paciente e a da transmissão das informações ao médico.

As dificuldades encontradas por essa enfermeira não estão relacionadas somente às distâncias que ela percorre. A maneira como planejou inicialmente sua atividade é continuamente posta em xeque pelos eventos que ocorrem. Ela não consegue levar a termo um objetivo sem ser interrompida. A compreensão dessas dificuldades de planejamento é fundamental, por exemplo, para se lidar com a distribuição do espaço (localização do posto de enfermagem) e com a organização do trabalho.

Existe freqüentemente, na atividade real de um operador, um emaranhado de ações que fazem parte de histórias diferentes, com estruturas temporais diversas.

2 — Os níveis de organização da ação

Para atingir os objetivos, levando em conta os meios de que dispõe e seu próprio estado, o operador vai elaborar modos operatórios. Essa construção recorre a uma combinação de diferentes níveis de organização da atividade humana: baseia-se ao mesmo tempo em esquemas, ou seja, seqüências de busca de informações e de ações bastante integradas, e num planejamento de conjunto, ligado às intenções do operador. Sempre põe em jogo, ao mesmo tempo, os mecanismos de exploração perceptiva, de processamento da informação, e a atividade muscular.

Pegando-se como exemplo um operador que efetua a supervisão de uma instalação automatizada num setor mecânico, vê-se que sua atividade mobiliza ao mesmo tempo:

- Esquemas "elementares" como os do andar. Trata-se já de um processamento complexo, na medida em que os programas sensório-motores que possibilitam andar são capazes de dar conta das variações do estado do chão, da inclinação, etc. Andar num terreno liso não exige um controle consciente, enquanto andar num terreno irregular, com obstáculos, escorregadio, obriga a "olhar onde se põe o pé".

- Esquemas específicos de sua atividade profissional, adquiridos pela experiência: o conhecimento dos lugares mais críticos, e daqueles onde incidentes ocorrem com mais freqüência, guia a organização dos deslocamentos e a exploração visual. Do mesmo modo, os gestos empregados pelo operador para desbloquear uma peça presa podem estar parcialmente "automatizados" pela experiência. Aqui também, uma dificuldade nãohabitual produzirá um retorno à exploração consciente da situação.

- Um planejamento consciente da supervisão ("Vou dar uma olhada agora, já fizemos duzentas peças com a mesma ferramenta, talvez ela já esteja se desgastando").

- Eventualmente, um planejamento mais amplo ("Vou fazer todas as peças do tipo A no começo da semana; se houver problema, teremos tempo de retocá-las antes de sexta-feira").

- Ou, ainda, um planejamento que abrange projetos a longo prazo do operador ("Vou continuar sendo operador de unidade automatizada durante dois ou três anos, mas depois quero me formar como técnico de manutenção, então presto bastante atenção cada vez que a manutenção conserta os sistemas automáticos").

Os níveis da atividade se distinguem entre si:

- Pelo caráter mais ou menos acessível à consciência e à verbalização dos tratamentos de informação realizados.

- Pelo caráter mais ou menos específico das situações. Existem saberes que se limitam ao tratamento de uma dada situação (cada vez que tal coisa acontece, é preciso fazer tal ação) e saberes mais ou menos gerais que aumentam as possibilidades de tratar uma diversidade de situações. Estes podem ter sido elaborados a partir da experiência com situações parecidas, mas diferentes: o operador identificou invariantes que lhe permitem enfrentar situações novas. Esses saberes mais gerais podem também resultar de conhecimentos adquiridos no quadro de uma formação.

Quando o operador se encontra em situações familiares, os diferentes níveis da atividade têm em comum propriedades da ação humana:

- Uma acentuada integração entre a exploração, a tomada de informações, a execução das ações e o controle de seu resultado.

- Uma antecipação permanente dos resultados que se esperam das ações empreendidas, e um controle da diferença entre o resultado esperado e o que se obtém.

Conforme a experiência do operador, uma dada situação mobilizará saberes mais ou menos amplos: resolverá ir, ou não, buscar informações que não estão imediatamente disponíveis, estabelecerá um número maior ou menor de relações entre os diferentes elementos de uma mesma situação, antecipará as consequências de suas diferentes ações por um tempo mais ou menos longo.

Cada nova situação vivida é um acréscimo à experiência do operador. Conforme a estrutura de seus saberes, ele relacionará a situação atual com casos anteriores, e poderá deduzir regras mais gerais ou, ao contrário, elementos novos virão apenas se justapor aos anteriores, sem que novas relações sejam estabelecidas.

3 — As relações entre o tratamento da informação e a ação

A busca de informações é indissociável da ação humana. A percepção não se limita à recepção do sinal (sonoro, luminoso, etc.). A exploração perceptiva é um fenômeno permanente da atividade cognitiva: o espaço é explorado de maneira seletiva, em função das atividades em curso.

> *O passageiro que espera o ônibus observa o fim da rua à procura de "um grande veículo azul de formato retangular com uma grande janela envidraçada" (por exemplo). Os veículos que não correspondem a essas características podem ser praticamente ignorados, a menos que se imponham por características próprias muito marcantes (carro de bombeiros). Assim que um "grande veículo azul..." é localizado, a exploração muda: o passageiro procura ler o número para verificar se é da linha que lhe interessa. Se não for, ele volta a observar o fim da rua. Se for, ele olha se o ônibus está cheio, separa o dinheiro da passagem, etc.*

De maneira geral, a informação que acaba de ser adquirida, e os objetivos a atingir, determinam o que deve ser pesquisado em seguida.

A supervisão de uma máquina ou de um aparelho não é um fenômeno passivo. A exploração visual das diferentes partes da máquina visa detectar incidentes que podem estar ocorrendo antes que venham a ter conseqüências graves. Dependendo do que o operador quer fazer num dado momento, os parâmetros não serão explorados com a mesma freqüência, na mesma ordem, etc.

Essa exploração está diretamente ligada à experiência do operador envolvido, que torna possível reconhecer os sinais mais prováveis, buscar informações ocultas, e dar um significado a conjuntos de eventos.

Evidentemente, sinais podem ser percebidos mesmo se não fazem parte do que é antecipado. Eles terão de se impor através de características físicas particulares (nível sonoro, cor, piscadas, etc.). A orientação perceptiva se traduz de fato por uma filtragem considerável dos sinais sobre os quais a percepção não está focalizada.

4 — O papel do conjunto dos conhecimentos (saber fazer) memorizados

A memória humana

A memória humana inclui três modalidades:

- O registro da informação sensorial:
    - trata-se da retenção da totalidade das informações extraídas pelos sentidos por um período muito curto (alguns décimos de segundo), permitindo seu tratamento e interpretação.
- A memória de curto prazo:
    - o volume de informação que pode ser voluntariamente conservado na memória de curto prazo é bastante limitado. Essa memorização não conserva a totalidade das características da situação, nem sua forma inicial. É o resultado de uma filtragem e de uma transformação.
    - a memória de curto prazo tem baixa capacidade e é sensível às perturbações exteriores.
- A memória de longo prazo:
    - a memória de longo prazo demonstra ter, ao contrário, uma capacidade "ilimitada". A memorização não se limita a informações verbalizáveis ou visuais: existe uma memória dos cheiros, das sensações do corpo, mas também de esquemas de ações mais ou menos complexos. A principal propriedade da memória de longo prazo reside na impossibilidade, para o operador e *a fortiori* para o observador, de saber se uma informação está ou não na memória. O fracasso em se lembrar é freqüentemente o fracasso do método empregado para reencontrar a informação. Algumas vezes as perguntas de uma terceira pessoa podem ajudar essa busca de informações na memória.

Um dos mecanismos eficazes de mobilização de elementos memorizados é a associação de idéias, que permite lembrar uma situação "parecida" com a que se apresenta no momento.

Essa capacidade constitui um dos pontos fortes do tratamento humano da informação, mas coloca também problemas (ver o subtítulo V, sobre "o erro humano").

A memória é também mobilizada para produzir comparações, deduções, raciocínios lógicos complexos.

Mobilizar a memória e construir a ação presente

Em certos casos, esquemas de ações bastante integrados estão disponíveis para enfrentar a situação: imediatamente guiarão a exploração perceptiva, o tratamento da informação obtida, a escolha das ações a realizar, a antecipação de seu resultado e o controle da coerência entre resultado antecipado e resultado real.

Um motorista que vê o sinal ficar amarelo dá uma olhada no retrovisor para estimar a distância do carro que vem atrás, uma outra olhada para avaliar a situação no cruzamento, a presença de um policial. Dependendo do caso, ele breca ou acelera.

Em outros casos, a ação não resulta da simples mobilização de um esquema disponível na memória. É objeto de uma construção pelo operador.

5 — Fazer sua própria representação

Em função de sua formação e experiência, um operador estabelece ligações preferenciais entre certas configurações da realidade e ações a realizar. Dispõe potencialmente, para um domínio determinado, de um conjunto de saberes organizados.

Mas todos os saberes potencialmente disponíveis na memória do operador não estão ativos num determinado momento. É o encadeamento das ações do operador e a evolução das configurações da realidade que ativam o funcionamento desses saberes.

Dizer que um operador constrói uma representação de uma situação significa:
- Que ele reteve elementos da situação considerados como característicos.
- Que, em função disso, seu comportamento é orientado: fica atento de maneira seletiva, disponível mais para certos eventos do que para outros, preparado para determinadas ações.

Por exemplo, a representação que um operador faz para si do estado de um ciclo de usinagem num determinado momento inclui:
- Um conhecimento dos objetivos dessa fase da usinagem.
- A consideração das variáveis significativas para ele do desenrolar dessa fase (ruído da máquina, indicação de um mostrador, forma das rebarbas).
- Uma previsão da evolução dessas variáveis (antecipar que as luzes indicadoras dos painéis vão acender e prever o tempo que antecede sua ativação).
- A preparação para a ação seguinte: retirar a peça no fim de um ciclo, ou apertar o dispositivo de parada de emergência caso um incidente ocorra.

Essa representação recorre a saberes memorizados, mas não é uma mera ativação de esquemas já disponíveis: é uma construção que depende ao mesmo tempo dos saberes memorizados, do contexto e dos objetivos do operador.

O encadeamento dos eventos e das ações atualiza essa representação ou, em certos caso, a modifica profundamente.

6 — O encadeamento das representações e das ações

Imaginemos, no caso anterior, que ocorra uma modificação no ruído da máquina.

Eventualmente, esse índice não será levado em conta pelo operador: sua atenção não está focalizada nesse aspecto da situação, ou trata-se de um acontecimento normal, ou então o operador é inexperiente e ainda não conhece bem as características da máquina.

Em outros casos, a maneira como o ruído evolui alerta o operador. Ele faz imediatamente uma nova representação da situação. Por exemplo, identifica que uma ferramenta acaba de quebrar; sua experiência lhe permite buscar informações para discernir qual ferramenta é, e ele se concentra nas diferentes operações que vai efetuar para retirar a peça, trocar a ferramenta e pôr a máquina de novo em funcionamento. Nesse caso, uma nova representação da situação é imediatamente ativada a partir de elementos disponíveis de antemão, o que permite o planejamento das atividades posteriores.

Em outros casos, ainda, a representação que se segue ao incidente não engendra imediatamente o recurso a ações que levem a um resultado seguro. Tendo percebido uma variação no estado da situação, o operador estabelece um pré-diagnóstico, ou seja, uma representação eivada de incertezas, que considera várias eventualidades. O pré-diagnóstico vai orientar a busca de informações, o recurso a ações de verificação, ou ações para retardar os efeitos nefastos do incidente (manobras dilatórias). Diferentemente do caso anterior, é aqui necessário um raciocínio para se chegar a uma nova representação, útil à elaboração das ações posteriores.

De maneira geral, o fato de um acontecimento ou de um sinal provocar ou não no operador a ativação imediata de uma representação eficaz depende da conjunção de três fatores:

- Da natureza do acontecimento ou do sinal.
- Dos saberes que o operador possui por experiência e formação.
- Da orientação do operador no instante em questão e, portanto, a representação da situação que ele tem antes de aparecer esse acontecimento.

Um determinado sinal não constitui um signo para o operador se este não aprendeu a reconhecê-lo ou se estiver envolvido numa ação na qual esse sinal não é pertinente. É essa propriedade particular da ação humana que está no centro das discussões sobre a "confiabilidade humana".

7 — A aprendizagem e a aquisição de conhecimentos (saber fazer)

Existe, portanto, uma ligação recíproca entre o que está presente na memória do operador e a representação da situação na qual ele se encontra num dado momento. Os saberes memorizados permitem a construção de uma representação eficaz para abordar a situação. Vão guiar a exploração, dar um sentido às informações recolhidas, permitir a escolha de ações apropriadas, fornecer programas motores parcialmente automatizados. Por sua vez, as ações realizadas contribuem para o progresso da aprendizagem.

A aprendizagem favorece uma melhor adaptação das ações aos objetivos buscados. Ela aumenta as possibilidades de estratégias de antecipação (exploração mais eficaz, antecipação de seqüências de ações) e torna disponível um maior número de esquemas de ação parcialmente automatizados. Produz um ganho de rapidez, de eficácia, e reduz o custo das ações, em particular o físico. Mas a aprendizagem leva igualmente a considerar hipóteses raras que os principiantes teriam tendência a desprezar, e a integrar um conjunto mais amplo de características de uma situação.

O período de aprendizagem pode ser fonte de dificuldades: dificuldade para atingir a cadência requerida, temor de não conseguir cumprir a tarefa, subestimar ou superestimar os riscos, dando lugar, às vezes, a ações perigosas. A aprendizagem da rapidez não é um simples aumento da velocidade no interior de um dado modo operatório. Ir rápido é muitas vezes ter de elaborar novos modos operatórios, o que implica em abandonar os anteriores.

> *Operárias de uma linha de montagem de eletrodomésticos mostram-se reticentes em mudar de posto: temem não conseguir atingir a cadência nos prazos impostos com a mudança de posto. Elas têm na memória as dificuldades que enfrentaram para atingir a cadência necessária durante seu aprendizado no posto atual.*

Condições difíceis de aprendizagem são provavelmente a principal razão para a "resistência à mudança", atribuída ao trabalho na linha de montagem, que tem sido objeto de interpretações variadas.

Conforme as condições de aprendizagem, situações diferentes serão memorizadas de maneira desconexa, sem ligação entre si; ou, ao contrário, suas semelhanças e diferenças serão o objeto de um tratamento que permitirá ao operador deduzir regras mais gerais e, portanto, aumentar o leque das situações com as quais é capaz de lidar.

A aprendizagem de novas tarefas, variadas, aumenta a competência caso as condições da aprendizagem permitam uma articulação, uma combinação das diferentes situações encontradas. A multiplicação de tarefas repetitivas é, ao contrário, um fator de empobrecimento de competência.

Os resultados da aprendizagem dependem amplamente, portanto, do tempo concedido para se chegar ao domínio da tarefa e dos meios fornecidos para a articulação das diferentes situações encontradas (possibilidade de buscar apoio em caso de dificuldades, formação permitindo pôr em relação as situações encontradas com os conhecimentos técnicos).

IV — As dimensões coletivas da atividade
1 — As múltiplas formas de interações entre atividades

Nas situações de trabalho, é muito freqüente que a atividade de um operador se articule com a de seus colegas. Os aspectos coletivos da atividade assumem formas diferentes, por exemplo:

- A cooperação explícita para a realização conjunta de uma mesma tarefa: duas auxiliares de enfermagem se juntam para levantar um doente; dois pescadores se mobilizam para içar a rede enquanto outros três vigiam a passagem da rede por cima da amurada; um adulto bate a maionese enquanto seu filho despeja o azeite (ou vice-versa). Em tais casos, as diferentes pessoas envolvidas na ação obtêm informação do desenrolar da ação das outras, de maneira a poder ajustar seus modos operatórios em tempo real.
- Os aspectos coletivos que se manifestam apenas nos resultados do trabalho: numa linha de produção de carros, ou de calças, o produto passa sucessivamente pelas mãos de vários trabalhadores. A atividade dos diferentes operadores não é independente: os que ficam a montante poderão tomar providências para facilitar o trabalho dos que ficam a jusante, por exemplo sinalizando uma dificuldade encontrada em função de quais atitudes específicas deverão ser tomadas. Os operadores em questão não podem falar entre si e freqüentemente não se conhecem. A informação circula na forma de anotações com giz nas calças e com marcador na carroceria antes de ser pintada.
- A atividade simultânea de trabalhadores que têm objetivos diferentes: trabalhadores de diferentes ofícios atuam num canteiro de obras, operadores dividem um mesmo meio de manutenção para dois postos diferentes, etc. Nesse caso, a gestão das interferências com os outros representa uma nova tarefa. Ela se combina com as tarefas principais, embora geralmente não seja levada em conta pela empresa.
- As atividades de regulação estrutural: a atividade de certas pessoas tem um papel organizador em relação à atividade de outros operadores; é o caso, claro, do contra-mestre, que distribui as tarefas entre diferentes operadores. Mas é o caso também do operador de empilhadeira que abastece os postos em função das prioridades que identifica, do operador de grua que deve decidir em que ordem responder às solicitações, da secretária que escolhe a ordem na qual digita e leva para assinar os documentos produzidos por diferentes autores no setor. Um conhecimento do conjunto da situação, do estado de adiantamento das tarefas, das diferentes pessoas envolvidas, é necessário para efetuar da melhor maneira tais escolhas.

Embora múltiplos termos sejam utilizados para descrever essas dimensões coletivas da atividade, o vocabulário parece se estabilizar:

- A *coordenação* pressupõe operadores que devem levar em conta mutuamente o ordenamento de suas ações e respectivas decisões, mesmo tendo objetivos imediatos diferentes.
- A *co-ação* é a forma particular de coordenação em que operadores realizam ações paralelas, devendo convergir num dado momento.
- A *cooperação* implica em operadores trabalhando num mesmo objeto de trabalho, numa relação de dependência mútua.
- A *colaboração* estabelece relações entre trabalhadores que habitualmente não trabalham no mesmo objeto, mas compartilham suas competências para lidar com uma situação particular ou famílias de situações.

2 — Conhecer o trabalho do outro

Para que uma colaboração transcorra sem atritos, é necessário que cada um dos operadores tenha uma representação suficiente do trabalho que os outros efetuam. Para tanto, duas condições são, no mínimo, necessárias:

- Conhecer suficientemente a organização geral do trabalho de seu ou seus colegas, as diferentes fases de sua ação, os constrangimentos aos quais ele(s) está(ão) submetido(s).

- Dispor de informações que permitam avaliar num dado momento em que parte do desenrolar de sua ação estão os outros.

Os constrangimentos gerais da organização da empresa favorecem ou não esse conhecimento do trabalho do outro e a possibilidade de levá-lo em conta. Podem-se assim identificar "competências de cooperação", variáveis segundo as circunstâncias. Uma secretária que entrega a correspondência a seu chefe para ser assinada espera provavelmente que ele a devolva imediatamente, para liquidar esse assunto e passar para outra coisa. Nos dias em que ele assina prontamente, demonstra, em relação à secretária, uma boa "competência de cooperação". Nos dias em que sua agenda não o permite, demonstra uma baixa "competência de cooperação", o que leva a secretária a reorganizar o planejamento de suas atividades.

3 — As comunicações no trabalho

Há comunicação sempre que há transmissão de informação entre uma pessoa e outra. As comunicações no trabalho são explícitas (palavras dirigidas a um colega, sinais de marcador num objeto, gestos combinados à distância) ou implícitas (o simples fato de ver um colega num determinado lugar, numa determinada postura, ou de ouvir o som de sua ferramenta, informa sobre o que ele está fazendo, as dificuldades que enfrenta, etc.).

Os exemplos citados mostram que as comunicações não são somente verbais, e que se apóiam ou não em códigos combinados de antemão. Em todos os casos, elas se inscrevem num contexto: cada um dos protagonistas está engajado numa ação. Interpreta as informações que lhe chegam a partir de sua focalização naquele momento e a partir do que sabe a respeito da ação do outro. Essa propriedade da comunicação humana se revela extremamente econômica: quando estão fazendo uma manobra de levantamento de carga, a frase "está bom" pode ser interpretada como "acabei de passar o cabo na peça e a prendi no gancho da talha; pode levantar".

Evidentemente, torna-se fonte de dificuldades quando o contexto suposto do interlocutor não é seu contexto real.

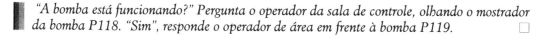

"A bomba está funcionando?" Pergunta o operador da sala de controle, olhando o mostrador da bomba P118. "Sim", responde o operador de área em frente à bomba P119.

4 — Diferentes lógicas

A colaboração se desenvolve às vezes entre pessoas que, em função de seu ofício, são portadoras de lógicas diferentes.

O funcionamento e a sobrevivência de uma empresa dependem da consideração de um conjunto de lógicas que não podem ser reduzidas umas às outras. Por exemplo, podem-se encontrar lógicas do tipo:

- O preço de custo das peças.
- Os prazos de entrega.

- A flexibilidade de resposta à diversidade dos pedidos dos clientes.
- A qualidade.
- O funcionamento dos meios de produção em condições que minimizem seu desgaste.
- O respeito à regulamentação sobre o meio ambiente.
- A procura da motivação do pessoal.
- A prevenção dos acidentes.
- Etc.

Esses diferentes aspectos são sustentados por pessoas, às vezes por departamentos diferentes, mas encontram-se todos no nível das situações de trabalho de produção. Os operadores e a supervisão da produção vão assim ser levados a colaborar com outras pessoas que, diferentemente deles, sustentam cada um uma só lógica (a qualidade, o meio ambiente, etc.).

As diferentes lógicas, necessárias à eficácia econômica da empresa, são no entanto parcialmente contraditórias entre si e necessitam uma gestão cotidiana de compromissos. Estes podem ser explícitos (no nível de um responsável de setor) ou mais ou menos implícitos, resultando de negociações diretas entre os vários atores. No entanto a idéia de contradição entre os diversos fatores em jogo raramente é reconhecida na empresa, onde predomina a lógica econômica.

A análise de situações de colaboração em que várias lógicas se acham confrontadas mostra freqüentemente que as dificuldades de colaboração se relacionam ao fato de que os diferentes atores ignoram as restrições de seus interlocutores, enquanto supõem que estes conseguem levar em conta sem dificuldade os constrangimentos a que estão submetidos.

Numa indústria de processo contínuo, às 6 horas da manhã, numerosos trabalhadores da empreiteira de manutenção esperam na porta da sala de controle para que um responsável assine a autorização para entrar. Ao mesmo tempo, no interior da sala ocorre a troca do turno da noite pelo da manhã. Os trabalhadores da empreiteira não suportam o "menosprezo" dessas "pessoas que ficam conversando em vez de atendê-los", enquanto as equipes de controle são prejudicadas na transmissão de informações importantes devido à pressão que sofrem por parte dos trabalhadores da empreiteira.

A identificação das diferentes lógicas presentes e a compreensão de cada uma das restrições das outras profissões são freqüentemente um pré-requisito para a resolução de dificuldades de colaboração.

V — "Erro humano" ou falha na representação?

Os elementos apresentados sobre as representações e as comunicações lançam luz sobre a problemática do "erro humano".

Quando ocorre um incidente ou um acidente grave numa unidade de produção ou nos transportes, fala-se freqüentemente em "erro humano", no sentido em que "alguém *deveria ter feito* algo diferente do que fez". Ora, esse modo de falar não ajuda muito a evitar uma repetição do incidente:

- A conduta que seria desejável freqüentemente é reconstituída só *a posteriori*, a partir de informações diferentes daquelas que o operador dispunha no momento, e fora dos constrangimentos, em particular os temporais, que se impunham a ele.

- Essa formulação evita que se procurem os determinantes de uma conduta não-apropriada em termos da concepção dos meios de trabalho. Se "erros" foram cometidos, possivelmente o foram na concepção dos dispositivos técnicos, na escolha da apresentação da informação, na organização do trabalho, na definição da formação, etc.

Por essas razões, em vez de "erro humano", é melhor falar em falha: foi impossível para os operadores fazerem uma representação da situação atual, permitindo decidir a conduta a seguir, sob os constrangimentos do momento.

As análises de acidentes e incidentes indicam certos fatores presentes com freqüência na origem de uma tal situação:

- Uma informação insuficiente sobre o estado da instalação: panes de aparelhos, ausência de informações sobre manutenção e obras, planos desatualizados, uma confiabilidade incerta dos indicadores, a concepção dos sensores podem contribuir para uma uma informação insuficiente, notadamente nos períodos de operação e de partida de instalações.

- Um afluxo de acontecimentos imprevistos ocorrendo em períodos já sobrecarregados.

- A insistência num pré-diagnóstico falso: os primeiros sinais do incidente ou acidente levaram o operador a um pré-diagnóstico que guiou sua busca de informações complementares, e todas as novas informações são interpretadas no quadro dessa primeira representação, sem apresentar uma descontinuidade suficiente para permitir a elaboração de uma representação apropriada.

- Representações insuficientemente compatíveis: conforme mencionado anteriormente, as comunicações podem às vezes ser objeto de uma interpretação diferente por parte de dois interlocutores, se cada um destes não possui um conhecimento suficiente do contexto no qual se situa o outro.

- As variações do estado do organismo conforme as horas, e nos períodos conturbados: os efeitos dos ritmos biológicos, da falta de sono, dos acontecimentos que antecedem a situação, também têm um papel no estado do operador e, portanto, na elaboração de suas decisões no momento do incidente.

VI — Relações entre a atividade, o desempenho e a saúde

O estado de saúde de um trabalhador não é independente de sua atividade profissional. Mas as relações entre o trabalho e a saúde são complexas. As agressões à saúde ligadas ao trabalho não são somente as doenças profissionais reconhecidas ou os acidentes no trabalho. Além disso, sob certas condições, o trabalho não tem um papel negativo, mas positivo para a saúde.

Se os problemas de saúde são mencionados aqui, não é com um objetivo de tratamento. Trata-se de mostrar em que a análise do trabalho contribui para a identificação dos mecanismos de agressão à saúde ligados ao trabalho, a fim de preveni-los por uma transformação dos meios de trabalho.

1 — A patologia e o sofrimento

As agressões à saúde identificadas no decorrer de uma análise do trabalho não atingem necessariamente um nível de gravidade que justifique um tratamento ou uma licença médica. Ao contrário, trata-se de localizar sinais precoces, de modo a identificar uma situação de trabalho que solicita de maneira crítica o organismo, as capacidades cognitivas, ou a personalidade dos trabalhadores, antes que apareçam conseqüências irreversíveis. Esses sinais precoces são, em alguns casos, mensuráveis (por exemplo, a fadiga auditiva), mas em muitos casos não existe medida física que permita evidenciá-los. Com freqüência, são os sofrimentos relatados pelos operadores que alertam o ergonomista e o levam a procurar suas causas nas características do próprio trabalho.

Mas existem também agressões à saúde cujos efeitos só se manifestam a longo prazo (por exemplo, certas intoxicações, a surdez profissional). São então as próprias características da situação de trabalho e os conhecimentos do ergonomista que mobilizam uma atenção particular sobre os riscos a que estão expostos os trabalhadores.

Resta apontar que:
- A variabilidade interindividual torna difícil a interpretação de certos sofrimentos relatados pelos trabalhadores: uma mesma causa pode produzir efeitos diferentes conforme o indivíduo, um mesmo fator da situação de trabalho pode acarretar efeitos sobre a saúde de um, mas não na de outro.
- A multiplicidade dos fatores que constituem uma situação não simplifica a previsão de um ou de vários efeitos sobre a saúde, mas é indispensável raciocinar em termos de uma combinação de causas e de uma multiplicidade de efeitos.

2 — Saúde e "carga de trabalho"

As agressões à saúde nem sempre são precedidas por sinais perceptíveis para os operadores. No estudo das relações entre o trabalho e a saúde, é preciso distinguir dois casos:
- Certas agressões não se manifestam de um modo perceptível. É o caso, por exemplo, da exposição a radiações ionizantes, a certos tóxicos. Se o trabalhador não for informado da existência desses fatores de risco, estes não influem em seus modos operatórios. Os riscos são bem reais, mas não farão parte da carga de trabalho do operador. Somente medidas físicas ou biológicas permitem avaliar os riscos, informar as pessoas envolvidas, e verificar a eficácia das medidas de proteção.
- No entanto, com freqüência, existem "sinais de alerta" que levam o trabalhador a modificar suas maneiras de trabalhar, seus modos operatórios.

Bases para uma prática

> *Um exemplo de compromisso: as posturas no trabalho.*
>
> *A postura adotada num dado momento para trabalhar é um compromisso complexo. Tem ao mesmo tempo que permitir manter o equilíbrio, apesar dos efeitos da gravidade, e colocar os sentidos (visão, tato) e os "executores" (mãos num comando, pés em pedais) em função da ação que ocorre. Tudo isso respeitando, se possível, os limites articulares de modo a não provocar dor. Mas mesmo assim, os músculos são solicitados, a circulação sangüínea elimina mal os dejetos que foram produzidos e disso resultam rapidamente dores musculares. Uma postura percebida como confortável durante alguns minutos acaba logo se revelando penosa se não for possível mudá-la. O leitor sentado a uma escrivaninha modifica freqüentemente sua postura, a inclinação de seu tronco, a posição de suas pernas ou de seus cotovelos. Faz, assim, que se alternem os músculos que são contraídos e que estão sujeitos à fadiga.*
>
> *Ora, em muitos postos de trabalho, quando as exigências ligadas ao trabalho são atendidas, uma pessoa não pode escolher sua postura: quando o assento, a direção do olhar, a posição das mãos e dos joelhos são determinados, não sobra muita margem de liberdade.*
>
> *Uma ação cujo objetivo seria ensinar os operadores a "adotar uma boa postura" teria pouca chance de sucesso. Para limitar os efeitos nefastos das posturas constatadas, trata-se mais de diminuir o número de pontos fixos para aumentar as possibilidades de alternância de posturas.* ☐

Os modos operatórios adotados pelos operadores são, portanto, o resultado de um compromisso que leva em conta:

- Os objetivos exigidos.
- Os meios de trabalho.
- Os resultados produzidos ou ao menos a informação de que dispõe o trabalhador sobre eles.
- O seu estado interno.

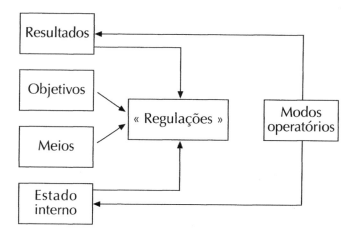

Figura 13

Em situações sem constrangimentos, índices de alerta relativos a seu estado interno ("fadiga") conduzem o operador a modificar os objetivos ou os meios de trabalho para evitar agressões à sua saúde: por exemplo, se, ao arrumar o porão, constata-se que não será possível fazê-lo no prazo previsto, adaptam-se os objetivos (aumentar o prazo até o dia seguinte) ou os meios (pedir ajuda de alguém).

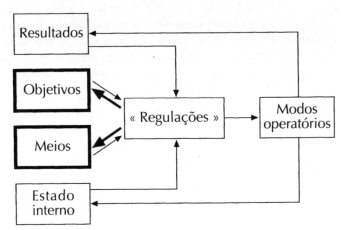

Figura 14 — *Situação «não-restritiva». Ação possível sobre os objetivos e os meios.*

Inversamente, em situação sujeita a constrangimentos, não é possível agir sobre os objetivos ou sobre os meios de trabalho.

Num primeiro momento, os resultados exigidos são atingidos ao custo de modificações do estado interno, suscetíveis de se traduzirem, com o tempo, em agressões à saúde.

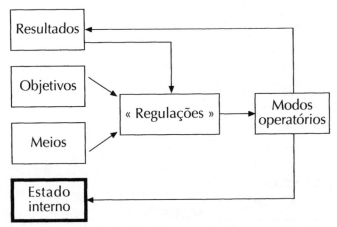

Figura 15 — *Desempenho obtido à custa de danos ao estado interno.*

Num segundo momento (típico da "sobrecarga"), o operador não consegue mais atingir os objetivos exigidos, quaisquer que sejam os modos operatórios adotados.

Essa "modelização" se aplica, ao mesmo tempo, a compromissos a curto prazo (escolha de uma postura, por exemplo) e a compromissos a longo prazo (escolha do trabalho em turno por razões pessoais).

Bases para uma prática

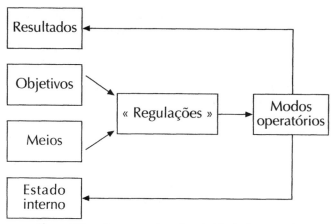

Figura 16 — *Desempenho não-obtido (sobrecarga).*

Na realidade, os modos operatórios adotados são o resultado de um conjunto de compromissos provenientes de níveis diferentes. Essa descrição (simplificada) da imbricação entre diferentes mecanismos que contribuem para a elaboração dos modos operatórios permite precisar os seguintes pontos:

- Nem sempre há relação direta entre o *desempenho* de um operador e o *custo* desse desempenho para ele. Essa relação depende da medida na qual a elaboração do modo operatório pode (ou não) levar em conta modificações do estado interno.

- O fato de os resultados exigidos só poderem ser atingidos ao custo de modificações consideráveis do estado interno sempre constitui um índice de alerta, não somente para a saúde dos operadores, mas também para a produção. Nesse caso, variações limitadas da situação provavelmente bastarão para que os objetivos não mais possam ser atingidos. No entanto, é nessa "zona de compromisso" que funcionam inúmeros sistemas de produção.

- A noção de *"carga de trabalho"*, do nosso ponto de vista, pode ser interpretada a partir da compreensão da *margem de manobra* da qual dispõe um operador num dado momento para elaborar modos operatórios tendo em vista atingir os objetivos exigidos, sem efeitos desfavoráveis sobre seu próprio estado. Uma "carga de trabalho" moderada corresponde a uma situação em que é possível elaborar modos operatórios que satisfaçam a esses critérios e alternar as maneiras de trabalhar. O aumento da "carga de trabalho" se traduz por uma diminuição do número de modos operatórios possíveis: é cada vez menor o número de maneiras possíveis de se organizar. Em casos extremos, um só modo operatório é possível e, às vezes, até nenhum (não importa o que se faça, o objetivo não é atingido).

3 — Saúde e relação psíquica com o trabalho

As agressões à saúde ligadas ao trabalho não são unicamente as que resultam do fato de obrigar o organismo a trabalhar em condições materiais patogênicas. A psicopatologia do trabalho pôs em evidência os efeitos sobre a saúde ligados à relação psíquica com o trabalho. Certas formas de organização do trabalho levam os trabalhadores, para manter seu posto, a construir defesas psíquicas que têm conseqüências graves para sua personalidade ou para sua saúde física. A psicopatologia do trabalho pôs em evidência também que certas formas de organização do trabalho apresentam efeitos positivos sobre a saúde, seja de um pequeno número de pessoas que vivenciou uma história particular, seja de uma grande diversidade de pessoas, pelas margens de manobra que essas organizações propõem.

Finalmente, quaisquer que sejam os mecanismos que intervêm nas relações entre trabalho e saúde, fica claro que as agressões à saúde não são somente o resultado de uma "exposição" a "fatores nocivos". O trabalhador tem um papel ativo na preservação e na construção de sua saúde, mas — em certos casos — suas tentativas podem ser postas em xeque.

VII — Os saberes dos operadores sobre sua própria atividade

Ao longo deste capítulo, ressaltamos que os operadores empregam saberes. Estes refletem os traços de toda a sua formação, e também de sua experiência, das situações que encontraram, das ações que efetuaram.

Esses saberes são empregados todos os dias no trabalho, mesmo que não sejam sempre formalizados, expressos e reconhecidos. Os interlocutores habituais dos operadores não se interessam pela explicitação desses saberes, e muitos ignoram sua existência. É o caso, em particular, das situações repetitivas sob constrangimentos de tempo, socialmente descritas como "trabalho manual", apesar da complexidade do tratamento da informação efetuado pelos operadores em tais postos.

Quando os resultados de uma análise do trabalho são apresentados ao operador envolvido, não raro ele responde: "Eu nem percebia que fazia isso tudo!".

Os trabalhadores têm uma percepção de sua fadiga, de seu estado de saúde. Em certos casos, eles a relacionam com as características da situação de trabalho. Mas é também comum que certas agressões à saúde sejam atribuídas a uma "fraqueza" pessoal, sem que percebam a relação com a situação de trabalho.

A análise do trabalho proposta pela ergonomia contribuirá para trazer uma descrição da atividade de trabalho, um olhar, sobre a situação de trabalho, que põe em relação a atividade, a produção e a saúde. Ela transforma assim as representações dos problemas encontrados junto aos interlocutores envolvidos: responsáveis pela empresa, operadores, representantes dos trabalhadores, etc.

O desafio que aqui é proposto tem como base essa transformação das representações: é ela que permitirá aos diferentes parceiros assumir uma transformação dos meios de trabalho.

> *O total abondono dos operários pelo patrão fora de suas oficinas, e sua demissão, sem se preocupar com o que será deles, quando, após terem se acabado a seu serviço, não lhe trazem mais os mesmos lucros, são iniqüidades contra as quais protestam todos os sentimentos humanos.*
>
> Villermé, *Etat physique et moral des ouvriers*

4 RESULTADOS E CONSEQÜÊNCIAS DA ATIVIDADE

A atividade de trabalho e as condições nas quais é realizada têm conseqüências múltiplas para os operadores, assim como para a produção e os meios de trabalho.

As conseqüências para os operadores podem envolver sua saúde e seu estado funcional, podem limitar as possibilidades de evolução de suas competências e restringir a possível ampliação de sua experiência profissional. Essas conseqüências têm então decorrências sobre sua vida social e econômica, sobre sua formação e seu emprego.

Podem igualmente ter efeitos positivos e permitir um desenvolvimento das competências profissionais; por exemplo:

- A qualidade e a quantidade produzidas ficam às vezes distantes dos objetivos que a empresa fixou.
- As conseqüências para os meios de produção estão relacionadas às modalidades de uso das ferramentas e das instalações. São capazes de levá-las a um desgaste rápido, a quebras acidentais, com possíveis efeitos para os trabalhadores, para a produção, mas também para o ambiente do posto de trabalho, até mesmo da empresa.

Para a empresa, essas conseqüências se traduzem de maneira mais ou menos manifesta, e por vezes a longo prazo:

- Uma doença de origem profissional só se manifestará após uma longa exposição aos fatores nocivos.
- As dificuldades de um trabalho se manifestarão na vida de um operador fora do trabalho (fadiga, irritabilidade).
- O serviço de atendimento ao consumidor de uma empresa constatará os defeitos na fabricação de um produto vários meses após a sua comercialização.

Tais fatos são freqüentemente objeto de diferentes interpretações, de acordo com os parceiros sociais, os departamentos ou as funções ocupadas na empresa; por exemplo:

- Os representantes dos trabalhadores poderão levantar as relações entre uma alta taxa de acidentes e uma política de emprego de trabalhadores temporários numa oficina onde máquinas perigosas são usadas.
- O departamento de manutenção poderá ressaltar, por seu lado, as dificuldades para efetuar uma manutenção periódica das máquinas e os riscos decorrentes disso.
- O contramestre, por seu lado, apontará uma qualificação e uma formação insuficientes dos trabalhadores pelos quais é responsável.

Mas, de maneira geral, as relações de causa e efeito são:

- Complexas: uma causa pode ser a origem de vários tipos de conseqüência, e um tipo de conseqüência está muitas vezes relacionado a um conjunto de causas.
- Variáveis no tempo: certos efeitos se manifestam rapidamente, enquanto outros aparecerão após um prazo mais ou menos longo.
- Ocultas: é uma seqüência de causalidades relacionadas que produz uma certa conseqüência reconhecida.

Num departamento de informações ao consumidor, os pedidos de transferência do setor são freqüentes. Esse departamento deve responder a questões cujo número varia consideravelmente, enquanto que o número de empregados permanece constante.

Esse departamento se situa num local barulhento, mal-iluminado. As informações disponíveis para os consumidores são incompletas, algumas delas de difícil acesso, mal-estruturadas.

A agressividade dos clientes cresce com a demora no atendimento. As operadoras controlam seu comportamento durante o trabalho, mas exprimem sua irritabilidade ao voltar para casa. Isso transforma suas relações familiares, mas essa conseqüência não transparece no meio de trabalho.

Quando são reconhecidas, as conseqüências negativas do trabalho podem estar na origem das demandas de ação ao ergonomista. Constituem de algum modo a porta de entrada para um estudo ergonômico.

Sua identificação é útil em três momentos-chave da ação ergonômica:

- No decorrer da análise da demanda, para precisar a natureza das questões levantadas pelos diferentes atores, para facilitar a organização e a hierarquização das questões, para orientar a escolha das situações de trabalho a estudar.
- No decorrer da análise da atividade de trabalho em si, para identificar as relações entre a atividade, seus determinantes e seus efeitos, para decidir a escolha dos métodos, para interpretar os resultados, para justificar as propostas de transformação da situação existente ou de novas orientações para um projeto.
- No decorrer da avaliação das transformações das condições de trabalho realizadas e dos resultados do funcionamento das novas instalações. A evolução dessas conseqüências é então um critério de avaliação da ação ergonômica.

I — Conseqüências para os operadores

Os traços deixados pelo trabalho nos trabalhadores influenciam sua saúde e capacidade funcional. Impregnam sua vida profissional, social e econômica.

Nem todas as conseqüências do trabalho são negativas para os operadores. Certas situações permitem-lhes usar amplamente suas competências, desenvolvê-las, ampliar sua formação, aumentar sua remuneração. O trabalho se torna então fonte de satisfação. Favorece a realização de objetivos pessoais. É importante localizar tais características positivas do trabalho para que elas não se percam com as transformações.

Mas esses interesses e satisfações não são experimentados por todos. A natureza do trabalho e suas condições de realização nem sempre são favoráveis a que eles se expressem; longe disso. Além do mais, as conseqüências negativas freqüentemente se misturam às positivas. Se a ação ergonômica tende a começar pela busca das causas e das conseqüências negativas da atividade de trabalho, é porque estas freqüentemente estão associadas à demanda de ação ergonômica, e porque perturbam a vida dos trabalhadores e o funcionamento da empresa.

Mas a ausência de traços negativos manifestos não constitui indício suficiente para caracterizar positivamente situações de trabalho. Com efeito, esses postos podem ser ocupados por operadores particularmente resistentes, seja devido a uma seleção rigorosa e formalizada, seja por uma seleção implícita e não-aparente, em que os operadores menos "resistentes" tiveram de abandonar esses postos.

1 — Efeitos sobre o organismo

As alterações no organismo produzem-se brutal ou progressivamente: intoxicação aguda durante a manipulação de produtos químicos ou surdez, que aumenta com a exposição prolongada a um ruído intenso.

Algumas alterações se beneficiam de um reconhecimento oficial quanto à sua origem profissional (doença profissional inscrita na relação oficial, acidentes do trabalho). Para outras, essa origem profissional é às vezes considerada plausível, mas pode também ser ignorada, contestada ou refutada.

Para certas alterações, os mecanismos de aparição são conhecidos e bem-estabelecidos (dor ciática por deslocamento de um disco intervertebral). Para outras, esses mecanismos são mais incertos: dores de cabeça no fim da jornada de trabalho, sensações de náusea durante a manipulação de produtos considerados não-tóxicos, mas de odor muito forte e desagradável.

Existe, portanto, toda uma infrapatologia sem conseqüências vitais para o operador, mas fonte de incômodo, às vezes considerável, e difícil de tratar, pois seus mecanismos não estão claramente estabelecidos.

As conseqüências decorrentes de uma mesma causa externa nem sempre afetam da mesma maneira ou com a mesma intensidade todos os operadores que a ela são submetidos. A doença, as alterações funcionais do organismo e as dores são o resultado do encontro entre um estado interno do operador resultante de sua história profissional e:

- As agressões às quais foi submetido anteriormente.

- As condições da vida profissional e extraprofissional às quais está submetido naquele momento.

Uma patologia de origem extraprofissional pode ser agravada pelas condições de trabalho: uma surdez provocada por otites infecciosas se intensificará por uma exposição prolongada a ruídos.

Uma mesma causa profissional pode provocar efeitos diferentes: trabalhos precisos, rápidos e repetitivos provocarão eventualmente lesões das bainhas dos tendões das mãos e/ou dores na nuca e nas costas.

Um mesmo efeito pode ter várias causas: os distúrbios digestivos se manifestam nos trabalhos em turnos, mas também por exposição a produtos químicos.

Uma alteração do funcionamento físico do organismo provocada pelo trabalho tem às vezes incidências sobre outros aspectos da saúde: o trabalho noturno ou em turnos provoca perturbações do sono suscetíveis de alterar o humor (irritabilidade, agressividade). Estas, por sua vez, têm repercussão nas relações sociais e familiares.

Todas essas alterações no organismo obrigam o trabalhador a modificar sua maneira de realizar o trabalho:

- Uma surdez leva um operador de área na indústria química a usar pouco o rádio e ir mais vezes à sala de controle.
- Dores nas costas modificam a maneira como o encarregado da manutenção levanta as caixas.

As repercussões sobre a própria atividade dependem da tarefa efetuada e da natureza da alteração funcional: uma insuficiência respiratória crônica será um incômodo maior para efetuar um trabalho de escavação de fundações do que para manipular arquivos.

Até agora, a fadiga não foi mencionada como conseqüência do trabalho. Esse termo diz respeito de fato a uma variedade de sinais dos quais alguns provêm de mecanismos claramente estabelecidos e outros não.

Conhecem-se bem aqueles da fadiga física, como a fadiga local de um grupo muscular se este trabalha além da capacidade de fornecimento nutritivo local (oxigênio em particular), ou a fadiga geral quando o conjunto dos grupos musculares ativos tem um consumo de energia além da capacidade do sistema cardiorrespiratório. Os sinais são: dores, tremores, sensações de esgotamento.

Podem-se avaliar e mesmo medir certas "fadigas" sensoriais:

- Fadiga auditiva após exposição prolongada a um ruído intenso, medida pela elevação do limiar de percepção.
- Conjunto de sinais oculares (olhos irritados), visuais (visão turva) e gerais (dores de cabeça) após horas processando dados complexos num terminal com monitor de má qualidade e em condições de iluminação insatisfatórias.

Mas existe também toda uma variedade de sensações a que se dá o nome de "fadiga", por falta de caracterização mais precisa, e que ocorrem em circunstâncias muito diversas:

- Jornada de trabalho particularmente pesada (ficar sob "pressão" por tempo demais).
- Ao final de um trabalho noturno, etc.

Essas diferentes formas de fadiga significam freqüentemente que o trabalho exige o uso das capacidades até o limite.

2 — A relação psíquica com o trabalho e os efeitos sobre a saúde

A relação entre o trabalho e a saúde não se interpreta unicamente através dos efeitos diretos das solicitações enfrentadas durante o trabalho. O trabalhador está envolvido na sua atividade com sua própria personalidade e sua história. De acordo com as situações de trabalho, a confrontação entre suas características pessoais e as margens de manobra deixadas pela organização do trabalho irá se revelar positiva para sua saúde ou, ao contrário, provocar conflitos cujas conseqüências podem ser negativas. A psicopatologia do trabalho estuda as conseqüências para a saúde da relação psíquica com o trabalho. Em certas profissões essas conseqüências são positivas.

Por exemplo, a profissão de piloto de caça comporta constrangimentos muito intensos. Ora, os diferentes processos de seleção no decorrer da formação dos pilotos fazem com que aqueles que vão até o fim apresentem características de personalidade para as quais esse trabalho tem um papel favorável.

Em outras profissões, o grau de liberdade que existe permite a uma variedade de pessoas construir sua atividade profissional de uma maneira que se revela positiva para a sua saúde. Isso não significa que não haja conflitos entre os constrangimentos do trabalho e a personalidade, mas que é possível construir saídas para essas restrições, em que a pessoa "sai ganhando".

Essa possibilidade de encontrar no trabalho elementos favoráveis à construção da personalidade individual não existe, no entanto, em todas as profissões. Os constrangimentos da organização do trabalho são por vezes muito pesados. Conduzem então a transformações da personalidade suscetíveis de contribuir negativamente para a saúde dos trabalhadores envolvidos.

Certas formas de trabalho sob fortes constrangimentos de tempo e necessitando de uma grande atenção impõem durante sua realização uma modificação do funcionamento psíquico normal: é impossível manter o ritmo e, ao mesmo tempo, deixar as idéias vagarem, as evocações se sucederem livremente, como normalmente ocorre o tempo todo. Se essa modificação do funcionamento psíquico no trabalho não for compensada intensamente (nas atividades de lazer, no trabalho doméstico, na educação dos filhos, ou numa atividade artística), isso pode vir a afetar o conjunto da vida das pessoas envolvidas. A capacidade de elaborar projetos, de imaginar que as coisas possam ser diferentes, pode ser gravemente atingida.

Sem provocar essas conseqüências a longo prazo sobre a personalidade, as situações com fortes constrangimentos de tempo e a carga de decisões que implicam podem ocasionar modificações de comportamento difíceis de ser vividas pelas pessoas envolvidas: dificuldades no sono, irritabilidade e até agressividade. Esses sinais são idênticos aos que ocorrem em experiências de laboratório, onde se obriga alguém a tomar grande quantidade de decisões.

Em certos casos, os códigos ou estereótipos do trabalho aparecem na vida fora do trabalho (telefonistas que se pegam dizendo "alô" e dando seu número de identificação ao ouvir uma campainha no metrô). Esses sinais desaparecem habitualmente quando não se é mais submetido à situação de trabalho que os produziu. Mesmo assim, são extremamente penosos, até geram culpa, e podem ter conseqüências na convivência com os outros e principalmente na família.

Em situações de risco (fábricas perigosas, canteiros de obras, etc.), o visitante fica surpreso ao constatar que, enquanto ele tem medo, os trabalhadores parecem não manifestar receio em relação aos perigos onipresentes e, às vezes, correm até riscos voluntários. Ora, se o medo não é expresso, é porque muitas vezes foi afastado coletivamente. Se os operadores tivessem medo, eles não poderiam trabalhar. Precisam deixá-lo de lado, e muitas profissões de risco são organizadas coletivamente para rechaçar o sentimento do risco: assim, podem-se explicar os trotes impostos aos novatos e certos comportamentos arriscados. Esses comportamentos têm valor de defesa e permitem continuar a trabalhar, mas têm um custo para o indivíduo. Assim, a ansiedade que não se expressa no trabalho pode se manifestar de outras maneiras, afetando o sono, ou produzindo perturbações somáticas. A história pessoal de cada um vai influenciar profundamente a dinâmica e o desenlace dos conflitos entre a personalidade e a organização do trabalho.

O ergonomista não possui as ferramentas para lidar diretamente com essas relações entre organização do trabalho e personalidade. Mas freqüentemente ele se confronta com situações em que esses aspectos chamam sua atenção: por exemplo, numa situação de trabalho em que existe uma diversidade de patologias não-explicáveis de maneira simples pelas características materiais da situação de trabalho. Ou, então, quando ouve dos trabalhadores denegações das dificuldades da situação ("Não há problema"), sendo que os riscos são evidentes para o observador externo.

Identificar esses conflitos fará com que o ergonomista fique atento para não contribuir para um agravamento das dificuldades dos trabalhadores envolvidos, o que poderia ocorrer se ele enfrentasse diretamente as "defesas psíquicas" existentes. Não lhe cabe contestar os comentários, nem denunciar os comportamentos observados durante a atividade dos trabalhadores submetidos a essas dificuldades. É através de sua ação sobre a transformação da situação de trabalho, e das margens de liberdade que procurará introduzir na organização do trabalho, que ele irá contribuir para adotar soluções novas para as dificuldades percebidas.

3 — Efeitos sobre a vida social e econômica

As condições de trabalho têm múltiplas incidências sobre a vida social e profissional dos operadores. Essas incidências são diretas, ou decorrem de efeitos intermediários. Ocorrem a curto prazo ou só são percebidas a longo prazo.

Alguns exemplos bastarão, no propósito desta obra, para mostrar a diversidade desses efeitos e de suas origens.

Alguns efeitos a curto prazo

- Os horários em turnos ou noturnos produzem desencontros na vida extraprofissional do operador em relação ao ritmo habitual do seu meio social e familiar: desencontro no horário das refeições, de dormir e da vida em comum com sua família; a organização da vida familiar deve levar em conta o ritmo de quem trabalha em turnos ou à noite (operador de processo contínuo, enfermeira, por exemplo), com conseqüências para a vida cotidiana dos filhos e do cônjuge (obrigação de atividades silenciosas durante o sono desses trabalhadores). Os encontros com amigos, as festas familiares, devem ser programadas com muita antecedência. Os lazeres coletivos são limitados. O isolamento torna-se um sério risco.

- Um trabalho sob pressão temporal considerável e permanente, lidando com muitas informações e decisões difíceis de tomar, tende a modificar a personalidade do operador (irritabilidade, agressividade), a reduzir suas atividades extraprofissionais (perda do gosto pela leitura, pelos espetáculos, exigindo esforço de atenção). Leva a pessoa a ensimesmar-se em função da dificuldade nos contatos sociais e do desinteresse em relação aos acontecimentos exteriores à vida profissional.

Assim, características do trabalho e de suas condições de execução repercutem na vida extraprofissional. Algumas dessas repercussões não são evidentes nem mesmo para o operador. É seu meio familiar e social que as constata, sobretudo quando comparam o comportamento desses operadores em períodos de trabalho e períodos de folga.

Alguns efeitos a longo prazo

A história profissional dos operadores é muito marcada por sua formação inicial mas também pelos empregos que vão tendo, pelas condições de trabalho a que vão se submetendo, e pelas conseqüências que delas resultam, no decorrer de sua vida ativa.

Assim, o fato de um operador, com suas características próprias, se encontrar num determinado posto de trabalho não é fruto do acaso. Em particular, entre os fatores que contribuem ao "ajuste" entre um operador e seu trabalho, os que provêm das condições de trabalho são muito marcantes. Desse modo, o confronto entre os constrangimentos externos, as condições de trabalho e o estado funcional dos operadores opera uma seleção já desde a admissão, mas que continuará ocorrendo ao longo de toda a sua vida profissional, através de uma variedade de mecanismos.

Um operador entra com 20 anos de idade numa fábrica química como operador de área. Tem de cumprir horários em turnos. Esses horários o impedem de participar de formações complementares de qualificação. Por volta dos 40 anos, sua tolerância a esses horários diminui, e ele tenta uma transferência para o turno diurno. Mas as competências requeridas para ocupar uma posição em nível análogo não são as mesmas. Não tendo conseguido anteriormente ampliar sua formação, ele é de fato transferido para o turno diurno, mas num trabalho menos qualificado, menos interessante, e pior remunerado. Assim, aqueles horários acabaram tendo conseqüências a longo prazo em sua carreira e seu salário, que ele não poderia prever quando ingressou na vida ativa. □

Uma empresa de confecção com cadências impostas recruta operadores para sua linha de produção. As condições de trabalho fazem com que, em função de estereótipos culturais, o departamento de pessoal só selecione mulheres, e muito jovens: supõe-se que elas possuam uma habilidade sensório-motora maior que a dos homens e das pessoas mais velhas. Observemos uma nova funcionária: ou não consegue acompanhar a aceleração da cadência imposta, e terá de deixar a empresa, ou consegue e, após um período de experiência, é definitivamente contratada. Após algum tempo, sofre um acidente de trabalho, que deixa como seqüela uma redução da mobilidade do punho direito. Sentindo dores cada vez mais fortes no fim da jornada de trabalho, não tendo conseguido transferência para um posto com menos constrangimentos, e sua qualificação sendo pouca, é obrigada a deixar a empresa e só encontra trabalho como faxineira. Suponhamos que ela não tivesse sofrido esse acidente; ao fim de alguns anos no posto, em função de seu envelhecimento, ficaria cada vez mais difícil cumprir a cadência imposta e ela acabaria deixando a empresa. □

Assim, as condições de trabalho produzem triagens sucessivas entre os operadores: no momento da admissão, através de critérios explícitos ou não, e depois no decorrer da vida ativa, seja por ser demitido, seja por demissão voluntária, quando seu estado funcional não mais pode tolerar as condições de trabalho. Essas triagens sucessivas levam a mudanças de emprego, a marginalizações no sistema de produção, ou até a um desemprego prolongado.

Muitos acontecimentos ligados diretamente ou não às condições de trabalho têm conseqüências a longo prazo: seqüelas de um acidente de trabalho, doenças profissionais crônicas e incapacitantes, ou até efeitos do envelhecimento vão conduzir a uma mudança de emprego, a uma marginalização no sistema de produção, ou até ao desemprego, com suas repercussões sobre o equilíbrio psíquico, a vida social, e os rendimentos.

É preciso notar que as mesmas alterações funcionais têm conseqüências diferentes conforme as características do trabalho: a perda de um dedo modificará mais a atividade de consertos de carros de um mecânico que a atividade de ensino de um professor. O primeiro terá seu emprego ameaçado, o segundo não.

Em outros casos, inversamente, o trabalho e suas condições de execução, as formações seguidas inicialmente e no decorrer da vida ativa permitirão aos operadores desenvolver suas competências, compensar as transformações de seu estado funcional e, desse modo, ou manter-se em seus postos, ou até progredir em sua qualificação e, portanto, em sua remuneração. Esses efeitos decorrentes do confronto entre as exigências do trabalho e os estados funcionais dos trabalhadores são individuais. Mas podem também ser identificados através de dados coletivos como, por exemplo, as distribuições de idade segundo as características do trabalho.

A idade e o envelhecimento acelerado pelo trabalho deixam algumas populações mais ameaçadas em seus empregos que outras. O efeito de seleção variará em função da presença de certas condições de trabalho nos empregos ocupados.

II — Conseqüências para os meios de trabalho e a produção

A atividade de trabalho é realizada através de meios materiais e leva a um resultado. Este traz os traços da atividade de trabalho dos operadores. Esses traços são de natureza diferente, têm causas variadas, mas em geral se referem a características da atividade e a dificuldades encontradas pelos operadores.

1 — Os traços nos meios de trabalho

Alguns são relacionados a freqüências e modos de utilização:

- Deformação de pastas administrativas devido à sua utilização freqüente.
- Desgaste do cabo de uma ferramenta, de um comando, indicando o modo de preensão e a freqüência de sua utilização.
- Desgaste acentuado de um carro porta-ferramenta de uma máquina-ferramenta, informando sobre a inadequação entre a capacidade dessa máquina e o tamanho das peças produzidas.
- Desgaste da ponta de uma chave de fenda, em função da diferença entre suas dimensões e as dos parafusos a soltar.
- Deterioração de equipamentos de proteção individual.

Resultados e conseqüências da atividade 77

> Numa fábrica de produtos químicos constata-se que as luvas dos manipuladores de latões de produtos em pó rasgam-se na região da palma. Dessa maneira, o produto entra em contato com a pele. A análise da atividade mostra que a abertura desses recipientes é feita antes de sua manipulação. É realizada com um tipo de abridor de latas, deixando na borda o metal cortante. Para o deslocamento ulterior desses latões, os operadores usam essa aresta, que facilita segurá-los, pois nenhuma alça foi prevista para isso.

> Numa fábrica de vidros, constatam-se marcas de choques numa parede lateral na área de circulação das empilhadeiras usadas para carregar os engradados de garrafas. A análise da atividade dos motoristas mostra que, por um lado, o empilhamento dos engradados reduz o campo visual do motorista e, por outro lado, a área de carregamento está às vezes congestionada, impedindo que se faça o retorno. Assim, às vezes, para ganhar tempo, os motoristas vão com suas empilhadeiras de frente até a área de carregamento, retiram os engradados e voltam de ré, guiando quase sem visibilidade. Essas dificuldades de condução explicam os choques contra as paredes.

Outros traços evidenciam uma estratégia adotada pelo operador para facilitar seu trabalho: transformação do posto de trabalho feita pelos próprios operadores (forrar o assento, adaptações que facilitam o fluxo das peças na saída de uma prensa), transformação de ferramentas para adaptá-las a outras funções, ou facilitar sua utilização.

Assim, o operador encarregado da manutenção e do controle do sistema de parada de emergência usa palitos de fósforos para bloquear contatos elétricos durante a realização de reparos nos circuitos.

2 — Os traços na produção

As diferenças em qualidade e quantidade entre a produção prevista e a realizada, e sua flutuação no tempo, têm freqüentemente origens múltiplas. Essas diferenças podem estar diretamente relacionadas a variações na matéria-prima ou a disfunções técnicas. Mas muitas vezes é uma rede de causas que fornece a explicação para essas falhas. Assim, um atraso no fornecimento de matéria-prima, combinado com a urgência de entrega do produto pronto, pode ter conseqüências na qualidade deste, quando são ignoradas as precauções habituais em função do tempo que tomariam.

Uma perturbação inicial do processo ou das condições de produção nem sempre produz uma conseqüência direta no resultado do trabalho. Essa perturbação é quase sempre identificada pelos operadores, que adaptam sua conduta de modo a enfrentá-la: mudar de modo operatório, concentrar a atenção sobre o problema em curso, eventualmente em detrimento de outros elementos a acompanhar, etc.

> Um operador é encarregado, entre outras tarefas, de identificar as interrupções na corrida do ferro fundido nas lingoteiras de uma fundição com processo contínuo. Para isso, avisam-no pelo interfone na sua mesa de controle da chegada iminente da interrupção. Ele precisa então localizá-la visualmente para poder agir. Muitas vezes, ele não localiza a interrupção do escoamento, o que tem sérias conseqüências a jusante.
>
> Muitos fatores, às vezes combinados, são a causa disso:
> - seu parceiro de equipe, encarregado de intervir no dispositivo em caso de incidente, pode estar ocupado com intervenções consideradas mais urgentes. Ele deve então deixar sua mesa de

controle para substituí-lo, e não pode ser avisado da chegada da interrupção, nem identificá-la através de outros indícios.

- *não é avisado da interrupção pelos operadores a montante;*

- *o nível de ruído na área pode encobrir a mensagem no interfone;*

- *no verão, os vidros da mesa de controle, sujos e gerando reflexos, atrapalham a localização visual; no inverno, esses vidros são retirados, para aproveitamento do calor das lingoteiras; no verão, são recolocados para proteção contra esse mesmo calor.*

Vê-se então como uma mesma falha pode ter sua origem em vários níveis: organização do trabalho, meios de comunicação, ambiente térmico e acústico, etc. Os esforços mobilizados pelo operador para evitá-la se traduzem em sua atividade: precipitação para intervir fora da mesa de controle e lá voltar, uso de diversos indícios informais, posturas particulares para facilitar a localização visual, etc. A atividade está orientada para evitar as falhas, mas a incompatibilidade entre os diversos objetivos a atingir pode prejudicar a qualidade que se quer alcançar. □

O recurso às capacidades-limite dos operadores tem também conseqüências para a produção.

Num serviço de recebimento de contribuições sociais, as operadoras efetuam um trabalho intensivo de entrada de dados (digitação): esse trabalho no computador é contínuo ao longo do dia, fora duas pausas curtas e o horário de almoço. É efetuado num ritmo acelerado, na velocidade de mais de cinco caracteres por segundo, e com movimentos de direção do olhar entre os documentos a digitar, o teclado e a tela, da ordem de 1 a 1,5 por segundo, solicitando drasticamente os mecanismos de acomodação visual. As posturas sofrem fortes constrangimentos, oriundos do posto de trabalho, das exigências da digitação e do controle visual do tratamento dos dados.

No fim da jornada, os erros se multiplicam e as operadoras manifestam cada vez mais sinais de irritação. □

O saber-fazer dos operadores pode ser indispensável para se atingirem objetivos de qualidade. Sua aplicação tem por objetivo responder a imperfeições do processo técnico.

Um estudo realizado na indústria automobilística mostra que a qualidade da fixação dos pára-brisas e dos vidros traseiros é duvidosa. Os operadores dispõem de uma pistola com a qual depositam um filete de cola sobre a beira do vidro. Eles finalizam a aplicação da cola interrompendo sua saída, porém, por causa do tempo de injeção da pistola, bem como da consistência do produto, ou o filete fica espesso demais, ou falta cola. As conseqüências são de dois tipos: a aplicação da cola é malfeita, podendo ocasionar problemas de vedação, ou, havendo cola demais, esta se espalha no vidro ou na carroceria. Várias observações com equipes diferentes mostram que certos operadores usam batatas cortadas para obter um filete regular de cola, evitando conseqüências para a qualidade. □

A identificação de certas características da produção, principalmente no que diz respeito à sua variabilidade em quantidade e qualidade, permitirá assim orientar a análise da atividade.

> *Cientificamente, a fronteira do conhecimento só parece marcar uma parada momentânea do pensamento. Seria difícil traçá-la objetivamente. As fronteiras opressoras são fronteiras ilusórias.*
>
> Gaston Bachelard, *Essais*

A DIVERSIDADE DAS AÇÕES ERGONÔMICAS

As ações ergonômicas diferem consideravelmente em sua natureza e em seus efeitos segundo:

- O tipo de empresa em que ocorrem.
- O estatuto dos ergonomistas.
- A natureza das demandas.
- As prováveis transformações da situação de trabalho.

I — O estatuto dos ergonomistas

Várias distinções devem ser feitas. O ergonomista pode fazer parte de um departamento da empresa ou ser exterior a ela. Segundo sua origem, variam a natureza das demandas e o grau de liberdade de que dispõe.

Os ergonomistas exteriores à empresa podem vir de escritórios de consultoria em ergonomia ou de laboratórios de pesquisa públicos ou privados.

Múltiplas razões justificam essa distinção. Relacionam-se principalmente com:

- A natureza das competências que o tratamento de uma demanda requer.
- A necessidade e a capacidade de conduzir pesquisas bibliográficas complexas e extensas.
- A existência de contatos com instituições de pesquisa de outros países.
- A possibilidade de um balizamento científico particularmente adaptado à natureza do assunto a tratar.

As características próprias das organizações de pesquisa dão freqüentemente a elas a possibilidade de tratar demandas que apresentam um caráter inédito, ou de negociar um período de ação relativamente longo.

Os consultores, por sua vez, apresentam características de outra natureza, que são avaliadas positivamente pelas empresas e que podem favorecer a escolha de seus serviços:

- O caráter mais imediatamente operacional de sua ação.
- Períodos de ação freqüentemente mais curtos e em geral mais adaptados às exigências das empresas.
- Um repertório de experiências diversificadas.

A negociação do conteúdo do estudo, tanto no que se refere ao seu objeto quanto a seu campo de aplicação, é sem dúvida mais fácil quando o ergonomista é exterior à empresa. Faz com que seja mais simples para ele mostrar um nível de exigências elevado quanto ao respeito de certos princípios da ação ergonômica:

- A comunicação da ação aos trabalhadores envolvidos e a obtenção de seu acordo prévio para a realização das observações ou das entrevistas.
- O reconhecimento de seu direito a recusar essas observações e entrevistas.
- A apresentação dos resultados aos trabalhadores que tiveram sua atividade analisada para validação, antes de apresentá-los a seu superiores.
- A necessária comunicação aos representantes dos trabalhadores, que são interlocutores da mesma forma que os responsáveis pelos diversos departamentos da empresa.

Seria ideal que o ergonomista empregado da empresa pudesse atingir um nível similar de exigências, mas isso implica em que:

- Seu estatuto seja claramente definido antes que ele assuma essa função.
- As regras da ação ergonômica relativas a esses princípios deontológicos e metodológicos sejam detalhadas.

É igualmente importante que essas regras sejam conhecidas por todos na empresa, para não ser necessário negociar o princípio de sua aplicação no início de cada nova ação.

Esse processo de explicação e negociação é complexo, cheio de armadilhas, principalmente porque esses princípios de ação — em grande medida específicos da abordagem ergonômica aqui proposta — podem ser percebidos na empresa como um conjunto de exceções às regras de funcionamento comumente admitidas, cujas razões e fatores em jogo não ficam necessariamente claros.

O peso da direção da empresa, sensível a uma abordagem inovadora que leva em conta o ponto de vista do trabalho, parece ser necessário e desejável para que esses princípios sejam aceitos por todos na empresa, qualquer que venha a ser o vínculo do ergonomista com ela e os locais que serão objeto de seu estudo e ação.

A abordagem ergonômica poderá também ser aplicada por integrantes da empresa que tenham outra função (técnico da área de organização e métodos, médico do trabalho), trazendo um enriquecimento à sua prática, embora isso possa acarretar conflitos com a imagem de seu papel na empresa e as exigências de sua função original.

II — A diversidade das empresas

As características das ações ergonômicas estão relacionadas com as da empresa:
- A *dimensão* da empresa tem inúmeras conseqüências, em particular, para:
    - a natureza das estruturas de representação dos trabalhadores;
    - as possibilidades de ação da medicina do trabalho;
    - a existência de meios próprios de estudo (departamento de métodos, departamento de obras e manutenção predial);
    - a dependência da empresa em relação ao mercado;
    - sua capacidade de investimento num estudo e em transformações das situações de trabalho.
- O *setor de produção* ao qual ela pertence condiciona, ao menos em parte:
    - o tipo de mercado e a concorrência que enfrenta;
    - as convenções coletivas em vigor, que influenciam as possibilidades de classificação de cargos e salários dos trabalhadores;
    - as exigências regulamentares;
- A *história* da empresa, em particular no plano econômico e no das relações sociais, se manifesta:
    - nas características da população;
    - no modo de funcionamento das instâncias de representação (comissões de fábrica, comitê de higiene segurança e condições de trabalho).

III — A diversidade das origens das demandas

As origens e as formas das demandas para uma ação ergonômica apresentam aspectos múltiplos. Essas demandas podem provir:
- Da direção da empresa: interesse em elaborar um procedimento para integrar dados relativos ao trabalho em cada decisão de investimento de peso, ou vontade de implantar um processo de concepção em ruptura com as práticas habituais da empresa.
- Dos departamentos técnicos: nível de produção não-atingido nos prazos previstos, qualidade insuficiente.
- Dos departamentos de pessoal: taxa de absenteísmo elevada num dado setor, dificuldades para enfrentar os problemas colocados pelo envelhecimento da população; preocupação em fazer evoluir a classificação de cargos e salários, necessitando, portanto, dispor de um melhor conhecimento das habilidades, do saber fazer e das competências.
- Dos trabalhadores e de seus representantes: implantação de uma nova tecnologia na empresa exigindo novas competências e uma negociação sobre a elevação dos níveis de qualificação; temores em relação a evoluções da organização prejudiciais à saúde dos trabalhadores.

IV — A diversidade dos objetos da ação ergonômica

O campo de ação que a demanda envolve pode ser restrito, ou muito extenso. Pode se tratar de:

- Uma demanda ligada a uma questão específica num escritório ou num setor a respeito, por exemplo, de uma redistribuição do espaço em função da implantação de uma nova máquina.
- Um conselho sobre funcionalidade de um programa de computador.
- Uma ação destinada a melhor compreender as razões de uma disfunção.

Em certos casos, a ação ergonômica se amplia e acaba envolvendo o conjunto da empresa, ou mesmo toda uma categoria profissional.

Por exemplo, quando a transformação do sistema de informação de um departamento tem conseqüências para todo o serviço de secretaria da empresa (organização e acesso às informações, programas e máquinas/computadores).

V — A especificidade de cada ação ergonômica

Não existe um modelo único de ação ergonômica e, fora alguns importantes princípios comuns, a construção de cada ação ergonômica nas empresas assume uma abordagem particular. Por certo existem conhecimentos gerais em ergonomia, mas não fornecem habitualmente soluções prontas que possam ser simplesmente aplicadas aos problemas levantados.

A realidade mostra, aliás, o quanto pode ser perigoso ou insatisfatório um procedimento onde são aplicados estritamente, ou reproduzidos, conhecimentos gerais.

É assim por exemplo com a maneira como são tratadas as dores nas costas. A demanda é a seguinte: como reduzir as dores lombares das quais reclamam as operadoras de um serviço de digitação (entrada de dados)?

A questão passa a ser tratada como um problema: as posturas adotadas pelas operadoras são posturas desconfortáveis (de fato, não correspondem à noção que se pode ter de conforto, nem à maneira de atingir esse ideal).

Encontra-se uma solução: é preciso mudar o assento, pois está mal-adaptado. Quase sempre as pessoas envolvidas continuam a se queixar; eis que as posturas adotadas dependem na verdade de múltiplos fatores, entre eles o assento, mas também da natureza da tarefa, da organização do trabalho, etc.

Responder de maneira simples demais a essa questão não só não a resolve, como também cria uma situação eventualmente mais complexa.

A análise da atividade de trabalho tem, portanto, essa especificidade: não pode ser uma abordagem baseada na simples aplicação de ferramentas pré-construídas.

É melhor caracterizada se considerada como um processo onde o ergonomista entra, no qual fica imerso. É ao longo do desenvolvimento desse processo que o ergonomista constrói sua compreensão da situação de trabalho, estrutura de maneira adequada seus conhecimentos, e que estes progridem do ponto de vista de sua operacionalidade.

Essa perspectiva operacional exige que se agreguem, aos conhecimentos existentes, os relativos à situação na qual o ergonomista age. Isso pressupõe que se constituam ferramentas de análise que permitam apreender a realidade em sua especificidade.

A ação ergonômica deve se inscrever na relação entre as necessidades sociais e as possibilidades de transformação da situação, e estar "sintonizada" com a vida da empresa.

Deve então ser construída de forma a se inserir nessa dinâmica para que o nível da ação seja permanentemente ajustado, e isso em todos os estágios da ação ergonômica.

Essa abordagem, enfim, deve atender a uma dupla preocupação:
- Levar em conta permanentemente a globalidade da situação.
- Escolher um nível de análise adequado à compreensão dos problemas.

VI — A análise da atividade e os outros métodos em ergonomia

A abordagem proposta nesta obra se apóia na análise da atividade. Outros métodos são às vezes utilizados para descrever as situações de trabalho. Assim, o ergonomista, em certas situações, por exemplo ao conduzir uma ação que envolve um grande número de situações de trabalho similares, utilizará planilhas de avaliação de postos de trabalho. Estas terão sido elaboradas a partir dos resultados de análises previamente realizadas em um pequeno número de situações. Essa construção se apóia então em hipóteses de similitude entre os postos de trabalho. Ela é o produto de uma reflexão que tem como base a generalização possível de certas características das situações analisadas.

Assim, alguns anos atrás, planilhas e listas de verificação foram elaboradas. Seus autores supunham que facilitariam a análise de todas as situações de trabalho, ou ao menos de todos os postos de um setor de produção. Sua utilização, entretanto, manteve-se bastante limitada.

Algumas dessas ferramentas têm como fundamento o objetivo de cobrir exaustivamente todos os aspectos do trabalho de que pode tratar a ergonomia: obtém-se então uma lista imponente de observações a fazer ou questões a se colocar.

Outras são mais modestas e se limitam a algumas variáveis da situação de trabalho que o autor julga importantes avaliar e eventualmente são submetidas à crítica do ponto de vista da ergonomia.

No entanto, se um componente dessa situação de trabalho, eventualmente importante para o trabalhador, está ausente da ferramenta, não poderá ser detectado.

Mas os limites do uso de planilhas ou listas de verificação são mais fundamentais: fazem *a priori* um recorte da situação de trabalho em componentes separados uns dos outros, produzindo uma hierarquia dos problemas a partir do recorte adotado.

Além da crítica que se pode fazer desse recorte *a priori* da situação em fatores de risco ou de penosidade, essas ferramentas não favorecem nem a descrição da atividade, nem sua compreensão. Assim, não conseguem pôr em evidência as interações entre os diferentes componentes e acabam pondo no mesmo plano problemas de dimensões físicas, de constrangimentos de tempo, de iluminação, etc. Simplificam a atividade cognitiva dos operadores (redução a tomadas e tratamentos simples de informações) e negligenciam, portanto, alguns de seus determinantes.

Desse modo, as planilhas ou listas de verificação são pouco operacionais para obter transformações eficazes. Seu princípio mantém, no entanto, um interesse, desde que sejam construídas em função dos objetivos que têm e das situações de trabalho nas quais serão aplicadas, por exemplo em estudos epidemiológicos com finalidade de identificar riscos para grupos relativamente grandes de população.

Essas ferramentas podem igualmente ser utilizadas para o acompanhamento da evolução de variáveis de situações de trabalho devidamente identificadas e cuja escolha se justifique.

Seu uso permanece todavia restrito à coleta de dados teoricamente comparáveis (em função de padronização nos métodos de coleta), relativos a um grande número de postos de trabalho. Os diagnósticos parciais e aproximados, se assim realizados, podem vir a contribuir para a elaboração de uma política de melhoria das condições de trabalho.

Aconselho pois ao médico que visita a um doente do povo: nada de apalpar-lhe o pulso ao entrar, como se costuma fazer, sem ter a menor consideração pela condição do doente, e nada de determinar com pressa a conduta que ele deve seguir, fazendo pouco-caso da vida alheia; mas, ao contrário, portar-se como verdadeiro juiz, e sentar-se por algum tempo num simples banco, como se poltrona dourada fosse, e de lá, com ar afável, perguntar ao doente tudo o que exigem os preceitos de sua arte e os deveres de seu coração.

Bernardino Ramazzini, *Des maladies du travail*

A CONSTRUÇÃO DA AÇÃO ERGONÔMICA

I — Esquema geral da abordagem

A condução do processo de análise em ergonomia é uma construção que, partindo da demanda, se elabora e toma forma ao longo do desenrolar da ação. Cada ação é, portanto, singular. Existe todavia um conjunto de pontos importantes, de fases privilegiadas, que vão estruturar a construção da ação ergonômica. A importância relativa dessas fases, o que elas compreendem, as idas e vindas entre elas, é específica de cada ação ergonômica.

A ação ergonômica decorre geralmente de uma *demanda*. Esta pode vir de diferentes interlocutores, e sua formulação inicial pode ser mais ou menos aceitável para o ergonomista. O trabalho de *análise* e de *reformulação* da demanda representa um aspecto essencial da condução do processo.

Após ter identificado o que de fato está em jogo por trás da demanda inicial, o ergonomista fará uma *proposta de ação*. Esta definirá os resultados que podem ser esperados, os meios necessários, os prazos. A proposta será submetida a discussões e se transformará em contrato entre o ergonomista e os responsáveis pela demanda.

Antes de analisar em detalhe uma ou várias situações de trabalho, o ergonomista procurará compreender o *funcionamento da empresa*. Conversará com diferentes interlocutores, trabalhará sobre documentos. Essas pesquisas o ajudarão numa melhor avaliação das as dificuldades encontradas, na consideração do contexto, das evoluções previsíveis da empresa, das margens de manobra para as transformações. Permitirão também, muitas vezes, formular hipóteses (chamadas aqui de *hipóteses de nível 1*) que o levarão a escolher a ou as situações de trabalho que devem ser analisadas em detalhe, para delas retirar elementos de resposta às questões colocadas.

Nessa fase, após um primeiro contato com os operadores envolvidos, o ergonomista fará inicialmente *observações abertas*. Procurará compreender o processo técnico e as tarefas confiadas aos operadores, mas também observar as estratégias adotadas por eles e colher seus comentários.

Ao longo dessas observações abertas, o ergonomista deve ter em mente os elementos que motivaram a demanda. Começará a estabelecer relações entre os constrangimentos da situação de trabalho, a atividade desenvolvida pelos operadores e as conseqüências dessa atividade para a saúde e para a produção. Essas articulações lhe permitirão formular um *pré-diagnóstico* (*hipóteses de nível 2*). Este terá habitualmente a forma: "parece que tais fatores levam os operadores a trabalhar de tais maneiras, o que pode explicar tais conseqüências".

Nesse momento, mesmo que o ergonomista tenha a convicção de haver compreendido certas relações entre os constrangimentos da situação de trabalho, a atividade, e seus resultados, ele ainda não as comprovou, nem para si mesmo, nem para os outros. A partir desse pré-diagnóstico, vai estabelecer um *plano de observação* para verificar, enriquecer e demonstrar suas hipóteses. A partir de registros de observações e das explicações fornecidas pelos operadores, estará em condições de formular um *diagnóstico local* útil à empresa. Ao se ater à atividade real dos operadores, a empresa estará em condições de melhor compreender as dificuldades encontradas em um determinado lugar e de identificar os pontos que devem ser objeto das transformações dessas situações de trabalho.

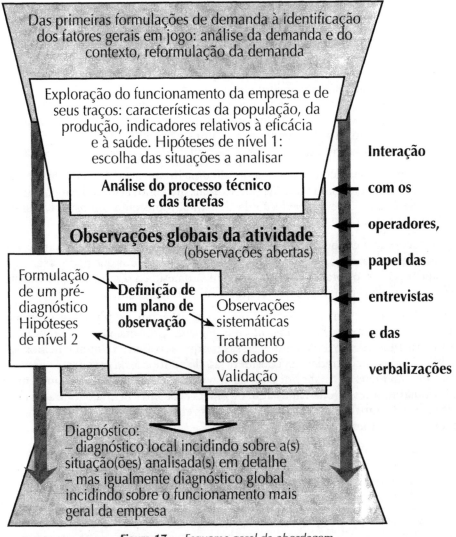

Figura 17 — *Esquema geral da abordagem.*

Com freqüência, as dificuldades locais devem ser relacionadas a aspectos mais gerais da organização ou da política da empresa. O ergonomista poderá ser levado a formular um *diagnóstico geral*, estimulando a empresa a não se contentar com soluções nos postos de trabalho que foram analisados, mas a tratar de problemas mais globais.

A partir do seu diagnóstico, o ergonomista sugerirá *indicações de soluções*. Proporá um *acompanhamento* do processo de concepção ou de transformação, para assegurar que sejam levados em conta, da melhor maneira possível, os aspectos ligados à atividade na fase de ajuste das novas instalações.

Essas diferentes fases da ação ergonômica estão resumidas na Fig. 17.

Os próximos subtítulos (II, III, IV...) apresentam em detalhe cada uma dessas etapas. Mas a inevitável linearidade da apresentação não deve permitir que se esqueça que, na realidade, são inúmeras as idas e vindas entre as diferentes fases: novos elementos da demanda vão aparecer no decorrer da ação; na análise de uma dada situação de trabalho pode-se descobrir que é indispensável estudar uma outra, situada a montante ou a jusante; as observações sistemáticas levarão eventualmente a um ajuste do pré-diagnóstico e, portanto, a realizar observações de um tipo diferente.

A abordagem apresentada não deve, pois, ser entendida como uma série de métodos a aplicar um após o outro. É, ao contrário, a riqueza dos ajustes, das regulações introduzidas ao longo de toda a ação ergonômica que condiciona seu sucesso.

II — A demanda, ponto de partida da ação ergonômica

Uma demanda social é uma demanda expressa num quadro institucional. Pode vir de uma direção de empresa, de uma comissão de fábrica, de uma organização profissional ou sindical, etc.

Toda demanda é expressão de um certo número de objetivos não necessariamente compartilhados por todos os parceiros. Às vezes, são até contraditórios.

É sempre necessário fazer a análise de uma demanda socialmente expressa, para definir seu objeto e as possibilidades de ação.

1 — As origens das demandas

Podem se distinguir dois grandes tipos de demanda para uma ação ergonômica:

- As que são formuladas na origem de um projeto de concepção que transforme profundamente a atividade dos trabalhadores da empresa. O processo de concepção deve então integrar conhecimentos relativos à atividade de trabalho para que os dados do projeto possam evoluir. O campo que pode ser coberto por esse tipo de ação ergonômica é *a priori* extremamente amplo.

- As que são formuladas no quadro de sua evolução permanente. Têm por objeto tratar de questões não-resolvidas às vezes por um longo período e que, progressivamente, vão atingindo um nível de importância tal que tratar delas se torna indispensável. As questões que originam essas demandas são freqüentemente pontuais.

A evolução da legislação está às vezes na origem dessa segunda categoria de demandas, cujo conteúdo é, muitas vezes, extremamente formal.

No ramo agroalimentar, a obtenção de autorização para exportar carne obriga a uma evolução da concepção das situações de trabalho para que sejam respeitadas condições particulares de higiene. ☐

A legislação sobre o ruído necessita uma melhor consideração do trabalho, na concepção da organização do trabalho e dos espaços, ou na escolha dos materiais. ☐

Nesse caso, as demandas ressaltam sobretudo o objetivo a alcançar que, por ser imposto, é relativamente claro.

No entanto, após a análise, o dimensionamento dessas demandas de ação ergonômica atinge, às vezes, a extensão e o grau de complexidade das demandas do primeiro caso.

As demandas de ação ergonômica sobre as condições de trabalho provêm também de pessoas ou grupos diversos na empresa ou fora dela.

Demandas de direções de empresas

Essas demandas são formuladas, cada vez mais freqüentemente, quando há transformação profunda nas situações de trabalho. Correspondem ao interesse de se ver uma nova instalação funcionando em sua capacidade máxima, rapidamente, e de modo que as condições de realização do trabalho sejam as melhores possíveis. Esse tipo de demanda marca uma evolução bastante nítida nas expectativas das direções de empresas. Caracterizam-se, ao mesmo tempo, por sua precocidade em relação à condução dos projetos e pelo seu caráter global.

Revelam:

- A importância de se levar em conta o trabalho, no processo de decisões, com o mesmo peso que outras variáveis econômicas ou técnicas.

- A tomada de consciência da interação entre variáveis de decisão até então tratadas independentemente.

Demandas diretas dos trabalhadores

Certas preocupações dos trabalhadores não são necessariamente prioritárias na política da direção geral de uma empresa. São, às vezes, expressas diretamente pelos trabalhadores.

A demanda da direção, na concepção de uma nova fábrica, envolve questões relativas às condições a serem consideradas para transferir prensas de estamparia. Durante a fase preparatória da ação, quando é feita uma visita à antiga fábrica, os trabalhadores de um setor vizinho ao das prensas pedem que o estudo seja estendido às condições de utilização de certos produtos de polimento e à penosidade do trabalho nos postos de desengraxamento. ☐

Demanda de organizações sindicais

Após um grave acidente ferroviário, várias organizações sindicais solicitam um estudo sobre as relações entre as condições de realização do trabalho e os riscos de acidentes.

Esperam que os resultados desse estudo demonstrem as relações entre um conjunto de características da situação de trabalho e a atividade dos operadores, o qual estaria na origem desse acidente.

Uma demonstração desse tipo questiona a noção corrente de "erro humano", que atribui só aos operadores a responsabilidade por incidentes e acidentes. ☐

Demanda do conjunto dos parceiros sociais

Numa empresa química, após uma negociação sobre a diminuição no tempo de trabalho, sindicatos e direção desejam que uma equipe de ergonomistas lhes indique os horários de troca de equipe e os ritmos de alternância menos desfavoráveis.

Subjacente a tal formulação da questão, pode-se reconhecer:

- uma preocupação de ambas as partes em melhorar as condições de trabalho;

- a busca de uma "caução" científica apoiando-se unicamente em critérios biológicos, quando essas decisões têm conseqüências sobre outros domínios.

Os ergonomistas tiveram de mostrar as interações entre as características biológicas dos trabalhadores de cada turno, as condições de trabalho e as características sociais e econômicas dessa população, a fim de ajudar os parceiros sociais a definir as vantagens e inconveniências de alguns tipos de revezamento.

Demandas de instituições públicas ou organizações profissionais

Uma fórmula freqüentemente utilizada é a das licitações que dizem respeito geralmente a um conjunto de questões relativas a evoluções do trabalho, cujo tratamento pode ajudar no desenvolvimento da ergonomia:

- Relações entre acidentes do trabalho e a organização dos canteiros de obra.
- Concepção de interfaces de comandos.
- Evoluções tecnológicas e risco toxicológico.
- Etc.

2 — Instruir a demanda

Qualquer que seja o nível de explicitação da demanda, o ergonomista deve procurar nela discernir o conjunto dos elementos implícitos.

Os problemas expressos na demanda refletem em geral somente uma parte dos que se relacionam à situação de trabalho.

O ergonomista deve detectar a natureza dos outros problemas potenciais, interrogando-se sobre o grau de importância daqueles que foram apontados, e reformular a demanda inicial numa problemática de natureza ergonômica, centrada na atividade de trabalho.

A formulação inicial é quase sempre colocada em termos de problemas a resolver, isolados de seu contexto. Assim, essas demandas pedem receitas circunstanciadas e circunscritas a esses problemas pontuais.

Além disso, a ergonomia muitas vezes é percebida como limitada às condições materiais de trabalho e aos ambientes físicos. Ela pode servir de argumento comercial na venda de cadeiras, monitores, etc.

A análise da demanda deve permitir situar a ergonomia no conjunto dos campos de competência já definidos na organização da empresa.

Assim, é necessário reformular a demanda e hierarquizar os diferentes problemas colocados, articulá-los entre si e, às vezes, apontar outros.

Freqüentemente o problema levantado pela empresa é relativo a um incômodo que se apresenta cotidianamente.

> É o calor insuportável num setor onde operadores devem realizar operações de manutenção que exigem esforços físicos consideráveis. É o barulho que atrapalha uma tarefa que exige atenção constante. É a dor nas costas da qual reclamam os trabalhadores numa linha de embalagem.

Esses sofrimentos e suas aparentes causas primárias ocultam, talvez, também problemas de acesso às máquinas, de espaço insuficiente, de distribuição inadequada das tarefas.

A busca de informações pertinentes

O ergonomista não deve ficar passivo perante a demanda que lhe é dirigida. A análise da demanda é parte integrante da análise da situação de trabalho.

A questão das fontes e dos meios determina a qualidade dessa análise. De uma maneira geral, considera-se que essa análise inclui passagens obrigatórias:

- **Consulta à direção da empresa e aos representantes dos trabalhadores**

    Esses encontros têm um triplo objetivo:

    o conhecer o que pensam da demanda inicialmente formulada, de seu objeto, e das finalidades desejadas;

    o conhecer como, de seu ponto de vista específico, situam o ou os problemas que são o objeto da demanda, em relação ao conjunto dos problemas existentes na situação de trabalho considerada;

    o explicar quem se é, o que se pode fazer, e como se pode fazer.

    O ergonomista procurará esclarecer ao máximo os objetivos do estudo, o fundamento da necessidade de consultar todos os interessados e a necessidade de difusão das informações em todos os estágios do estudo. Esse esclarecimento condiciona não somente a eficácia da ação ergonômica mas também, freqüentemente, a possibilidade de agir.

- **Consulta à supervisão e aos departamentos da empresa**

    Em geral, a maior parte dos departamentos está, de uma maneira ou outra, envolvida na demanda da ação ergonômica. Possuem informações, formalizadas ou não, que dizem respeito aos problemas levantados. Podem portanto esclarecê-los.

    As diferentes estruturas hierárquicas e funcionais da empresa devem estar informadas desde o início da demanda, tanto de seu conteúdo quanto dos resultados esperados. Assim, poderão expressar seus pontos de vista quanto à demanda, e as diversas competências da empresa poderão ser solicitadas e implicadas desde o início da ação.

- **Visita à empresa e à situação a que se refere a demanda**

    Quando uma demanda é dirigida ao ergonomista, a primeira visita à situação de trabalho lhe permite compreender melhor a natureza das questões levantadas e como os problemas se manifestam concretamente para os operadores.

Essa visita permite estabelecer os primeiros contatos com o(s) trabalhador(es) envolvido(s) pela demanda. Na maioria das vezes, determina as possibilidades ulteriores de acesso ao posto de trabalho. É, com efeito, a primeira oportunidade para informar aos trabalhadores os motivos da ação do ergonomista.

Essa visita permite situar as características da situação envolvida no conjunto mais amplo e mais complexo de uma unidade técnica, organizacional e social. Trata-se já de um ponto de partida para as fases subseqüentes da ação.

Pode-se também ficar sabendo, por exemplo, se a demanda diz respeito a uma situação de trabalho em via de desaparecimento a curto prazo ou não, a um problema específico de uma situação delimitada ou, ao contrário, se se refere ao conjunto de um setor, de um departamento ou da empresa inteira.

Essa primeira visita permite verificar a amplitude do problema levantado, a existência de outras questões, e eventualmente estabelecer uma certa hierarquia entre elas, ao menos enquanto hipóteses.

III — Identificar o que está em jogo

Não cabe ao ergonomista julgar as políticas adotadas pelos parceiros, nas quais a demanda de ação se insere, pois estes têm seus próprios objetivos, coerentes com finalidades específicas.

No entanto, não só não pode ignorá-las como também deve verificar se essas finalidades são compatíveis com a ação ergonômica.

Desse modo, o ergonomista transforma a demanda e favorece, no decorrer desse processo, a emergência de outros critérios, coerentes com sua própria prática e com a demanda inicial.

Uma demanda de estudo das condições de trabalho dos operários que perfuram poços de petróleo tinha como finalidade, na verdade, estabelecer critérios de seleção médica para a contratação do pessoal. De fato, a direção da empresa estava preocupada com a acentuada rotatividade dos operários trabalhando nas plataformas, em função de patologias vertebrais. Tal finalidade (seleção) é incompatível com a ação ergonômica, pois esta visa transformar o trabalho para melhor adaptá-lo aos trabalhadores, e isso ao longo de toda a sua vida profissional.

Essa demanda foi transformada, de comum acordo entre os parceiros, num estudo prévio à formação das equipes de plataforma e à concepção dos instrumentos de controle dos dispositivos de perfuração, duas propostas com conseqüências positivas e, em particular, capazes de fazer evoluir o processo de exclusão para uma manutenção dos trabalhadores em situações anteriormente julgadas penosas e agressivas. □

Com freqüência o formalismo da demanda cria uma ilusão. Quem expressa a demanda é identificado como sendo o solicitante. Não se deve confundi-lo com aquele ou aqueles que são os iniciadores da demanda. Na maioria dos casos, trata-se de várias pessoas, de diferentes condições, posições e poderes na empresa. O solicitante oficial pode ocultar os solicitantes iniciais.

> *Um jornalista, delegado sindical numa grande agência de notícias, fica sabendo por sua organização sindical que está sendo feito um estudo sobre as conseqüências resultantes da introdução da informática nos serviços de digitação/revisão de textos dos jornais do interior, e também sobre o trabalho dos gráficos. Consulta os ergonomistas sobre a possibilidade de eles responderem a uma pergunta que os jornalistas formulam nestes termos:*
>
> *"Temos a impressão de que a introdução da ferramenta informática e seus modos de utilização reduzem o processo de reflexão na escrita. E, por isso, parece-nos que a qualidade de nosso trabalho não é mais a mesma".*
>
> *Essa questão é fundamental. Seu tratamento tem repercussão bastante direta na qualidade das matérias vendidas pela agência, que concorre com outras agências internacionais e, portanto, na evolução do conteúdo do trabalho dos jornalistas. Este deve ser relacionado com a natureza da formação dos jornalistas, e com a evolução dos meios técnicos à sua disposição. Diz respeito igualmente à concepção desses meios técnicos, em particular do programa de computador, etc.*
>
> *A resposta dos ergonomistas é então positiva, e explicam ao delegado sindical que sua ação seria facilitada se a "comissão de empresa", por intermédio de seu presidente, lhes encaminhasse essa demanda. De fato, é mais fácil realizar uma ação ergonômica se seu princípio é aceito pelo conjunto das partes envolvidas da empresa, mesmo se os objetivos não são inteiramente compartilhados. Os ergonomistas especificam, além disso, a natureza dos métodos que se propõem a adotar mesmo sem poderem antecipar os resultados.*
>
> *O jornalista aceita as propostas formuladas, mas, antes de apresentar a demanda à "comissão de empresa", gostaria de discutir seu conteúdo com os colegas de sua organização sindical, bem como com os de outras organizações.*
>
> *Em seguida à primeira reunião, e depois de a demanda ter sido apresentada para a "comissão de empresa", os ergonomistas encontram várias vezes os representantes do conjunto das organizações sindicais, que querem compreender melhor a maneira como essa ação ergonômica será conduzida.*
>
> *Um ano após os primeiros contatos, onde o problema foi levantado pelos jornalistas, a direção da agência contata os ergonomistas, mas solicita apenas que se estudem as relações entre o trabalho em terminal de computador e a evolução das funções visuais.* □

Quem é o solicitante? Qual é a demanda? Essa nova demanda não criará obstáculos à demanda inicial?

Em geral, uma demanda é o resultado de uma história, o reflexo de relações muitas vezes conflitantes, sempre complexas. Reflete também as preocupações existentes na sociedade num dado momento.

Nesse exemplo, não surpreende que a direção da empresa tenha deslocado e transformado a questão levantada pelos jornalistas.

De fato, na época, o setor terciário na França passava por um período de informatização um tanto "selvagem".

As ferramentas informáticas são apresentadas como meios "simples de usar", permitindo "acabar com a papelada" na qual toda administração está submersa.

São percebidas e apresentadas pelos responsáveis das empresas como simples substitutos das técnicas antigas.

Para eles, nada muda no "trabalho" que as pessoas devem realizar, e de fato a agência continua a vender matérias a seus clientes. Os jornalistas continuam batendo num teclado, mas podem fazer correções com mais facilidade e rapidez. Os responsáveis admitem que as pessoas atingidas por essa evolução em seu trabalho reclamam de fadiga visual, mas ignoram as conseqüências sobre o conteúdo do trabalho.

Durante esse período, e de maneira quase geral, o trabalho em terminais torna-se sinônimo de fadiga visual.

Os oftalmologistas, os projetistas de equipamentos de informática, estudam a interface olho-tela. As organizações sindicais, ao repassar sem melhor elaboração as reclamações dos trabalhadores, podem contribuir para a medicalização do risco.

Sem questionar a expressão das queixas dos trabalhadores envolvidos com o uso de monitores e computador, ou a realidade dos distúrbios expressos, é necessário identificar o conjunto de suas causas. O problema não pode ser reduzido apenas às características do equipamento utilizado: de fato, a informática modifica fundamentalmente a atividade de trabalho, os processos mentais de tratamento da informação não são mais da mesma natureza e podem levar a uma solicitação visual diferente. Essa segunda questão deve de fato ser tratada, mas é condicionada à compreensão da primeira.

É fácil conceber que uma direção de empresa, ao empreender um processo de informatização, prefira expressar a demanda num terreno em que, de maneira quase "consensual", o conjunto dos parceiros sociais está de acordo em reconhecer implicitamente que as reclamações podem ser atribuídas a anomalias visuais dos operadores, favorecendo assim a resolução dos problemas pela seleção da população.

Reconhecer a demanda inicial dos jornalistas era, para a direção da agência de notícias, aceitar um questionamento da natureza da modernização empreendida e das conseqüências econômicas que dela esperava.

Mas pôr em primeiro plano o tema da fadiga visual era se posicionar num terreno social e tecnicamente mais bem identificado.

De fato, o problema colocado aos ergonomistas era a expressão de dois pontos de vista relativos ao processo de informatização:

- um relativo à maneira de realizar o trabalho com uma nova ferramenta;

- e outro concernente às relações entre condições de realização do trabalho e distúrbios visuais.

Foi necessário compreender a lógica que presidiu tanto a decisão de informatização quanto as escolhas técnicas. Para tanto, os ergonomistas reuniram-se com a chefia da redação, a direção de informática e os fabricantes do equipamento. Estes esperavam um considerável ganho de tempo, necessário para enfrentar a concorrência das agências internacionais.

A informatização pretendia fazer evoluir os modos de transmissão dos textos. As matérias seriam digitadas, em seu ponto de origem, num terminal do sistema informático, transmitidas e depois recebidas e estocadas na "memória" do computador central e por fim enviadas aos jornalistas. Um certo tempo deveria ser, então, ganho na chegada das matérias, já que antes chegavam via teletipo e eram distribuídas manualmente. A informatização suprimiria também a dupla digitação. Inicialmente os textos eram datilografados em máquinas de escrever ao serem concebidos pelos jornalistas, digitados uma segunda vez pelos operadores, que os corrigiam e os aprontavam para mandá-los por teletipo aos assinantes.

Vê-se imediatamente as possíveis repercussões dessa evolução tecnológica sobre a quantidade de pessoas empregadas. Ao mesmo tempo, certas atividades como a concepção e a correção, até então dissociadas, posto que realizadas pelos jornalistas e pelos operadores, podiam agora ser realizadas inteiramente pelos jornalistas.

A escolha do programa de computador correspondia à representação que a equipe responsável tinha do trabalho de redação. Esse programa era uma ferramenta clássica de processamento de texto, à qual certas funções haviam sido acrescentadas para a formatação dos textos e a gestão das filas de espera de transmissão.

Substitui-se a máquina de escrever por uma ferramenta que operava como ela, à qual algumas funções suplementares foram acrescentadas: substituições, emendas, supressões, deslocamentos de trechos de textos, fusão de parágrafos. Em suma, obtinha-se uma agilidade que só poderia satisfazer o jornalista, pois seu trabalho ficaria mais limpo.

Para a direção, a redação das matérias resumia-se à datilografia de textos, enquanto uma tarefa de concepção de texto exige que se trabalhe em sua estrutura e não só em elementos de sintaxe. O discurso da direção referia-se, portanto, essencialmente, a alguns resultados aparentes do trabalho. □

Trata-se de uma posição relativamente comum por parte das direções de empresas, enquanto os trabalhadores costumam apontar as conseqüências sobre as maneiras de realizar o trabalho.

Em encontros com trabalhadores e o médico do trabalho, os ergonomistas ficaram sabendo que tinha ocorrido uma greve pouco antes de a direção da empresa fazer uma demanda de ação ergonômica.

Essa greve acontecera em resposta à demissão de uma jornalista por incapacidade de trabalhar em terminais de computador.

Os jornalistas se recusaram a aceitar que a seleção para contratação, até então estritamente baseada na competência profissional, passasse a incluir critérios de ordem médica.

A direção técnica, por seu lado, queria associar os ergonomistas ao remanejamento da sala de redação que pretendia realizar, envolvendo:

- um mobiliário mais adaptado;

- o posicionamento dos monitores, um tratamento das paredes envidraçadas, um novo sistema de iluminação; ao reduzirem certo número de constrangimentos da organização do espaço, possivelmente resolveriam os problemas encontrados no processo de informatização. □

Essa análise revela, ao mesmo tempo, as contradições, os diferentes pontos de vista, os conflitos subjacentes, uma simplificação às vezes extrema do problema, e diferentes percepções do papel e competências que o ergonomista pode exercer em tal situação.

Esse exemplo mostra o quanto é importante para o ergonomista identificar adequadamente a natureza do que está em jogo nas posições de cada um dos atores. É a partir dessa identificação que ele poderá reformular uma proposta de forma a contemplar o conjunto dos pontos de vista:

- Todos na empresa devem poder reconhecer que seu ponto de vista não foi ignorado na análise, permanecendo presente na reformulação da demanda inicial.
- A proposta de ação ergonômica deve ser articulada em torno do ponto de vista da atividade, a qual integra os diferentes pontos de vista expressos.

IV — Dimensionar a ação ergonômica

Há sempre um certo nível de compatibilidade entre o objeto da demanda e o campo de estudo proposto pelo ergonomista. Porém esse campo freqüentemente é mais complexo do que parece e portanto deve ser estruturado.

> *As direções técnicas de vários jornais solicitam um estudo sobre o trabalho em terminais de computadores. O campo proposto é o dos postos de trabalho de digitação/revisão de textos. A compatibilidade entre o objeto do estudo e o campo é somente aparente. De fato, os postos de trabalho se situam em sistemas organizacionais e técnicos diferentes segundo as empresas. Como não é possível estudar o conjunto das situações, a escolha recai sobre as que colocarão em evidência os elementos generalizáveis, deixando clara, entretanto, a especificidade das situações selecionadas.*
>
> *Num primeiro momento, tratava-se de restringir o campo, mas, ao longo do desenvolvimento do estudo, uma ampliação do campo mostrou-se necessária, pois o trabalho dos revisores estava estreitamente vinculado a fatores organizacionais pouco representativos do conjunto das situações de trabalho.*

A delimitação do campo de estudo representa um dos momentos da análise da demanda. Essa delimitação depende, em particular, do tempo de que dispõe o ergonomista. Esse tempo é mais ou menos imposto pela empresa e, em geral, subestimado:

- A complexidade dos problemas e, portanto, as dificuldades a resolver para a realização do estudo não são, em geral, devidamente consideradas.
- As empresas levantam freqüentemente problemas cuja solução esperam para ontem. Isso é ainda mais verdadeiro quando a demanda é formulada a partir de problemas antigos que nunca foram enfrentados.

O ergonomista deve então avaliar com clareza os limites do que pode fazer no tempo que conseguiu negociar.

V — A proposta de ação ergonômica

Os resultados da análise da demanda permitem identificar parte do que está em jogo para os diferentes parceiros.

Essa identificação faz parte da ação ergonômica.

Por exemplo, a simples formulação de uma demanda sobre um problema de ruído modifica a "percepção" que as pessoas têm desse agente nocivo. O ruído deixa de ser aquele agente nocivo contra o qual nada se pode fazer. Torna-se objeto de escolhas, de cálculo econômico, de prováveis decisões de investimento visando sua transformação, etc.

Constata-se que as representações relativas a uma dada situação de trabalho se modificam simplesmente por haver a demanda de estudo, antes mesmo de seu início.

Em função da análise da demanda, aceita-se ou não empreender o estudo:

- Em caso de recusa, a exposição de motivos é muito importante; em certas condições pode até levar a uma nova demanda por parte da empresa.
- Se a resposta for positiva, deve desembocar num contrato que assume formas diferentes conforme a situação do ergonomista, se interna ou externa à empresa.

Mesmo o ergonomista da empresa tem o maior interesse em negociar e estabelecer claramente junto a seus interlocutores o que dele se espera e o que ele pode fazer:

- Seja um pré-diagnóstico rápido de um ou dois dias e uma curta nota de síntese, mas com uma elevada margem de erro possível, decorrente da impossibiliade de validar um certo número de hipóteses.
- Seja, ao contrário, um relatório circunstanciado, mas com prazos suficientes, favorecendo a aplicação de uma abordagem e de métodos que o comprovem.

O conteúdo do contrato

O contrato deve especificar o objeto da demanda e seu conteúdo. Será mais efetivo se formulado do ponto de vista da atividade real dos trabalhadores. Essa formulação será ainda mais importante se a demanda inicial for geral demais, ou restritiva demais.

Esse contrato faz referência às primeiras hipóteses que condicionam o desenvolvimento do estudo. Ele especifica a natureza dos resultados desejados, assim como seus limites, em particular em função dos conhecimentos disponíveis sobre o assunto. A tendência a simplificar os problemas leva freqüentemente a pensar que sua apreensão é simples.

Enfim, conforme a duração e o que está em jogo na ação ergonômica, o contrato não assume necessariamente um caráter formal. É, no entanto, sempre uma sábia precaução.

As condições do êxito da ação ergonômica

As condições necessárias ao êxito da ação ergonômica diferem conforme a natureza do estudo:

- Elaboração de um programa de rearranjo do espaço, validação da escolha de programas de computador, etc.
- Análise de uma situação tendo em vista alcançar a compreensão de um certo número de disfunções.

- Participação na concepção de uma fábrica.

De acordo com as questões, os prazos de realização são variáveis e devem levar em conta:

- O tempo empregado na realização do estudo.
- O prazo entre o início do estudo e a entrega das conclusões.
- O tempo empregado na avaliação da transformação e o momento oportuno para sua realização.

Um certo número de condições indispensáveis ao êxito da ação ergonômica deve figurar explicitamente no contrato:

- A possibilidade de acesso às situações de trabalho (freqüência, momento do dia, do ano, diversidade das situações disponíveis, visita a situações de referência fora do local onde se desenvolve o estudo; e, portanto, as negociações que a empresa deve realizar para obter as autorizações necessárias, etc.).
- As regras de ação ergonômica (em particular, a preservação do anonimato dos trabalhadores, a atitude do ergonomista em caso de conflito social na empresa).
- A possibilidade de realizar entrevistas com o conjunto dos trabalhadores envolvidos no estudo (entrevistas individuais, coletivas, no local de trabalho, em sala de reuniões).
- Os meios técnicos usados para a ação ergonômica (observações da atividade, fotografias, vídeo, medidas de parâmetros da situação).
- O acesso aos documentos e informações relativos ao processo técnico, aos resultados de produção, à qualidade; e também a dados econômicos ou sobre a população.
- As modalidades de acompanhamento do estudo e as diferentes instâncias que estão sendo estudadas (grupo de trabalho, comitês de acompanhamento e condução do processo), a freqüência das reuniões dessas diferentes instâncias; a posição que nelas ocupam os parceiros sociais (uma comissão de fábrica pode, por exemplo, desempenhar o papel de grupo de acompanhamento).
- A amplitude dos meios necessários ao desenvolvimento do estudo (o tempo gasto pelos trabalhadores em grupos de trabalho, o apoio logístico, como, por exemplo, o suporte técnico em informática para fazer evoluir um programa de computador, ou o departamento de obras e manutenção predial para realizar a maquete de um posto de trabalho, etc.) O tempo disponível do gerente do projeto, representante da direção.
- As diferentes fases do estudo e a entrega de documentos intermediários.
- As modalidades de difusão dos resultados na empresa; a informação ao conjunto dos trabalhadores.
- As modalidades de difusão dos resultados para fora da empresa, levando-se em conta o respeito ao segredo industrial, ou aos dados gerais sobre a atividade da empresa.

VI — Estruturar-se para conduzir a ação ergonômica

Toda ação ergonômica precisa, para ser levada a bom termo, ser conduzida. De fato, tanto a direção da empresa quanto os operadores e seus representantes têm interesse em dominar da melhor maneira a condução da ação ergonômica para dispor do máximo de informações e para melhor preservar seus interesses. Para o ergonomista, é importante garantir a participação do conjunto dos atores.

As formas de condução podem mudar conforme as dimensões da empresa, do setor de atividade, da natureza da ação ergonômica (diagnóstico em tempo limitado, consultoria, condução de projeto de investimento, etc.).

A condução do processo necessita que se saiba em que direção se vai (importância do trabalho da demanda e do conteúdo da convenção).

A condução do processo necessita recursos que muitas vezes só as grandes estruturas possuem. Nos casos em que as relações de força dentro da empresa sejam mais favoráveis à direção, o diálogo com o diretor da empresa será privilegiado.

Uma questão complexa diz respeito à posição dos representantes dos trabalhadores, quando existem, ou dos próprios trabalhadores, havendo ou não representantes deles.

Os grupos responsáveis pela condução do processo podem ser inseridas em estruturas existentes, ou dar lugar à implantação de estruturas *ad hoc*. Na maior parte dos casos, a pilotagem dos projetos é uma combinação desses dois tipos de estrutura.

Cumprem duas grandes funções:

- **Uma função de análise**

Essa atividade de análise exige a implantação de grupos de trabalho, que irão contribuir para a produção de conhecimentos sobre o trabalho atual, para a validação dos resultados da análise, para sua generalização e sua projeção no futuro levando em conta as características conhecidas da situação a conceber ou a adaptar.

Esses grupos, cujo funcionamento é em geral colocado sob a responsabilidade do ergonomista, podem reunir pessoas ocupando funções e exercendo responsabilidades diversas. O ergonomista deve ser capaz de justificar junto aos responsáveis pela empresa a composição dos grupos de trabalho, o tempo de que esses grupos devem dispor, o trabalho que seus membros podem ser levados a realizar fora das reuniões formais, os métodos de trabalho, a natureza da responsabilidade desses grupos, etc.

O papel do gerente de projeto é fundamental, e o poder a ele delegado pela diretoria no comitê de acompanhamento e condução deve ficar o mais claro possível. Se o papel do ergonomista é fazer com que as instâncias de decisão sejam alertadas dos riscos relacionados a tal ou tal escolha, a passagem pelo gerente do projeto é indispensável.

Para a programação do centro cirúrgico de um novo hospital, os ergonomistas analisam o trabalho das diferentes categorias de trabalhadores que ali atuam, mas são levados também a descrever a atividade de regulação entre esse setor e os outros serviços do hospital. Grupos de trabalho são constituídos: o primeiro composto de um anestesista, da enfermeira-chefe, de um cirurgião, de um auxiliar de enfermagem; o outro, das enfermeiras e médicos de vários serviços, entre eles o de urgência, de cardiologia e de reanimação. São encarregados de validar e completar as análises realizadas pelos ergonomistas, de participar nas diferentes simulações que os ergonomistas promovem com a participação de um arquiteto. Essas simulações permitiram a este último propor um modo de organização do centro, critérios para a determinação das áreas, bem como propostas de localização do centro cirúrgico dentro do hospital.

- **Uma função de acompanhamento e regulação**

Uma atividade de regulação entre os parceiros sociais deve ser pensada, na medida em que a condução da ação ergonômica apresenta diferentes visões, relativas ao conteúdo e ao efetivo, à organização do trabalho e ao tempo de trabalho, à política industrial das empresas, etc.

Essa atividade de regulação e a consideração do que está em jogo podem influir sobre a natureza dos compromissos elaborados e sobre as decisões que serão tomadas.

Numa ação ergonômica para a construção de uma gráfica, os riscos de dispersão de partículas de papel e tinta por todo o prédio são mencionados num dos grupos de trabalho. As escolhas feitas em termos arquitetônicos e a tecnologia de ventilação escolhida são contestadas. A hipótese de risco para a saúde é mencionada, sem que se tenha certeza disso.

O tratamento dessa questão, que tem conseqüências importantes sobre o nível de investimento, é trazido para o grupo de acompanhamento no qual estão presentes o presidente e o secretário do Comitê de Higiene, Segurança e Condições de Trabalho e os delegados sindicais. As discussões no grupo levam o gerente do projeto a propor ao comitê de acompanhamento e condução a modificação da concepção do prédio e do sistema de ventilação. Considerando os eventuais riscos para a saúde dos trabalhadores e apesar (ou por causa) da incerteza técnica, mas considerando o que está socialmente em jogo, a direção geral do jornal aceita rever o nível de investimento nessa parte do projeto.

> ...a Física só vislumbra a rapidez por meio das modificações reguladas, calculadas, as únicas reveladoras. Descentrou-se o fenômeno para poder inseri-lo num campo de variáveis. Por seu lado, a Biologia concentra-se demais no ser vivo, quando só pode conhecê-lo em seu meio e através dele.
>
> François Dagognet, *Une épistémologie de l'espace concret*

7 CONHECIMENTO DO FUNCIONAMENTO DA EMPRESA

O conhecimento do contexto industrial, econômico e social é indispensável para situar-se o que está em jogo na ação ergonômica e definir-se uma abordagem que leve em conta as especificidades da empresa.

> *Uma indústria de autopeças solicita a realização de um estudo sobre as condições de trabalho nos postos de montagem final dos faróis.*
>
> *Nesses postos, distúrbios osteoarticulares foram constatados pelo médico do trabalho.*
>
> *Essa demanda deve ser relacionada com:*
>
> *- a idade e a saúde da população;*
>
> *- a implantação de novas linhas de montagem, vinculadas à criação de novos modelos de automóvel;*
>
> *- a evolução da concepção dos produtos, que passa por uma integração cada vez maior das diversas funções, como no caso dos acionadores das setas e dos limpadores de pára-brisa; essa evolução aumenta o volume do produto acabado e gera um número maior de gestos repetitivos.* □

A análise do funcionamento da empresa é orientada pela demanda e guiada pela necessidade de se elaborar um pré-diagnóstico. Caracteriza-se por uma abordagem global e deve permitir que se articulem aspectos do funcionamento da empresa para melhor se compreender o que está em jogo na demanda.

Essa investigação em domínios aparentemente estranhos à ergonomia não deve levar o ergonomista a substituir suas competências por aquelas já existentes na empresa. Deve apenas permitir-lhe:

- Elaborar as primeiras hipóteses, que orientarão a escolha das situações a analisar.
- Melhor situar o conjunto das exigências e constrangimentos.

Conhecimento do funcionamento da empresa **101**

O ponto de vista que o ergonomista elabora no decorrer dessa investigação é de fato um meio de enriquecimento e integração das outras percepções da realidade.

I — A dimensão econômica e comercial

A atividade econômica da empresa é analisada com referência ao contexto no qual a empresa está inserida. Essa análise permite, em particular, situar o funcionamento da empresa ou do estabelecimento em questão em relação ao mercado.

Por exemplo, é fácil ver que a estratégia de desenvolvimento de uma empresa depende diretamente do fato de ela ocupar uma posição de monopólio ou de ter que enfrentar uma concorrência acirrada.

Uma empresa cujos produtos têm ciclos de vida e de desenvolvimento de cerca de 2 anos, solicita uma ação ergonômica centrada na reestruturação dos espaços de trabalho destinados a suas equipes de Pesquisa e Desenvolvimento. Essa empresa se situa num mercado de grande competitividade, onde seus principais concorrentes conseguiram diminuir a duração do ciclo para em torno de 1 ano. O lançamento de um novo modelo exige, pois, por parte dos departamentos comerciais e de Pesquisa e Desenvolvimento, uma considerável capacidade de inovação e de antecipação. Quando o produto chegar ao mercado, ele não pode estar tecnicamente ultrapassado pelos produtos da concorrência ou estar defasado em relação aos gostos e exigências da clientela.

Esse empresário tem um saber-fazer considerável, o que lhe permite ainda conservar uma posição de líder do mercado.

Todavia, a preocupação de conquistar novos segmentos e de conservar os já adquiridos, e a vontade de atingir uma maior capacidade de adaptação às flutuações do mercado requerem uma reestruturação dos diferentes departamentos que participam dos estudos e do desenvolvimento do produto.

Trata-se portanto de reagrupar num mesmo local várias diretorias e departamentos que, até então, trabalhavam num mesmo projeto mas de maneira isolada. Essa reorganização traz conseqüências sobre as características do espaço e sua capacidade de acolher simultaneamente, e por períodos de tempo variáveis, equipes cujo tamanho e organização podem variar de acordo com a natureza dos projetos.

Esse exemplo coloca em evidência as relações entre as necessidades de evolução de uma empresa e a evolução do conteúdo do trabalho de seus trabalhadores. Desse ponto de vista, a análise histórica favorecerá a identificação dos fatos que marcaram o desenvolvimento da empresa e que podem ter relações, às vezes estreitas, com a atividade de trabalho dos operadores.

O funcionamento da empresa depende amplamente de exigências comerciais. A natureza da produção, o volume de pedidos, o número de produtos em catálogo, o desejo de diminuir o capital imobilizado acarreta uma complexidade cada vez maior na gestão da produção.

A resolução desse conjunto de questões não é estritamente técnica; exige uma evolução do modo como são considerados os aspectos humanos.

Uma empresa fabrica produtos veterinários. Para atender às evoluções do mercado, em particular a oferta de uma quantidade maior de produtos, ela "racionaliza" sua produção, evoluindo para uma organização do trabalho "just-in-time" e introduzindo máquinas automáticas nas linhas de produção.

Depois de alguns meses funcionando assim, os objetivos iniciais não foram atingidos e a empresa deseja aumentar a eficácia de seu investimento atribuindo mais confiabilidade aos equipamentos.

A qualidade da produção é uma exigência séria, da qual depende a imagem de marca da empresa. Obtê-la depende em parte do respeito a uma regulamentação rigorosa, que acarreta restrições para as operadoras (exigências de vestuário, manipulação dos produtos, controles múltiplos, etc.).

Quando o estudo foi feito, o setor envolvido era composto de sessenta pessoas, sendo trinta funcionários da empresa, quinze com contrato temporário e quinze contratados por uma empresa de prestação de serviços. Estes últimos cobriam faltas e eventuais períodos de sobrecarga de trabalho. O número desses contratos chegava a duplicar quando o volume de pedidos exigia.

O trabalho por encomenda conduziu a uma diversificação considerável na produção e resultou em seiscentos tipos de apresentação de produtos em catálogo.

O sistema de produção precisava, portanto, ser continuamente adaptado para atender a essas exigências e demandava numerosos ajustes nas máquinas, em particular naquelas que tinham sido objeto de investimentos recentes.

O processamento dos múltiplos pedidos de dimensão reduzida exigia muito rigor nas mudanças de lotes para evitar qualquer confusão.

Na embalagem, o número de ajustes a realizar e de imprevistos a administrar pressupunha uma vigilância constante e múltiplas intervenções. Quando os lotes eram pequenos, esses ajustes ocorriam constantemente, pois, no momento em que a máquina estava no ponto, era preciso mudar de lote.

As operadoras que tinham por atribuição prioritária a embalagem, intervinham de fato no ritmo das máquinas, mas, quando as disfunções se tornavam numerosas demais, chamavam os mecânicos-ajustadores, que reclamavam da falta de formação das operadoras para usar as máquinas e nelas intervir. O próprio chefe de equipe não cumpria mais seu papel de supervisão e ficava o tempo todo às voltas com as máquinas. Os ajustadores ficavam sobrecarregados e não tinham mais condições de assegurar adequadamente a manutenção e a prevenção. □

Diferentes indicadores ajudam a esclarecer o contexto econômico e comercial no qual a empresa está inserida e a orientar hipóteses sobre a natureza das exigências do trabalho e os constrangimentos que acarretam para os trabalhadores. Esses indicadores podem ser:

- Os tipos de produto fabricados pela empresa e a evolução da gama de produtos. As exigências da clientela e a maneira como a concorrência a elas responde são fatores determinantes nessa evolução.
- A duração das séries. As relações de parceria com as empresas compradoras ou as exigências da clientela que deseja dispor de produtos mais bem adaptados a suas necessidades têm conseqüências sobre as modalidades de organização da produção. O departamento de planejamento e controle da produção poderá fornecer dados pertinentes a respeito dessas exigências externas e suas relações com a produção.

- As exigências de qualidade e os constrangimentos que geram para os trabalhadores diferem conforme a natureza dos produtos e os acordos de garantia da qualidade definidos com os clientes.

> As associações de consumidores podem ter uma influência considerável sobre o nível das exigências do departamento comercial em relação aos controles realizados pelo departamento de qualidade num setor de envasamento de iogurtes. Isso pode acarretar para os operadores uma multiplicação das pesagens a realizar e relações mais estreitas com os mecânicos ajustadores para calibrar as máquinas de dosar.

- O posicionamento da empresa em relação à concorrência nacional e internacional. Uma montadora de automóveis procurará diminuir seus custos desenvolvendo métodos de gestão da produção em *just-in-time*.
- As variações sazonais da produção. A atividade de uma cervejaria será maior durante o verão.
- As evoluções prováveis da produção da empresa.

II — A dimensão social e demográfica

A população dos trabalhadores de uma empresa apresenta freqüentemente diversidade, mas, às vezes, ao contrário, apresenta homogeneidade no que diz respeito à idade, sexo, tempo de casa, qualificação e estado de saúde.

O conhecimento dessa diversidade, ou dessa homogeneidade, traz informações a respeito do funcionamento da empresa, de suas políticas de contratação, demissão, carreira, e formação, e também sobre sua política de organização do trabalho, em relação às condições de trabalho. Faz parte então da análise da demanda e permite determinar o alvo da ação ergonômica.

> Uma fábrica de eletrodomésticos constata uma queda de qualidade nos últimos meses; decide multiplicar os controles; mas o "setor de retoques" continua sobrecarregado; o número de reclamações dos clientes diminui, mas permanece elevado; a quantidade de refugos permanece estável.
>
> A análise da população mostra que, num setor de montagens intermediárias que foi reorganizado, os operadores são jovens, com pouco tempo de casa, sem qualificação, e receberam apenas uma formação rápida no próprio local; a direção se justifica alegando que são tarefas repetitivas simples, sem dificuldades especiais. Em função das características identificadas, são realizadas algumas análises da atividade de operadores jovens nesse setor. Estas mostram que eles têm dificuldade para fazer certas montagens: posicionar uma pequena peça num local de difícil acesso, perceber defeitos nas peças para eliminá-las, escolher as peças correspondentes aos modelos que mudam a cada lote...

1 — A evolução da população na empresa

A evolução das características de uma população de trabalhadores numa empresa é, às vezes, rápida; por exemplo:

- Contratação maciça de jovens.
- Aposentadoria ou pré-aposentadoria de muitos trabalhadores numa mesma faixa etária.
- Modificação das qualificações para muitos trabalhadores devido a um programa de formação generalizado para permitir a introdução intensiva de microcomputadores; mas na maioria dos casos essa evolução é lenta.

Também, a análise da população, sobretudo quando pode ser feita igualmente em relação aos anos anteriores, permite fazer perguntas aos departamentos apropriados sobre a política de recursos humanos e as condições de trabalho e, portanto, explicar a situação atual. Permite também antecipar evoluções futuras dessa população e, assim, prever a implantação de meios adequados para acompanhar e orientar as transformações técnicas e organizacionais que toda empresa é levada a fazer.

Uma empresa, após ter passado por um desenvolvimento considerável durante alguns anos, vê-se confrontada pela crise econômica: ela reduz então seu efetivo suspendendo contratações e colocando em pré-aposentadoria os trabalhadores com mais de 55 anos; uma década depois, a proporção de trabalhadores com mais de 45 anos cresceu consideravelmente; modifica então sua tecnologia (informatização, automatização), sua organização de trabalho (flexibilidade, com busca de polivalência, introdução de trabalho em turnos, etc.); encontra dificuldades em introduzir essas modificações, com conseqüências sobre o clima social e a qualidade da produção.

De fato, sua política de redução do efetivo acarretou um aumento na representação da faixa etária entre 40 e 50 anos; essa população tem muito tempo de casa e uma experiência em tecnologias antigas e tarefas estáveis; organizou sua vida extraprofissional (escolha da moradia, lazeres, etc.) em função de horários diurnos; desse modo, não estava preparada para essas mudanças significativas; a empresa recorreu a um serviço de formação que aplicou uma pedagogia que não levou em conta o ritmo particular de aprendizado e as competências adquiridas anteriormente por esses trabalhadores. A empresa não previu essas diversas mudanças. □

Os principais dados úteis são as estruturas de idade (Figs. 18 e 19), a mobilidade interna e externa, as qualificações e as formações exigidas para a contratação, os contratados das empresas prestadoras de serviço e dados sobre o estado de saúde (Cap. 3.II.2); esses dados devem ser levantados por categoria de posto de trabalho, departamento ou setor. É importante poder cruzar alguns desses dados: idade e formações internas, idade e mobilidade, mobilidade e formação, etc.

Reunir esses dados sobre as características da população raramente é simples; ocorre que certos dados não existem na empresa (por exemplo, a mobilidade interna), outros estão espalhados por diversos arquivos e departamentos; reuni-los e homogeneizá-los nem sempre é fácil (num arquivo, encontra-se a data de nascimento e a data de contratação, noutro a qualificação; o cruzamento desses arquivos não é possível, etc.), outros ainda não haviam sido estabelecidos nos anos anteriores. A análise das atividades dos operadores mostra um decréscimo nos constrangimentos de rapidez e precisão do setor A para o setor C, o que explica as diferenças de estrutura etária constatadas nesses três setores.

Conhecimento do funcionamento da empresa

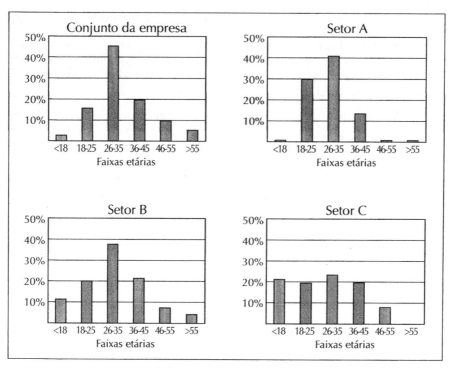

Figura 18 *— Estrutura de idade numa empresa e em três setores dessa empresa.*

Freqüentemente é preciso proceder a um longo trabalho de pesquisa: interrogar os departamentos que podem ter esses dados, interrogar os mais velhos nesses departamentos, que podem se lembrar de como foram arquivados. Às vezes, é possível encontrar dados sobre a evolução das qualificações, o que não deixa de ter interesse; mas sabe-se que, entre as qualificações formais, o trabalho e suas condições de execução, pode haver diferenças.

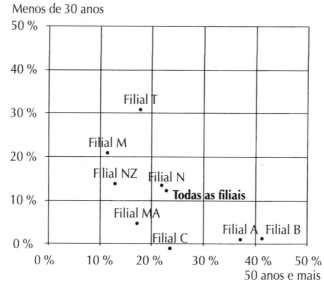

Figura 19 *— Idade e emprego numa empresa com várias filiais.*

A mobilidade interna está ligada, na maioria dos casos, a dois tipos de motivo:

- Ou se inscreve em percursos profissionais organizados: começa-se como operário na máquina, passa-se a fazer pequenos reparos, para terminar como mecânico de manutenção, por exemplo; é o que explica as estruturas de idade estratificadas nessas funções, que podem ser encontradas nos arquivos da empresa.

- Ou se relaciona a flutuações da produção que implicam em variações de pessoal: o setor de pagamento precisa de reforço na última semana do mês, uma parte terceirizada da produção volta por alguns dias à empresa, um serviço hospitalar passa por uma redução de leitos, etc.; nesses casos, são os supervisores dos departamentos envolvidos que negociam entre si essas permutas de trabalhadores; conhecem seus itinerários, suas "capacidades" em executar sua tarefa, sua personalidade, os motivos dessas transferências e dos postos que lhes foram atribuídos; é pois junto a eles que se podem obter informações sobre essa mobilidade.

É ao recolher esses dados e informações que podem então ser levantadas questões que nortearão a busca de dados e informações complementares:

- Por que a predominância de jovens nessa estrutura de idade? Será o efeito de uma seleção decorrente das condições de trabalho penosas, e quais são (restrições de tempo, turnos, exigências de esforço, postura, novas técnicas; Fig. 18)? Será conseqüência de uma fase de expansão da empresa e, portanto, de uma contratação maciça de jovens num período muito curto?

- Por que nesse setor ou departamento há, em relação a outros, muito mais "velhos" na estrutura de idade? Estima-se que nesses postos as condições de trabalho sejam mais "suaves"? Requerem competências particulares adquiridas com a experiência? Tecnologias antigas são usadas? No setor mais "jovem" as condições seriam "duras", usam novas tecnologias?

É preciso insistir na pesquisa de uma evolução das populações e não somente pôr em evidência o retrato de um dado período. É essa evolução que é significativa e que permite fazer previsões para o futuro. Trata-se então de reconstituir essa evolução buscando dados dos anos anteriores (Figs. 20 e 21).

A estrutura de idade de um departamento em 1992 é comparada à desse mesmo departamento em 1995. Para facilitar a comparação, a de 1992 é projetada para 3 anos depois, mostrando como seria essa estrutura de idade se todas as pessoas presentes em 1992 ainda estivessem presentes em 1995. Para cada faixa etária a diferença na vertical entre as duas curvas indica o saldo das entradas e saídas nesses 3 anos.

Constata-se no caso em questão que o saldo é negativo para as faixas jovens.

Uma vez reunidos e interpretados esses dados, podem-se então especificar as questões que eles colocam em termos de condições e organização do trabalho e formação, e orientar a análise da atividade para certos postos, assim escolhidos. Além disso, esses dados ajudam na interpretação dessas análises.

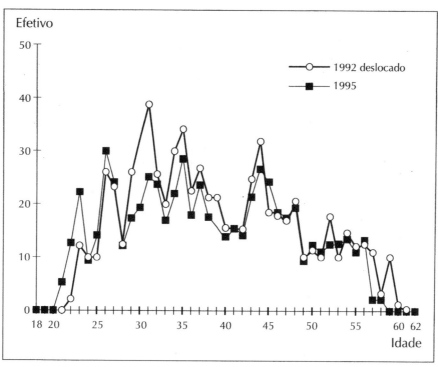

Figura 20 — *Evolução da estrutura de idade dos trabalhadores de uma empresa.*

A comparação direta entre duas estruturas de idade pode ser feita simplesmente superpondo gráficos com as porcentagens das faixas etárias. Mas esse procedimento não é possível caso a comparação envolva mais de duas populações. Podem-se então adotar indicadores sintéticos; dentre eles, o mais corrente, a idade média, nada diz sobre a dispersão. Uma representação em diagrama triangular permite resolver em parte essas dificuldades; baseia-se numa repartição em porcentagens de cada população segundo três grandes faixas etárias (por exemplo: menos de 30, de 30 a 49, de 50 e mais). Uma dada população é então representada por um ponto correspondente à porcentagem de "jovens" na ordenada, e de "velhos" na abscissa; a faixa etária intermediária corresponde então à porcentagem complementar. Tal gráfico se lê da seguinte maneira: quanto mais próximo o ponto de uma população (de um setor, departamento, ou empresa) se situa na parte superior do gráfico, mais essa população contém "jovens"; quanto mais o ponto se aproxima da origem dos eixos, mais é composta por "pessoas de meia-idade"; quanto mais à direita, mais "velhos" há; uma repartição igual entre essas três faixas etárias daria um ponto correspondente a 33% nas duas coordenadas.

Constata-se nesse diagrama (Fig. 21) que, entre 1975 e 1990, a proporção dos operários de menos de 30 anos diminuiu e que a dos com mais de 45 anos permaneceu estável, de modo que a proporção dos operários cuja idade está entre 30 e 44 anos aumentou nesse setor de produção.

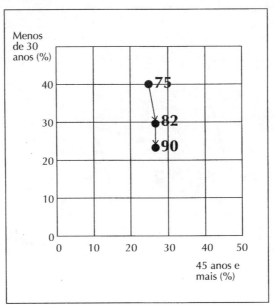

Figura 21 — *Estrutura de idade da população de trabalhadores do ramo da "construção de material terrestre".*

Numa empresa, um prêmio é constituído dos seguintes elementos:

- 50% pela quantidade de produção;
- 30% pela qualidade; e
- 20% pelas relações de trabalho e pontualidade.

Uma nota é então calculada mensalmente pelo chefe de equipe, dando direito a um prêmio proporcional. Mas uma diminuição da nota faz imediatamente com que o prêmio passe a um nível inferior, enquanto que, para passar para o prêmio superior, é necessário manter-se a mesma nota durante três meses consecutivos. Assim, as operadoras tendem a privilegiar a quantidade de produção; no entanto, devem "consertar" seus erros sem que esse tempo suplementar seja pago. Constata-se que o compromisso entre quantidade e qualidade é gerido diferentemente pelas jovens e pelas mais velhas; estas últimas privilegiam a qualidade à custa de uma baixa em seu salário. ☐

Numa equipe constata-se que os operários dividiram as tarefas de modo que as mais penosas fisicamente sejam realizadas pelos mais jovens. Ocorre que está prevista uma reorganização que vai suprimir o trabalho de equipe e atribuir uma tarefa definida a cada um, trazendo o risco de colocar os mais velhos numa situação difícil. ☐

A construção de tais dados permite elaborar roteiros da evolução futura: por exemplo, levando-se em conta a estrutura de idade de um certo período, prevêem-se as características futuras da população (estado de saúde, porcentagem de deficiências, qualificações, etc. em cada faixa etária). Esse tipo de projeção permite identificar as prioridades de análise e de ação a realizar.

A ausência de contratação de jovens durante 10 ou 15 anos resulta numa estrutura em que predominam as idades médias (40-45 anos); se essa política se mantiver por mais alguns anos, essa estrutura vai se deslocar progressivamente para idades cada vez mais avançadas; os riscos são então de saídas em massa quando chegar a idade da aposentadoria, com perdas de competências para a empresa. Mas uma política de contratação não pode, apesar de tudo, reconstituir uma estrutura de idade equilibrada; será preciso então levar em conta o envelhecimento da população na concepção dos meios de trabalho e nos planos de formação.

> *Uma empresa de construção de máquinas pesadas passa a terceirizar numerosas atividades do tipo: faxina, segurança, pequenas montagens, etc. A população de trabalhadores dessa empresa envelhece em função de uma suspensão das contratações; a taxa de lesões osteo-musculares aumenta a cada ano; até então, os postos ditos "suaves" permitiam a reclassificação dos trabalhadores mais velhos; a terceirização elimina essa possibilidade; os trabalhadores mais velhos devem permanecer nessas condições, correndo o risco de continuar a ver sua saúde se degradar, ou serem excluídos. Os problemas, por não terem sido antecipados, tornam-se de difícil resolução a curto prazo.*
>
> *Numa empresa, em dois postos de trabalho é feito o acabamento do produto; esses postos requerem uma competência muito grande, que só se adquire com a experiência; a direção percebe que esses dois postos são ocupados por operários que vão atingir a idade da aposentadoria em alguns meses; como formar substitutos num prazo tão curto, se foram necessários anos nesses postos para eles darem conta desse trabalho?*

A análise das características das populações coloca um problema ético; de fato, pode favorecer políticas de seleção e demissão tendo como alvo os grupos que apresentam problemas somente do ponto de vista da produtividade. Sabe-se que a palavra "envelhecimento" traz muito mais a conotação de "declínio" do que de competência em função da experiência. Assim, é necessário assegurar sua inscrição numa perspectiva de melhoria das condições de trabalho e de manutenção do emprego enunciada claramente pela direção e que, nesse contexto, o conhecimento da diversidade da população e de sua evolução possa ajudar a especificar os meios a serem empregados para realizar essa política.

Por outro lado, ações orientadas unicamente para uma acomodação das situações de trabalho dos grupos "frágeis" podem isolá-los, ao lhes dar um estatuto privilegiado, e diminuir sua mobilidade qualificativa. É, portanto, necessário refletir sobre os efeitos de tais análises antes de realizá-las e de difundir seus resultados na empresa; em particular, é útil associá-las a propostas claras de política de pessoal, de formação, de adaptação da organização e das condições de trabalho que tornem possível manter esses trabalhadores empregados e valorizar suas competências. Qualquer ação em seu favor deve também levar a uma melhoria da situação de todos.

2 — Análise do trabalho e emprego

Em todas as ações ergonômicas que tenham por objeto a transformação do trabalho, as questões relativas ao emprego são centrais.

Elas dizem respeito, antes de mais nada, ao volume do emprego; essa questão mantém laços estreitos com políticas que conduzem a decisões de reestruturação, ou com decisões relativas a evoluções guiadas por uma busca, às vezes simplista, de ganhos de produtividade. Essas mudanças são freqüentemente pretexto para reduções de efetivo, sem que se leve em consideração a evolução do conteúdo dos empregos, nem as conseqüências que essas reduções podem suscitar em termos de disfunções ou de efeitos contraditórios com os objetivos esperados.

Elas estão, em seguida, relacionadas à evolução do conteúdo dos empregos, que pode estar mais ou menos diretamente ligada a evoluções tecnológicas, organizacionais, de estratégia comercial, etc.

Enfim, e em conseqüência, devem ser referidas a fenômenos de intensificação do trabalho. No entanto, esta freqüentemente só aparece de maneira difusa, não sendo possível abordá-la através das ferramentas clássicas de gestão. De fato, essas ferramentas são centradas na gestão do tempo, na produção quantitativa, e quase não levam em conta o conteúdo do trabalho, principalmente as relações deste com a saúde.

A análise dessas questões é particularmente delicada, em especial num período em que o objetivo do desempenho econômico está permanentemente priorizado e é apresentado como o principal motor de uma mudança necessária ao desenvolvimento da empresa. No entanto, paralelamente aos processos de "modernização" em curso, o conteúdo dos empregos se vê modificado, e o nível do emprego se vê freqüentemente ameaçado.

Assim, não é raro que a natureza das decisões que as empresas são levadas a tomar para realizar as transformações desejadas, ou os caminhos escolhidos para chegar a elas acabem tendo resultados sensivelmente diferentes dos previstos. As perspectivas de desempenho dos investimentos técnicos ou organizacionais, sua eficácia sócio-econômica, sua rentabilidade financeira, podem então não ser atingidas, e as conseqüências sociais não-antecipadas podem pôr em risco o projeto.

3 — Produtividade do trabalho e volume de emprego

O diretor de uma empresa pertencente a um grande grupo industrial é "instado" por sua direção geral a obter ganhos de produtividade, e isso principalmente no setor de eletrólise. A atividade dessa empresa, líder no mercado francês, é o tratamento de superfícies. A empresa exporta sua tecnologia para diferentes países, e os resultados financeiros, segundo os especialistas, não são tão desastrosos quanto parecem à direção da empresa.

Para a direção a solução é simples, reduzir o efetivo; um plano de demissões por motivos econômicos é então decidido: num efetivo de 150 trabalhadores, 20 entre os mais velhos estão envolvidos.

A comissão de fábrica contesta essa perspectiva e manda fazer um estudo por uma equipe de consultores com competência em contabilidade, economia, sociologia e ergonomia.

Durante três dias, o conjunto das situações de trabalho da empresa fica acessível à equipe.

A análise do trabalho do conjunto dos trabalhadores põe em evidência a complexidade do trabalho dos operadores do setor envolvido pelo plano. A atividade de controle aparece como essencial e só é possível e eficiente por causa do saber-fazer dos operadores e da eficácia da cooperação. No entanto, apesar das intervenções preventivas dos operadores, o número de incidentes permanece elevado e obriga a uma atividade de conserto fisicamente penosa para os operadores e dispendiosa no plano da produção. Segundo a chefia, sem a perspicácia e a capacidade de antecipação dos operadores, a produção do setor estaria longe de atingir a tonelagem atual, e o nível de qualidade cairia.

O relatório do estudo é entregue à empresa e, finalmente, o plano "social" inicial é reconsiderado porque o número previsto de supressões de emprego poderia ter conseqüências negativas sobre o funcionamento da empresa e seu desempenho, e o objetivo inicial de ganhos de produtividade não poderia ser atingido. Decide-se finalmente que serão demitidos dez trabalhadores.

O conteúdo da negociação entre os parceiros sociais foi sem dúvida determinante, mas os resultados da análise do trabalho não deixaram de influenciar a evolução dos pontos de vista, que levaram à elaboração desse compromisso. Por exemplo, a escolha das pessoas envolvidas no plano de demissões não foi definida estritamente a partir de critérios de idade, como se previa inicialmente, e os "saber-fazer" indispensáveis ao bom funcionamento do setor foram um dos critérios para a elaboração das escolhas.

Fica claro que a lógica que prevaleceu na decisão inicial da direção da empresa estava ligada a uma representação do trabalho considerado enquanto custo, modelo coerente com aquele que definia os critérios de gestão e extremamente comum e dominante nas empresas, para as quais parece mais fácil pensar uma gestão pelos custos do que pelo valor do trabalho. Na busca da produtividade, a solução que prevalece então é aumentar o valor da razão produção/efetivo. Na medida em que as ações que permitem levar a uma variação positiva do numerador são hipotéticas, que tudo se passa como se não houvesse solução capaz de organizar o trabalho de maneira que ele seja produtor de um valor que ultrapasse seu custo, então a solução a que se recorre normalmente, por ter um efeito imediatamente mensurável, consiste em diminuir o valor do denominador.

No entanto são numerosos os exemplos que mostram a ineficácia, a longo prazo, desse tipo de decisão.

Essa representação do trabalho, que diz respeito a aspectos tanto econômicos quanto organizacionais, faz com que certos conceitos orientem amplamente os atos de gestão do emprego:

- O trabalho é considerado como um custo a ser reduzido.
- O trabalho é visto como indiferenciado, enquanto que os empregos são cada vez menos parecidos.
- O conjunto é visto essencialmente em termos do número de trabalhadores que o compõe, e não em termos da qualidade e da organização de competências que ele representa.
- O homem é, antes de mais nada, uma fonte potencial de erros e de criação de panes, e precisa ser ajudado a não cometê-los, quando na realidade é capaz de aprender como não errar.
- Os "velhos" constituem uma população da qual é preciso se livrar, nos períodos de crise no emprego, quando na realidade são uma fonte de competências transferíveis.

- Potencialmente, a "exclusão" do trabalho pode iniciar-se desde o ingresso da pessoa na empresa; o trabalho deixa neles suas marcas, fragilizando-os e marginalizando-os.

A análise que os ergonomistas são capazes de desenvolver baseia-se justamente na compreensão e explicação das contradições entre o conteúdo dos modelos de gestão e os fracassos de sua utilização. Apesar disso, a experiência mostra que freqüentemente os ergonomistas hesitam em desempenhar um papel ativo no tratamento das questões do emprego:

- Sem dúvida porque tais questões são objeto de conflitos entre a direção das empresas, os trabalhadores e seus representantes, e porque a ergonomia construiu-se e se desenvolveu mais amplamente no terreno da competência técnica.

- Talvez também porque não é reconhecida *a priori* a legitimidade dos ergonomistas no terreno da negociação social, e têm portanto de demonstrá-la e desenvolver, para isso, uma análise mais bem conectada à resolução das questões sociais e econômicas e, com isso, fazer evoluir suas próprias práticas.

Uma empresa de limpeza industrial ganha uma concorrência, pois ela é a mais próxima e propõe um nível de prestação de serviços coerente com o memorial descritivo.

Em conformidade com as leis trabalhistas, o conjunto dos trabalhadores que a empresa anterior empregava é contratado pela nova empreiteira. Assim que o novo serviço é implantado, os trabalhadores da empresa de limpeza entram em greve, pois o plano de reorganização do trabalho que a direção da empresa deseja aplicar não foi discutido com seus representantes. O conflito diz respeito à relação entre o volume de trabalho estimado, a qualidade esperada em termos de resultados, e o tempo a ser dedicado a ele. Concretamente, esse plano prevê que a redução do número de horas de trabalho e do número de trabalhadores nesse serviço, em relação à situação antiga, será compensada por uma maior eficácia do trabalho, e que esse objetivo pode ser atingido modificando-se a maneira como o trabalho era planejado, formando os trabalhadores em novos modos operatórios e usando novas ferramentas de trabalho.

Essa decisão se materializa, em particular, no fato de que certos trabalhadores ficarão em tempo integral no serviço, enquanto alguns ficarão em outros locais, e haverá, ainda, uma equipe que realizará suas atividades deslocando-se entre várias empresas. □

Um estudo é encomendado pelas duas partes e o conflito foi temporariamente suspenso durante o estudo. Num primeiro momento, um diagnóstico é realizado numa amostra dos serviços prestados pela empresa, alguns equivalentes ao que é objeto do conflito, e outros diferentes. Esse diagnóstico revela a diversidade das condições de realização, os níveis de exigência muito diferentes quanto aos resultados, procedimentos de controle mais ou menos sofisticados, a multiplicidade das interferências entre os usuários dos lugares a serem limpos e os empregados da empreiteira.

Em suma, os resultados do diagnóstico revelam o que de maneira geral toda análise do trabalho mostra: a variabilidade do trabalho a realizar e, portanto, as múltiplas iniciativas que os trabalhadores são levados a tomar para fazer o que lhes pedem e atingir os objetivos contratuais.

> *Após esse diagnóstico, os ergonomistas propõem realizar uma experiência para verificar se as propostas da direção da empresa tornam possível cumprir o que foi assumido na concorrência, e que conseqüências acarretam para os trabalhadores em termos de carga de trabalho. Os resultados da experiência evidenciam que as variáveis consideradas para os cálculos de rendimento, em quantidade de metros quadrados por hora, para a definição dos horários das pausas, para a elaboração dos modos operatórios, para a avaliação da limpeza, não levaram em conta os fatores essenciais de variabilidade e não integraram com suficiente precisão as características da nova situação.*
>
> *Por exemplo, a empresa contratante pratica horários variáveis e seus empregados chegam antes dos trabalhadores encarregados da limpeza, o que atrapalha o trabalho destes. Contrariamente ao que lhes é pedido, os empregados da empresa contratante não deixam suas salas em ordem, e reclamam quando não encontram seu espaço de trabalho tal como o deixaram. As ferramentas disponíveis para a limpeza se adaptam mal à grande variedade de configurações dos locais e dos pisos. As janelas a limpar são inacessíveis, pois mesas estão colocadas contra a parede. Existe um único local de armazenamento de material de limpeza, embora o trabalho tenha de ser feito em quatro andares. Os critérios de avaliação da empresa de limpeza e da empresa contratante não são os mesmos, etc.* ☐

Essa experiência pôs em evidência que o projeto de reorganização em que se baseava o preço da proposta para a concorrência, ao ter como hipótese uma redução do efetivo com base nas normas de produção em vigor na profissão, não era suficientemente realista para ser eficaz.

Se o elemento desencadeador da ação ergonômica foi o conflito, percebe-se o interesse que podem ter a análise do trabalho e o recurso ao conhecimento de situações de referência. Dessa forma cria-se uma visão antecipada indispensável para a definição de um projeto.

Referindo-se ao exemplo anterior, a empresa de limpeza teve de colocar mais gente trabalhando nesse serviço para atender a suas obrigações, voltando a uma situação próxima da inicial. A empresa contratante, por sua vez, modificou o memorial descritivo, para evitar que nas futuras concorrências se reproduzisse uma situação análoga.

4 — Condições de realização do trabalho, conteúdo do trabalho, e gestão implícita do emprego

O trabalho, em função dos modos de administração nas empresas (políticas de gestão do emprego e das competências, condições e organização do trabalho, gestão social), assim como das características dos indivíduos, pode tanto contribuir para a inserção dos trabalhadores quanto para sua fragilização, sua marginalização e, finalmente, sua exclusão. Esta última, que corresponde à perda do emprego, é pois um momento singular num processo.

A gestão do emprego é sem dúvida uma variável de ação essencial para as empresas, principalmente em períodos de busca de melhor desempenho, em que decisões às vezes precipitadas são tomadas numa óptica de redução dos custos diretos. Essas decisões atingem freqüentemente populações que foram fragilizadas em seus percursos profissionais. No entanto a direção das empresas raramente enfrenta essa questão, a não ser quando confrontada diretamente com seus efeitos.

Pela maneira como se organizam as empresas (freqüentemente em funções compartimentadas) e pelos referenciais que guiam a ação dos que decidem (critérios de gestão), fica difícil o acesso à compreensão desses fenômenos, e mais ainda para o nível da gerência. Esse desconhecimento e a dificuldade que dele resulta para colocar corretamente os problemas, bem como a ausência de reação em que isso implica, são afinal dispendiosos não somente para a empresa e os trabalhadores diretamente envolvidos, mas também para a sociedade.

Uma empresa que fabrica suturas cirúrgicas deseja aumentar sua capacidade de produção. Esse projeto deve levar a investimentos imobiliários, a produção deve ser mais automatizada e a evolução da organização do trabalho deve contribuir para aumentar o desempenho da empresa. Esse projeto de investimento dará ensejo à contratação de várias dezenas de pessoas essencialmente para a produção. No momento do estudo, o efetivo total era de 170 pessoas

Paralelamente a análises da produção das suturas e da maneira como se obtém qualidade, os ergonomistas realizam um estudo das características demográficas da população da fábrica. O esquema da Fig. 22 fornece uma representação das entradas e saídas de pessoal entre a data de criação da empresa e o momento do estudo. A primeira constatação é que os trabalhadores envelhecem de maneira muito diferente na empresa.

Das duas primeiras levas de contratação, permanecem, respectivamente, 90% e 77% da população. Os trabalhadores têm mais de 7 anos de casa no momento do estudo, alguns deles estão lá desde a criação da empresa (18% dos trabalhadores deixaram a empresa).

Nas três levas seguintes, respectivamente 45%, 70% e 48% da população saiu antes de 3 anos, tendo a maioria das saídas ocorrido nos 6 meses seguintes à contratação.

A análise revela, entre outras coisas, que:

- A eficiência da contratação é baixa; é preciso praticamente contratar duas pessoas para aumentar o efetivo em uma pessoa.

- Dez anos após a criação da empresa, a política de gestão de emprego evolui rapidamente, o número de pessoas empregadas com contratos de duração determinada torna-se próximo a 80%, sendo estes utilizados como um filtro para selecionar as pessoas capazes de resistir aos constrangimentos do trabalho, para as quais o emprego será estabilizado na forma de um contrato de duração indeterminada.

- Onde os constrangimentos do trabalho são mais severos (os tempos de ciclos variam entre 4 e 10 segundos, as exigências visuais são consideráveis e as posturas de trabalho muito rígidas devido à elevada precisão), as trabalhadoras são significativamente mais jovens (enquanto 64% da população feminina na empresa tem menos de 35 anos, nesses postos são 85% as com menos de 35 anos).

- No entanto, apesar da evolução da prática de recrutamento, a população envelhece. De fato, a última leva de contratações é composta por trabalhadores jovens (68% tem menos de 25 anos), mas a média de idade das saídas, que era de 35 anos antes da terceira leva de contratações, passa a ser inferior a 25 anos para as últimas contratações; as pessoas recentemente contratadas dificilmente ficam na empresa.

- A população é recrutada cada vez mais longe da fábrica, como se a reserva de empregos se esgotasse. Na realidade, não é esse o caso, e as dificuldades de recrutamento estão ligadas à degradação da imagem da empresa.

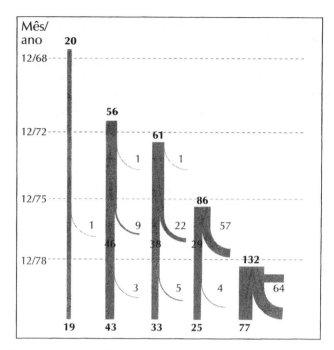

Figura 22 — *Fluxo de pessoas em termos de ingressos e saídas.*

- A análise da evolução dos resultados da produção põe em evidência problemas de qualidade significativamente mais sérios nos períodos em que são mais numerosos os trabalhadores com menos tempo de casa.

- A política de remuneração dá um peso exagerado à quantidade produzida, para a atribuição dos prêmios, mas coloca as operadoras frente a contradições difíceis de administrar. Embora a qualidade da produção não tenha prioridade na remuneração, quando o controle de qualidade detecta muitas peças ruins, as operadoras devem reparar os defeitos durante seu tempo de trabalho, sem ser pagas para isso (já que essa atividade não é contabilizada).

- Os supervisores reclamam que não podem realizar corretamente seu trabalho, em particular no que diz respeito à gestão de produção (relações com o departamento de compras, a manutenção, etc.), e à formação das jovens contratadas.

- O departamento de pessoal passa a maior parte do seu tempo a administrar um fluxo de contratações, sem poder estabilizar os novos empregados na empresa. □

Uma das hipóteses que esses resultados sugerem é a existência de uma correspondência entre esses fluxos e uma política de gestão do emprego (jogando com a flexibilidade externa). No entanto ninguém na empresa parece estar realmente consciente da amplitude do fenômeno posto em evidência, nem de suas causas profundas, nem mesmo de sua evolução, e menos ainda da maneira em que ele poderia informar as decisões de gestão para melhorar o funcionamento da empresa e seus resultados.

Pode-se então procurar saber se o que o estudo revelou é o reflexo de uma política de gestão do emprego consciente, ou se esta é somente o resultado não-controlado de um conjunto de contradições que cada um gerencia em seu próprio nível com base num conjunto de critérios específicos e não-coerentes.

O conjunto das análises (população, atividade, resultados quantitativos e qualitativos de produção) e sua articulação apresentam um grande interesse, pois estão conectados ao projeto de investimento e contratação. De fato, a relação estabelecida *a posteriori* entre as características do conteúdo e da organização da produção, bem como a gestão dos recursos humanos, permite melhor compreensão de como os itinerários profissionais se constroem e podem levar à fragilização dos trabalhadores.

> *Por exemplo, naquela empresa, as estruturas de idade são diferentes conforme o setor de produção. As operadoras que fazem a bobinagem das ligaduras são mais velhas que as que fazem o embutimento, e as que fazem a embalagem são mais velhas ainda. Essas duas populações mais velhas, menos numerosas, têm mais tempo de casa, experiência, e passaram pelos outros setores da produção.*

O conhecimento do trabalho e das maneiras como é realizado é necessário para se compreender como as trajetórias que ameaçam os trabalhadores com a perda do emprego são construídas no próprio exercício da atividade de trabalho. A identificação dos fatores estruturantes do trabalho justifica-se para recompor a maneira como eles se organizam e para compreender a maneira como agem em processos que se procura evitar através de um controle maior.

5 — Intensificação do trabalho, emprego e saúde

Um dos objetivos da ação que o ergonomista conduz é que esta tenha efeitos positivos sobre o emprego, tanto em seu conteúdo quanto em seu volume.

Ora, nada garante que esse anseio, freqüentemente compartilhado, seja atingido, a não ser que se dedique a ele a devida atenção. De fato, na maior parte dos projetos de mudança se coloca a questão legítima da eficiência dos investimentos, da formação, ou da evolução da organização do trabalho e, portanto, a questão da possibilidade para os trabalhadores de investir em seu trabalho. Mas é possível também que isso nem sequer chegue a ser discutido, por absurdo que pareça.

> *Por ocasião do lançamento de um novo conceito de veículo, uma montadora de automóveis faz um contrato de terceirização com uma empreiteira que deverá entregar "just-in-time" certos elementos da cabine do veículo. A escolha desse modo de organização impõe exigências intensas à empreiteira. A seqüência de produção dos diferentes veículos tem conseqüências sobre a variabilidade da atividade dos operadores que realizam as montagens nessa empresa. A variedade da atividade, que "a priori" se poderia considerar benéfica, é substituída por constrangimentos temporais consideráveis e não-negociáveis e por encadeamentos de produtos desfavoráveis à estabilização de modos operatórios. O número de queixas de dores articulares cresce e logo as primeiras afecções periarticulares se manifestam.*
>
> *Numa empresa do setor terciário, a direção deseja que cada agente contribua para a atividade comercial da empresa. Os agentes são, portanto, constrangidos a passar de situações de retaguarda a situações em que mantêm contato com a clientela, e isso sem que uma formação aprofundada*

> *tenha sido realizada, mas com uma pressão intensa para que vendam contratos de prestação de serviços. O médico do trabalho fica preocupado com o número elevado de licenças devido a distúrbios psicopatológicos ligados ao trabalho.* ☐
>
> *Uma empresa inicia negociações sobre a organização do tempo de trabalho. O que está em jogo, de comum acordo entre a direção, os sindicatos e os trabalhadores, é sobretudo a preservação do volume do emprego. Um acordo é assinado, o número de empregos mantém-se o mesmo e o número médio de horas trabalhadas por semana decresce, para a satisfação dos sindicatos. Pouco tempo após a assinatura do acordo — e isso sem que a organização do trabalho tenha fundamentalmente mudado — constata-se que a produção individual aumentou: satisfação para o diretor da empresa, decepção para os trabalhadores.* ☐

Uma característica comum diz respeito à natureza das escolhas de soluções e dos compromissos realizados em relação a limites que parecem ter sido ultrapassados ou estão em vias de sê-lo.

Cada vez mais freqüentemente se coloca a questão da intensificação do trabalho, ou, mais exatamente, do uso que é feito das capacidades cognitivas e fisiológicas dos trabalhadores. Essa intensificação pode ser consciente quando ligada a um aumento deliberado na cadência de trabalho, ou a uma diminuição de empregos mantendo-se a quantidade de produção. Pode ser bem mais insidiosa, às vezes até não-voluntária, mas resulta em efeitos da mesma natureza sobre os indivíduos.

O ergonomista deve, portanto, estar atento a essa evolução do trabalho, que pode conduzir, na prática, a uma degradação da situação dos trabalhadores. Essa atenção deve se manifestar de várias maneiras:

- Na definição de limites a não-ultrapassar.
- Na definição mais clara e não-habitual do que seria bom não fazer.

De fato, em todo processo de mudança, a procura de novas margens de manobra que permitiram vislumbrar evoluções parece natural, tanto mais que essas margens de manobra são objeto de negociações na mudança. Em certos casos, pode ser importante não usá-las, e deixar a critério dos operadores seu uso, em vez de operar mudanças que possam às vezes se revelar engodos e acabar reforçando os constrangimentos que pesam sobre os operadores.

Essa abordagem é sem dúvida complexa, ainda mais por esse assunto nem sempre ser evidente. Mesmo se é fácil referir-se a uma norma em matéria de exposição ao ruído (sobretudo porque ela já existe e porque sua existência decorre de ter sido isolada artificialmente), quando se trata da intensificação do trabalho, a questão se torna complexa, pois os efeitos das decisões não são imediatos, uma vez que envolvem o indivíduo considerado em sua totalidade irredutível.

6 — Os dados coletivos e a saúde

Os danos à saúde só podem ser apreendidos de maneira coletiva, pois todo dano individual é protegido pelo sigilo médico; eles orientam a formulação das questões e a escolha das análises da atividade.

> *Um aumento significativo na freqüência da síndrome do túnel de carpo vem ocorrendo há um ano entre as trabalhadoras do setor de embalagem de compressas médicas, desde quando, por motivos comerciais, foi introduzida uma modificação na forma das caixas das compressas. As trabalhadoras explicam que as novas caixas são um pouco menores que as antigas; elas precisam então aumentar a pressão nos pacotes de compressas para fazê-los caber nesse volume menor. Um leve aumento na força exercida pela mão, de maneira repetitiva, bastou para que fosse ultrapassado o limiar de aparição dessa síndrome.* ☐

Esses dados coletivos podem se basear em indicadores indiretos (acidentes de trabalho, licenças médicas, etc.) ou diretamente no estado de saúde das populações envolvidas; no segundo caso, os dados só podem ser fornecidos pelos serviços médicos de forma anônima e já processada (tipo e porcentagem de danos e distúrbios infrapatológicos, etc.). O relatório anual da Medicina do Trabalho já fornece elementos interessantes, mas freqüentemente gerais demais para orientar a abordagem ergonômica; assim, é útil pedir aos serviços médicos especificações por setor, tipo de posto de trabalho, faixa etária, qualificação, etc. e isso para vários anos, o que pode ajudar na identificação dos "pontos sensíveis". Além disso, o registro dos pequenos atendimentos na enfermaria é também uma fonte de informações que não se deve negligenciar. Por fim, o médico do trabalho, os enfermeiros e enfermeiras, cada um em seu campo, podem ajudar na interpretação dos dados recolhidos.

Muitas vezes, esses dados são organizados por categorias de patologias (classificação da OMS*, por exemplo). Classificações em termos de deficiências (limitação das amplitudes articulares, por exemplo) são interessantes para avaliar as limitações em relação às situações de trabalho (uma limitação respiratória, qualquer que seja sua causa, é mais debilitante para um pedreiro que para uma laboratorista). Enfim, os distúrbios ditos "infrapatológicos" (dores de cabeça, distúrbios do sono, dores articulares, etc.), os distúrbios do comportamento (irritabilidade, perda de interesse pela leitura, pelos contatos sociais, etc.) são sinais de sofrimento que podem ter origem, em parte, nas condições de trabalho.

Mas esses dados são sempre parciais; mesmo ao médico do trabalho, o trabalhador não revela todos os seus problemas de saúde; pode achar que alguns deles não têm ligação com o trabalho, ou minimizá-los por medo de ser declarado não-apto e se arriscar a perder o emprego; os distúrbios da vida psíquica e sexual raramente são mencionados pelo trabalhador ou abordados pelo médico do trabalho. Nem todos os acidentes de trabalho são declarados, para minimizar seu custo; as faltas por doença são muito vigiadas, malvistas, às vezes até punidas de maneira informal (mudança de posto de trabalho, perda de prêmios, recriminações dos colegas que têm de assumir o trabalho, etc., constituem formas variadas de pressão para não faltar).

Enfim, não se pode esquecer que a seleção ocorre de maneira permanente: por exemplo, os operadores que estão em postos "pesados" são aqueles que ainda estão em condições de poder suportá-los; assim, quando se busca estabelecer relações entre saúde e trabalho, é necessário recensear os que deixaram os postos envolvidos na pesquisa e procurar as razões que podem estar relacionadas a questões de saúde ligadas ao trabalho. Mas essa "seleção" nem sempre ocorre em função da crise no emprego.

> *Numa empresa de refeições industriais, constata-se uma taxa elevada de distúrbios osteomusculares nas trabalhadoras de cozinha com mais de 40 anos e mais de 10 anos de casa; em função de seu estatuto precário, não têm direito à reclassificação em outros serviços; a análise*

---

*OMS, Organização Mundial da Saúde.

do trabalho põe em evidência uma organização coletiva informal que lhes permite conservar seu emprego: essas mulheres mais velhas usam suas competências na "arte culinária" para a realização das receitas e a formação das mais jovens; estas vêm espontaneamente dar uma mão ou substituí-las nas tarefas repetitivas (picar cebolas, etc.) ou que exigem esforço físico (transportar as panelas, etc.).

Assim, é necessário verificar o contexto e as condições nas quais os dados são obtidos, para evitar atribuir-lhes uma significação que não têm.

III — As leis e regulamentações

Certas instalações industriais devem respeitar regras em relação ao seu meio ambiente imediato. Essas diversas exigências podem ser relacionadas, por exemplo, ao ruído, a riscos químicos de poluição atmosférica ou do subsolo.

Uma empresa constrói uma fábrica na qual vai pintar peças de plástico. Toda a legislação foi respeitada. Um sistema de filtragem do ar e cubas de retenção, que permitem recolher os eventuais dejetos poluentes, foram instalados.

No entanto uma associação de moradores se preocupa e pede que o conjunto da fábrica seja isolado por uma bacia de retenção. De fato, em caso de incêndio do estoque de matérias plásticas, temem que a água usada para sua extinção polua o lençol freático, ao escorrer para fora da fábrica. A parte estrutural da obra está concluída; a empresa se vê obrigada a levantar as soleiras de todos os acessos para constituir uma bacia de retenção em toda a área da fábrica. Essa decisão implica em mudanças nos acessos à parte interna da fábrica: as soleiras das portas de pedestres passaram a ter 10 centímetros de altura; para o acesso dos veículos de manutenção, foi necessário incluir planos inclinados; etc.

O estudo dos dados relativos a emissões de poluentes atmosféricos ajuda numa primeira leitura das condições de funcionamento de uma instalação; as flutuações nas emissões podem estar ligadas à natureza do que se produz.

Mas o controle sobre a emissão externa de poluentes pode ser também um indicador pertinente do estado de encardimento de uma instalação, da estabilidade do funcionamento de um processo contínuo, mas também de problemas de operação, tais como sucessivas paradas e partidas da instalação, ou constantes ajustes de seus parâmetros de funcionamento.

Em certos ramos de atividade, o funcionamento da empresa é fortemente limitado por disposições jurídicas ou regulamentares específicas. Será então necessário identificar esses elementos, sem os quais é impossível compreender alguns dos constrangimentos nos quais se insere a atividade dos operadores.

Para a fabricação de autopeças utilizadas nos sistemas de segurança dos veículos (freios) é indispensável, para cada peça acabada, identificar o lote de peças brutas do qual provém. Isso implica em não misturar lotes de peças brutas durante a usinagem, o que exige uma organização particular da produção e controle do registro de dados.

> Para a fabricação de papel-moeda, a contagem das notas em cada fase da produção estrutura de forma muito diferente o processo de produção em relação à impressão de documentos "similares" mas sem valor monetário. ☐

> Na farmácia de um hospital, o armazenamento e a distribuição da morfina implica numa organização completamente diferente da que existe para a aspirina. ☐

Em certos casos, é uma evolução da regulamentação, não-antecipada pela empresa, que a põe em dificuldade e contribui para a formulação de uma demanda de ação ergonômica.

> A evolução da regulamentação européia em matéria de higiene impõe modificações radicais na maneira de trabalhar da maioria dos abatedouros e das empresas de transformação. Evoluções dos meios de produção e dos locais se impõem. O uso de máscaras ou vestuário específico modifica as estratégias dos operadores, bem como o custo físico de sua atividade. ☐

No início da ação ergonômica, é importante identificar essas exigências regulamentares, não somente a partir da leitura dos textos jurídicos, como também mediante a compreensão das conseqüências que suscitam nos diferentes setores da empresa.

IV — O ambiente geográfico da empresa

O funcionamento da empresa não é independente de seu meio geográfico e climático. O ergonomista deve localizar as questões daí decorrentes para:

- Situar seus períodos de observação em relação às variações sazonais do meio ambiente.
- Integrar esses aspectos nas sugestões de transformação.

> Em países frios ou temperados, a observação durante o inverno da atividade de uma indústria química facilitará a compreensão das dificuldades ligadas ao bloqueio das válvulas pelo gelo. Mas a identificação de períodos críticos, como as tempestades, se revelará impossível. No entanto, nesses momentos, os ajustes eletrônicos e as comunicações por rádio podem ser perturbadas. ☐

> O estado das estradas no inverno, numa região montanhosa e nevada, acarreta uma interrupção nas entregas durante alguns dias. A dimensão da loja passará então pela necessidade de estoques maiores em certos períodos. ☐

> Num vilarejo em que a última coleta postal é às 15 h 30 min, os constrangimentos de tempo para os serviços de secretaria são bastante diferentes dos de uma cidade grande. ☐

Esses fatores assumem uma importância determinante quando o meio geográfico e climático é particularmente hostil (por exemplo, nos países tropicais): a má qualidade da água, as interrupções no fornecimento de energia elétrica, o estado das estradas em certos países, interferem decisivamente no funcionamento das fábricas.

Conhecimento do funcionamento da empresa   **121**

A identificação do contexto geográfico inclui também uma compreensão do parque industrial adjacente. A existência de empreiteiras nas proximidades e o prazo de entrega das peças de reposição em caso de pane terão repercussões consideráveis na organização ideal da manutenção.

Enfim, o contexto geográfico influencia as condições de moradia e transporte dos trabalhadores da empresa e, portanto, as interações entre sua vida fora do trabalho e sua atividade de trabalho: as vantagens e desvantagens de horários em turnos variarão de acordo com o tempo longo ou curto do trajeto, e com o uso de carro próprio ou condução da empresa, etc.

V — A dimensão técnica

O conhecimento do processo técnico é útil por vários motivos:

- Permite ao ergonomista compreender o que ele observa.
- Aumenta sua possibilidade de ação no processo de transformação técnica e contribui para sua credibilidade.

O nível de conhecimento necessário deve ser relativizado. Não é o caso de o ergonomista agindo no setor nuclear tornar-se especialista em fissão, mas pode ser útil a ele se inteirar de alguns princípios de funcionamento de um reator nuclear ou de um alternador, ou participar de uma sessão de formação sobre proteção contra a radioatividade (radioproteção).

O ergonomista, ao atuar em uma indústria de transformação de plásticos, procurará conhecer a diferença entre uma retração e uma queimadura, e ter uma idéia mais ou menos exata do conjunto de razões que podem causar esses defeitos, sem ter de alcançar o nível de competência de um mecânico ajustador de máquina.

O objetivo do processo de aquisição de conhecimentos técnicos é poder dialogar com os operadores cuja atividade será analisada.

Delimitar o nível de conhecimento requerido nem sempre é fácil e depende em grande medida, do objeto da demanda e dos interlocutores. Mostrar-se um novato no assunto pode fazer o ergonomista perder sua credibilidade. Ao contrário, uma preocupação excessiva com o domínio dos conhecimentos técnicos pode levá-lo a centrar suas entrevistas na técnica, em vez de na atividade desenvolvida para o controle do processo, e até mesmo a intimidar seus interlocutores, que, às vezes, podem ter dificuldades para explicar um processo, do qual não necessariamente dominam o conjunto das etapas.

O importante é não perder de vista que a análise da atividade permanece como o objetivo essencial. É ela que deve levar o ergonomista a constituir um outro ponto de vista sobre a técnica.

Um ergonomista participa na concepção de um setor de controle de processos, numa indústria química. Desde o início de sua ação, ele coleta um certo número de informações que lhe permitem esquematizar o procedimento de fabricação a partir dos princípios básicos de funcionamento.

Essa esquematização é acompanhada de uma descrição do desenrolar do procedimento na qual cada material é descrito de maneira autônoma, do ponto de vista de suas funcionalidades, mas também em suas relações com os outros materiais.

> A descrição dos princípios de funcionamento de cada elemento que constitui o sistema técnico permite acompanhar a natureza das transformações na fabricação. Pode ser acompanhada de uma informação sucinta sobre os processos físico-químicos envolvidos.
>
> Paralelamente a essa descrição técnica e funcional do processo químico, poderá ser útil elaborar uma tipologia dos diferentes problemas que os operadores encontram em função de falhas de esfriamento da reação química, de entupimento por alterações na consistência de um produto, e dos lugares onde ocorrem essas disfunções. □

Os dados relativos à tecnologia devem ser situados no contexto da empresa e de sua evolução. Podem dizer respeito:

- Às características das matérias-primas utilizadas, do ponto de vista das variações de sua qualidade em relação com a confiabilidade do processo.
- Às variações sazonais de produção.
- Ao processo técnico; sua compreensão pode ser adquirida:
  - pelo jargão técnico;
  - pelas explicações fornecidas pela hierarquia;
  - pelas explicações dos operadores;
  - pela descrição topológica;
  - pela descrição do processo em termos de fluxo;
  - pela descrição das operações técnicas de transformação;
  - pela descrição das tarefas a realizar;
  - pelos objetivos quantitativos e qualitativos;
  - pelos procedimentos especificados.

Esse primeiro nível de informação permite geralmente:

- Iniciar rapidamente entrevistas com os operadores de sala de controle ou de manutenção.
- Constatar certos defeitos de concepção na instalação, avaliar o nível de coerência dos diferentes componentes do sistema técnico do ponto de vista das atividades na sala de controle.
- Orientar as primeiras observações livres e até mesmo elaborar as primeiras hipóteses de trabalho.

VI — A produção e sua organização

A análise de uma situação de trabalho pressupõe um conhecimento global do processo de produção, tendo em vista atingir uma melhor compreensão das relações que existem entre o trabalho específico de um setor, de um escritório, de um departamento, e o realizado pelo conjunto da empresa.

Esse conhecimento torna mais fácil a análise da organização do trabalho e permite nela localizar as escolhas estratégicas e as opções operacionais que a justificam.

A análise permite localizar as exigências globais de qualidade que podem impor constrangimentos específicos à realização de certas atividades.

Conhecimento do funcionamento da empresa **123**

1 — Os dados qualitativos e sua significação

Após uma demanda de ação ergonômica para a construção de uma estamparia de peças destinadas à confecção de pequenos eletrodomésticos, os ergonomistas visitam a fábrica já existente e descobrem num canto da oficina mal-iluminado algumas operadoras, cercadas de caixas, fazendo uma triagem num lote de peças sobre uma mesa improvisada.

Essas operadoras explicam que aquela tarefa lhes fora confiada, pois há pouco tinham acabado uma produção. Elas ressaltam que não é a primeira vez que isso acontece, e mostram que essas peças estampadas em sua oficina foram recusadas numa unidade de montagem vizinha que nunca visitaram.

Os ergonomistas pedem para visitar essa fábrica e encontrar o responsável pela qualidade.

Observações rápidas realizadas no decorrer dessa visita, bem como entrevista com as operadoras realizando a montagem dos aparelhos, permitem verificar que certas peças não correspondem às exigências de precisão, e que outras apresentam, às vezes, defeitos estéticos inaceitáveis. Estes são visíveis demais no produto acabado. Essas informações são confirmadas pelo responsável pela qualidade, que lhes fornece então informações em números sobre os tipos das peças envolvidas e a natureza dos defeitos encontrados.

Esse levantamento de informações permitiu relacionar as variáveis da atividade das operadoras da fábrica de montagem com as variáveis de qualidade da produção da estamparia.

Essas hipóteses orientaram a análise da atividade de trabalho para o controle que as operadoras da fábrica de estamparia devem realizar, a natureza da formação que receberam, os modos de transmissão das instruções, as relações entre as operadoras nas prensas e os controladores de qualidade. □

2 — Os critérios de qualidade da produção e sua evolução

A partir da demanda do responsável pela formação, um ergonomista atua no setor de embalagem de uma indústria agroalimentar. A demanda inicial diz respeito à formação dos operadores no controle de qualidade. Previamente, o ergonomista se reúne com os responsáveis pelo departamento comercial e fica espantado com o número de cartas da clientela e de associações de consumidores sobre o desrespeito ao peso indicado ou sobre a qualidade do fechamento das tampas dos produtos derivados de leite.

Essas informações levam o ergonomista a descrever as estratégias utilizadas pelos operadores para atingir a produção mais satisfatória possível, que consideram:

- exigências quantitativas de produção, do custo da matéria-prima e do custo dos componentes que entram na composição da embalagem; essas exigências os levam a assumir compromissos complexos;

- a concepção dos dispositivos técnicos, a confiabilidade dos indicadores, a existência ou não de meios de ajuste dos instrumentos de dosagem, sua adequação às características dos diferentes produtos. □

O conjunto dos dados sobre a qualidade da produção nem sempre é perfeitamente dominado pela empresa. A qualidade é muitas vezes considerada como uma conseqüência da produção, e raramente relacionada com o que condiciona a atividade dos operadores.

> Uma ação ergonômica em um estabelecimento de um grande grupo industrial tinha como origem um desentendimento entre a direção e os representantes dos trabalhadores a respeito das relações entre a quantidade de trabalhadores e um projeto de reorganização de dois setores.
>
> A empresa transforma alumínio em folhas finas para a fabricação de componentes eletrônicos.
>
> Entrevistas com os responsáveis pela qualidade demonstram que a qualidade do produto distribuído é adequada, até mesmo boa, em relação à concorrência. As reclamações da clientela e as devoluções são extremamente raras. Uma visita ao laboratório de controle aponta, ao contrário, desvios na qualidade entre o início e o fim das bobinas. Ao visitar o estoque de produto "acabado" antes do recorte, muitos pedaços de fita adesiva ou de papelão marcam trechos inutilizáveis nas bobinas.
>
> Finalmente, após ter confrontado as diferentes percepções do que a qualidade representa e os dados disponíveis em diferentes departamentos, descobre-se que, para entregar 1 quilograma de alumínio transformado de boa qualidade, é preciso utilizar 2 quilogramas de matéria-prima.
>
> Um acompanhamento da produção num posto de trabalho durante 8 horas mostra que numerosas disfunções levam a paradas das máquinas sem que, na maior parte das vezes, os operadores tenham condição de antecipá-las. Nessas paradas, o processo químico em andamento provoca uma degradação da qualidade da folha de alumínio que está sendo transformada e leva os operadores a destruir quantidades consideráveis de matéria-prima.
>
> Essa situação revela as dificuldades que os operadores encontram para recolher informações confiáveis e úteis a sua conduta.
>
> Essas primeiras investigações levam os ergonomistas a centrar sua análise sobre as possibilidades que os operadores têm de controlar a qualidade dos banhos de eletrólise, levando-se em conta o número considerável de máquinas que cada um deles tem de monitorar, em relação à sua implantação, os meios de controle, os materiais de que dispõem para os reparos de urgência, a natureza da formação recebida e as instruções de trabalho que lhes são dadas. □

A busca de indícios sobre a qualidade que podem ser relacionados com a atividade de trabalho nem sempre é fácil. Todavia pode-se proceder a certas investigações cujos resultados ajudam nas entrevistas com o departamento de qualidade e com os operadores:

- É importante "revirar as latas de lixo"; nelas se acham traços de disfunções diversas de uma máquina e suas conseqüências sobre a produção.
- O recolhimento dos dejetos da produção pode informar sobre os indícios que usam os operadores para fabricar um produto de boa qualidade e o momento em que decidem chamar o mecânico ajustador da máquina.

> A direção de uma empresa quer modernizar seu setor de prensas e deseja, nessa ocasião, mecanizar certas operações. Pretende fazer escoar as aparas de peças por uma esteira rolante. Os operadores se opõem. Até então, essas aparas caíam numa gaveta situada sob a matriz da prensa, e o

lubrificante que recobre e protege a folha metálica faz com que fiquem empilhadas. Durante as observações da atividade dos operadores, os ergonomistas constatam que os operadores retiram periodicamente essa gaveta e observam as aparas. Eles explicam que, enquanto a prensa estiver bem-regulada, as aparas ficam perfeitamente empilhadas. ☐

A presença do ergonomista durante fases de ajuste de uma máquina lhe permitirá recolher o lote das peças fabricadas durante essa fase específica, cujo objetivo é atingir um nível de qualidade compatível com as características de funcionamento da máquina em fase de produção.

3 — Os dados quantitativos sobre a produção

Se os dados relativos à qualidade nem sempre estão bem-estruturados, nem acessíveis de modo fácil ou direto, os dados quantitativos são múltiplos. Estão disponíveis em muitos locais da empresa e espera-se que eles reflitam sua atividade:

- A tonelagem transportada por condutores de pontes rolantes.
- A taxa de ocupação dos leitos num serviço de ortopedia.
- A tiragem de um jornal.
- A quantidade de peças ou de documentos que uma operadora deve produzir ou processar.

O significado que se pode dar a esses números está ligado à atividade do departamento que os produz, à maneira como são compilados, aos motivos aos quais atendem:

- Dados sobre a tonelagem transportada não são significativos da realidade do trabalho do operador de pontes rolantes. Por exemplo, uma tonelagem global constante é pouco significativa se nenhuma carga manipulada é equivalente em peso, ou se os condicionamentos evoluem ao longo do tempo em função da diversidade da demanda. A atividade de trabalho pode então variar de maneira considerável para um mesmo operador. Tais dados dificilmente exprimem o trabalho de um operador, *a fortiori*, ou o de vários operadores.

- A legislação de imprensa impõe que as cifras das tiragens dos jornais possam ser comparadas. A cifra publicada da tiragem de um jornal corresponde só à produção que pode ser vendida. Essa cifra é evidentemente insuficiente para retratar o trabalho dos gráficos do jornal.

- A informação sobre o número de peças que um operador deve fabricar precisa ser complementada por dados relativos à forma de remuneração. Existe um prêmio de produtividade? A quantidade produzida é só de peças boas, etc.? Trata-se de uma quantidade média, correspondente à razão entre a produção do setor e o número de operadores?

- Uma taxa de ocupação dos leitos no serviço hospitalar é um critério de rentabilidade. Nada informa sobre a duração da estada dos pacientes e, portanto, sobre o número de pacientes que passam pelo serviço, dados que se encontram em outro lugar. Ora, para os auxiliares de enfermagem, um paciente não é equivalente a outro; a atividade exercida não é do mesmo tipo na chegada e na saída do paciente; a natureza do tratamento, dos exames de laboratório, das relações entre o paciente e a equipe evoluem ao longo do tempo. A atividade pode, portanto, ser mais complexa com a chegada de novos pacientes.

Essas informações quantitativas brutas serão complementadas com dados sobre sua evolução.

> *O número de fórmulas de adubo fabricadas por uma indústria química dobrou em 5 anos. Essa evolução corresponde, por um lado, a reestruturações industriais e, por outro, está relacionada a uma diversificação dos produtos desejados pela clientela. Essa evolução quantitativa da produção é acompanhada por uma evolução qualitativa na medida em que, mesmo se as fórmulas desses produtos permanecem próximas, os procedimentos de fabricação diferem consideravelmente e exigem técnicas particulares.*

4 — O alcance dos dados quantitativos

Se os dados quantitativos são indispensáveis e úteis, é preciso manipulá-los com precaução e, na medida do possível, confrontá-los com outros dados (quantitativos ou qualitativos). Em todos os casos, devem ser comparados para que seu uso seja o mais pertinente possível.

Em relação à coleta ou à utilização de dados quantitativos existentes, várias questões devem ser colocadas, e sobretudo:

- Os números são necessários?

A utilidade dos números é que permite delimitar um problema, situar sua amplitude (a taxa de refugo na saída de uma máquina em relação à taxa total de refugo da linha de fabricação). Servem para argumentar, e podem chamar a atenção (do ergonomista ou dos que fizeram a demanda) para aspectos que ninguém imaginava.

Freqüentemente os números são considerados, por muitos interlocutores, como uma verdade inapelável. Na realidade, devem ser um elemento entre outros no debate.

- Quantos são necessários?

Não há regra absoluta, mas é preciso desconfiar dos extremos. Às vezes, a ação ergonômica é realizada em campo a partir de uma idéia preconcebida e se procuram os números que a confirmem. E às vezes coletam-se números porque sempre podem servir para alguma coisa. Com os números ocorre o mesmo que com o conjunto dos outros dados que se recolhem em campo: deve-se poder justificar os motivos dessa coleta.

- A respeito do que são necessários?

Dados numéricos podem ser coletados sobre:
  - A população dos trabalhadores: idade, tempo de casa, sexo, qualificações, rotatividade, absenteísmo, inaptidões, formação, passado profissional.
  - A produção: os dados são relativos às durações de ciclos, às quantidades a produzir, à extensão das séries, aos refugos.
  - A organização do trabalho: referem-se às durações de ciclos, às taxas de utilização das máquinas, à organização do tempo de trabalho.

Alguns desses números são lidos de dois pontos de vista:

- Como determinantes do trabalho.
- Como conseqüências do trabalho.
- Onde encontrá-los?

Os números se encontram um pouco em cada lugar na empresa:

- No balanço social para as empresas de mais de trezentos trabalhadores (exigência da legislação francesa); nele se acham dados relativos às estruturas de idade, sexo, formação, duração do trabalho. Sua leitura permite estabelecer um histórico de certas variáveis ligadas à população, mas unicamente para a empresa como um todo, e não por setor ou departamento.
- Nos registros do departamento de pessoal: essas informações nem sempre são muito confiáveis. Os dados raramente são diretamente utilizáveis e pedem tratamentos complementares.
- O relatório anual da CHSCT*, para as empresas de mais de cinqüenta trabalhadores, fornece informações sobre o número de acidentes, as doenças profissionais, a organização do tempo de trabalho.
- O relatório anual do médico do trabalho informa sobre acompanhamentos médicos particulares e às vezes fornece algumas estatísticas úteis.
- O registro da enfermaria revela incidentes em certos departamentos, ou permite apontar riscos particulares de certos setores.

- Com o que compará-los?

Se os números dizem respeito a um setor, é importante compará-los aos da empresa, ou aos de outro setor, de uma filial da empresa. A comparação com os dados nacionais é útil. Por exemplo:

- O censo da população.
- A pesquisa anual sobre a estrutura dos empregos realizada pelo INSEE e pelo Ministério do Trabalho.
- As pesquisas nacionais sobre as condições de trabalho.
- As estatísticas nacionais sobre acidentes de trabalho realizadas pela Seguridade Social.
- Os estudos do CEREQ**.

- Quais as precauções ao usá-los?

Deve-se fazer a crítica da fonte dos números. Por exemplo, a respeito dos efetivos, deve-se verificar o número de trabalhadores em tempo parcial, com contrato de duração limitada, os contratados por empreiteira, os que ingressaram ou saíram no decorrer do ano, os aprendizes, etc.

Devem-se evitar as comparações entre populações pequenas demais, usando-se então números e não porcentagens.

Encontrar uma relação não significa encontrar uma explicação.

---

*CHSCT, Comitê de Higiene, Segurança e Condições de Trabalho.

**CEREQ, Centre d'Études et de Recherches sur les Qualifications (Centro de Estudos e Pesquisas sobre as Qualificações Profissionais.)

> *É na travessia que se aprende a solidão. É no desvanecimento das referências que se a reconhece... O observador externo acredita de bom grado que aquele que muda passa de um pertencer a outro... O corpo que faz a travessia apreende decerto um outro mundo, aquele para o qual se dirige, onde uma outra língua se fala, mas ele se inicia sobretudo numa terceira, aquela na qual transita.*
>
> Michel Serres, Le tiers instruit

8 ABORDAGEM DA SITUAÇÃO DE TRABALHO

I — Da análise das tarefas à abordagem da atividade

Os dados provenientes da análise da demanda e de um primeiro conhecimento do funcionamento da empresa constituem um conjunto de informações bastante diversas que vão guiar o ergonomista na escolha de suas investigações e das situações particulares que irá analisar.

Dar forma a essas informações é freqüentemente indispensável para apoiar as escolhas. Esse trabalho é particularmente útil quando a demanda diz respeito a problemas não estritamente localizados num posto de trabalho. O ergonomista deve então definir critérios, em vez de submeter-se sem motivo às primeiras sugestões de seus interlocutores. De fato, em alguns casos, estes podem apoiar suas escolhas em aspectos que não são, necessariamente, os mais apropriados para a eficácia da ação ergonômica.

Além da escolha das situações a estudar, a reorganização dessas informações pode ser útil para:

- Garantir um domínio suficiente sobre os dados técnicos referentes à situação de trabalho.
- Servir de base para a construção de hipóteses, para a elaboração do pré-diagnóstico.
- Constituir ferramentas de referência úteis para a descrição e a interpretação dos dados que serão produzidos pela análise da atividade.
- Prover-se de apoio para a demonstração e a comunicação com os diferentes interlocutores.

As situações de trabalho constituem freqüentemente sistemas complexos. Toda descrição global pressupõe um ou vários pontos de vista que são necessariamente redutores, que dão ênfase a certos aspectos em detrimento de outros.

Os modos de descrição aqui propostos e os pontos de vista que os acompanham não são exclusivos da ergonomia, mas a maneira de usá-los, de confrontá-los com a realidade, com a atividade de trabalho deve permitir esclarecimentos pertinentes sobre os problemas levantados.

Abordagem da situação de trabalho

Descrições centradas na estrutura dos processos técnicos

Essas descrições dão ênfase aos fluxos e às etapas de transformação do produto fabricado ou da informação tratada. Permitem colocar em evidência a estrutura do processo (em série ou em paralelo), da localização dos postos de trabalho em relação ao processo e entre si. Podem servir de base para constatações ou primeiras hipóteses ligadas, por exemplo, às dependências entre montante e jusante, às coordenações requeridas entre postos em paralelo, mesmo existindo o risco de ver certos postos aparecerem como "gargalos de afunilamento", etc.

Descrições centradas nas ferramentas e nos meios de informação

Um exame dos meios colocados à disposição dos operadores para obter informações e agir sobre o processo permite preparar melhor certas investigações:

- As ações sobre o processo e as obtenção de informações são "mediatizadas" ou efetuadas diretamente sobre o produto?
- O operador tem um retorno sobre o resultado de suas ações? Em que condições?
- Esses dispositivos apresentam *a priori* características que podem atrapalhar a realização do trabalho (acessibilidade, maneabilidade, legibilidade, visibilidade, etc.)?

As primeiras observações freqüentemente revelam tanto a utilização de ferramentas informais como a não-utilização dos dispositivos previstos inicialmente para ajudar o operador.

> *Num setor de trefilação, os operadores têm sempre um martelo no bolso. Não dispondo de ferramenta para cortar os fios, usam esse martelo para fazê-lo.*
>
> *Numa gráfica, os operadores põem o dedo na água que escorre do resfriamento do chumbo fundido para regular a temperatura de sua máquina. No entanto eles dispõem de um indicador de temperatura, que mede a temperatura num lugar específico demais e longe de seu local de operação.*

Descrições centradas nas relações entre as variáveis de um dispositivo

Quando são dadas as explicações pelos operadores ou por seus superiores, diferentes variáveis relativas ao ajuste e ao estado do dispositivo técnico, aos critérios de qualidade, à qualidade dos materiais na entrada, etc. podem ser relacionadas entre si. O que causa tal efeito? Qual a conseqüência de determinada situação?

Essas relações podem ser sintetizadas de diferentes maneiras: uma planilha cruzando quais variáveis agem umas sobre as outras ou, ainda, um gráfico de fluência que mostrará melhor os efeitos de uma combinação de variáveis sobre uma determinada variável.

Esse tipo de representação é pertinente principalmente quando uma parte do processo é oculta, ou para investigar os meios de controle do operador.

Permite também pôr em evidência pontos de vista diferentes sobre o funcionamento das instalações (o engenheiro privilegiará certas relações, o operador outras).

Pode ressaltar também a complexidade do controle de um processo, a importância dos conhecimentos subjacentes necessários à condução do dispositivo, e as conseqüências da variabilidade sobre os resultados e as regulações requeridas.

> *Numa fábrica de placas de poliestireno, que devem ter características normalizadas, vários parâmetros condicionam a obtenção dessas características: a temperatura de aquecimento, a compressão, a velocidade da esteira, o estado da matéria-prima. A qualidade é, portanto, obtida por uma combinação, variável no tempo, desses diferentes fatores.*
>
> *A obtenção de um produto de qualidade pressupõe o conhecimento das interações entre os parâmetros de ajuste e a interdependência das características requeridas do produto (densidade, espessura, aspecto).* □

Descrições centradas nos procedimentos

Geralmente a seqüência de um processo não corresponde à das operações a serem realizadas pelos operadores. Esses procedimentos podem ser objeto de documentação escrita que, num primeiro momento, podem ajudar na identificação de certas exigências do trabalho. Mas essa documentação pode ter sido concebida a partir de concepções iniciais muito diversas: planificação da produção, determinação dos tempos alocados, lembrete para os operadores, prescrições imperativas em caso de incidentes, formação, etc.

A coleta de informações junto à supervisão imediata e, sobretudo, as primeiras observações darão indicações mais pertinentes para localizar elementos freqüentemente ausentes nas descrições formais: diversidade das condições de realização, etapas de preparação, tomadas de informações requeridas, controles. Um exame mais detalhado dos elementos de variabilidade e das informações que o operador deve considerar, conduz freqüentemente a árvores de decisão complexas, mesmo para tarefas aparentemente estabilizadas.

Tais representações permitem evidenciar diferenças entre trabalho previsto e trabalho real, as conseqüências da variabilidade sobre as operações a efetuar, a importância de microdecisões, os casos em que o operador, por falta de informação, não consegue decidir.

> *Operadoras processam num computador dossiês administrativos. O programa foi concebido e instruções elaboradas para que elas passem sistematicamente por sucessivas janelas para verificar, em cada uma, informações específicas. Na realidade, conforme o caso, elas não consultam algumas dessas janelas (que apesar de tudo devem permanecer abertas), pois as informações que nelas constam podem ser diretamente deduzidas de informações anteriormente coletadas.* □

Descrições centradas na dependência e limites temporais das ações e eventos

A atividade dos operadores pode ter uma dimensão temporal rigidamente estruturada pela natureza do processo (tempo de uma reação química, por exemplo), pelo andamento do trabalho de outros operadores, ou ainda por eventos externos à empresa (entregas, por exemplo). Uma descrição sistemática dos eventos que condicionam o desencadeamento das tarefas e dos limites temporais para sua realização pode ser útil para identificar as fases críticas onde a margem de liberdade é a mais reduzida para os operadores. Outros tipos de questões podem estar associados a esse tipo de descrição: como o operador pode tomar conhecimento desses eventos? Pode antecipá-los e preparar suas ações?

Descrições centradas no arranjo físico do dispositivo técnico

Para descrever o espaço no qual os operadores exercem sua atividade, não bastam as plantas iniciais disponíveis na empresa. Muitas vezes, instalações posteriores de equipamentos foram realizadas e, sobretudo, essas plantas ignoram os elementos "vivos" do espaço: presença dos operadores, equipamentos móveis, atulhamento por estoques-tampão, pelos refugos, etc.

Também nesses casos, tais descrições topográficas podem servir de base para as primeiras hipóteses relativas a:

- Problemas de atulhamento, que podem implicar em esperas e desvios.
- Problemas de acesso, que podem implicar em posturas ou deslocamentos de objetos.
- Problemas de visibilidade, que podem implicar também em posturas incômodas, deslocamentos de operadores.
- Problemas de comunicação entre operadores, que podem implicar em deslocamentos, alterações no volume de voz, etc.

Vê-se que, para serem pertinentes à análise do trabalho, essas descrições devem combinar dados técnicos e organizacionais com constatações já feitas no local de trabalho. Baseadas num primeiro momento em dados mais formais ou globais, podem ser enriquecidas com os resultados da análise da atividade e servir de base à sua reconstituição.

Por fim, uma das questões em jogo — e não a menos importante delas —, associada a essas formalizações, é preparar a articulação entre o "diagnóstico local" que será proposto após as análises detalhadas do trabalho e uma formulação mais geral em termos de um setor, departamento ou até da empresa toda.

II — A escolha das situações a analisar

As questões provenientes da análise da demanda devem ser recolocadas no contexto da situação de trabalho a estudar.

Quando a demanda diz respeito a problemas não estritamente localizados num posto de trabalho, escolhas devem ser feitas para saber em quais situações mais específicas vão incidir as primeiras investigações. O ergonomista deve então definir critérios, em vez de submeter-se sem motivo às primeiras sugestões de seus interlocutores. De fato, em alguns casos, estes podem apoiar suas escolhas em aspectos que não são, necessariamente, os mais apropriados para a eficácia da ação ergonômica.

Os critérios do ergonomista são de natureza diversa, em função da problemática e da estrutura da empresa. Eis alguns:

- Escolha das situações em que as queixas dos operadores são mais urgentes.
- Escolha das situações em que as queixas ou as conseqüências dos problemas são mais graves para a empresa.
- Escolha das situações em que se encontra a amostra mais ampla dos problemas levantados.
- Escolha das situações que ocupam um papel central no dispositivo e cujo funcionamento tem repercussões a montante e a jusante.
- Escolha das situações que devem ser objeto de transformações num prazo mais ou menos longo.

Outros critérios devem ser considerados:

- Será dada preferência a situações cujas características manter-se-ão estáveis durante a ação ergonômica, a menos que a instabilidade seja crônica, não-controlada, e assunto do estudo.
- Será avaliado o risco de as relações entre os atores sociais, num dado setor, criarem obstáculos à condução da ação ergonômica.

III — Os primeiros contatos com os operadores

Os primeiros contatos são essenciais. Devem se nortear pelo esclarecimento dos papéis e objetivos de cada um. As relações que se estabelecerão entre operadores e ergonomista vão condicionar a qualidade da análise da atividade, a qual não pode ser realizada sem a participação deles.

A situação de trabalho é um espaço do qual os operadores se apropriam; trata-se também de um espaço de vida coletiva. Assim, um observador externo não pode agir sem que sua presença tenha sido comunicada e negociada.

As relações que se estabelecem entre um operador e uma pessoa externa ao coletivo de trabalho dependem da função desta, e da representação que o operador faz dessa função.

Para um técnico de métodos, o operador é uma pessoa que realiza uma tarefa específica no sistema de produção. Para o operador, esse profissional vem controlar o respeito aos tempos, ao repertório de operações, aos procedimentos.

Para o técnico em segurança do trabalho, o operador é aquele que deve respeitar normas de segurança, usar equipamentos de proteção. Para o operador, esse técnico em segurança do trabalho é aquele que vem controlar o respeito aos meios de proteção previstos. □

Assim, o operador, tendo identificado a função do visitante, tenderá a se conformar ao que se espera dele, a falar de seu trabalho e de sua saúde nos termos que ele imagina serem úteis e compreensíveis para seu interlocutor.

A função do ergonomista nem sempre é bem-identificada na empresa e pode conduzir então a confusões. Pode-se julgar que ele vem para controlar o trabalho, de um ponto de vista regulamentar, ou que ele só vai se interessar pelo ambiente material (iluminação, ruído, etc.).

Abordagem da situação de trabalho

A maneira como o ergonomista se apresenta é essencial para esclarecer seu papel, para situá-lo em relação ao de outros consultores e também para esclarecer os objetivos a alcançar e a maneira como vai ser conduzida a ação ergonômica. Deve também manter-se atento à maneira como foi ou será apresentado por outros.

Convém apresentar as informações essenciais a todo o grupo de trabalho, para evitar um tratamento particular em relação aos operadores diretamente envolvidos. De fato, o risco de suspeita por parte dos colegas existe; recebem atenção especial e são "privilegiados" ou "vão ser levados a falar do trabalho, da vida no grupo" trazendo conseqüências negativas para todos.

Uma comunicação por escrito, uma informação oral, por parte da direção da empresa e/ou dos representantes dos trabalhadores podem ser úteis. É melhor informar-se de seu conteúdo para evitar qualquer mal-entendido.

Às vezes é importante prever um tempo em que os operadores serão liberados de seu trabalho, dispor de um local se necessário, e definir essas providências com a supervisão que tem a responsabilidade direta sobre o funcionamento do setor ou do departamento. Por conseguinte, o dia e a hora da primeira visita deverão ser escolhidos de modo a causar a menor perturbação possível.

Por ocasião dos primeiros contatos, importa:

- Dizer seu nome, seu estatuto, seu empregador.
- Explicar em termos simples, ilustrados com exemplos, o que é a ergonomia, os objetivos a alcançar em termos de melhorias das condições de trabalho.
- Retraçar brevemente o histórico da demanda, especificar os serviços e os atores sociais contatados e as questões que foram objeto de acordo.
- Justificar a escolha do setor ou do departamento e das situações de trabalho.
- Lembrar o papel essencial dos operadores na análise da situação e na condução das transformações.
- Explicar os principais meios utilizados (entrevistas com os operadores, observações, medidas).
- Informar sobre as regras da ação ergonômica, em particular: o voluntariado, o acordo dos operadores na escolha dos métodos, os momentos de sua aplicação, a ausência de observações clandestinas, a participação dos operadores na interpretação dos resultados, a informação prévia dos operadores antes da divulgação dos resultados na empresa, a suspensão da ação em caso de conflito interno e sua retomada após acordo entre as partes, o respeito à vida privada e às relações individuais não profissionais, o respeito ao anonimato.

Não se deve poupar tempo para deixar tudo claro, responder a todas as perguntas com clareza, levar em conta todas as observações, compreender as dúvidas, as reticências.

Em seguida a uma primeira ação ergonômica, uma segunda demanda é formulada a uma equipe diferente: esta constata então que os primeiros consultores não informaram suficientemente as pessoas envolvidas na demanda. Estas praticamente ignoravam os objetivos buscados, a significação dos métodos aplicados. Os resultados tinham sido entregues sem consulta prévia

> *aos operadores. Assim sendo, a segunda ação, apesar dos esforços de esclarecimento e de respeito pelas regras enunciadas, foi legitimamente acompanhada com suspeita.* □

É normal que todas as explicações dadas num primeiro contato não sejam totalmente compreendidas ou aceitas. O papel do ergonomista pode então permanecer suspeito. Assim, é preciso não hesitar em retomar periodicamente essas explicações, e provar na prática, durante toda a ação, que se respeitam as regras fixadas.

A direção das empresas ou os representantes dos trabalhadores têm por hábito informar-se regularmente sobre o desenrolar da ação; procuram obter informações sobre os primeiros resultados, sobre o funcionamento do grupo, sobre os conflitos latentes, etc.

Assim, é indispensável ser muito prudente e lembrar que o respeito às regras da ação ergonômica é imperativo para assegurar a qualidade, a seriedade e a eficácia da análise.

IV — As primeiras investigações

As informações coletadas anteriormente na empresa podem ter dado uma imagem parcial e deformada da situação de trabalho a analisar, pois são freqüentemente obtidas fora dela. Trata-se então de comprová-las através de um conhecimento direto dessa situação de trabalho e da atividade.

Para isso, recorre-se a entrevistas com os operadores envolvidos, com o grupo e com a supervisão, a observações livres e à documentação local. Confronta-se o que deve ser feito com o que realmente é feito.

O objetivo não é formular um julgamento de valor, mas situar essas informações em seu contexto (Quem as fornece? Como são produzidas?) e procurar interpretá-las (Por que existem essas diferenças?).

Essas informações incidem, em geral, sobre:
- O funcionamento do processo técnico e a organização do trabalho, com os constrangimentos que impõem (pode-se encorajar uma descrição em termos de cronologia de operações ou procedimentos pelos operadores).
- Os constrangimentos temporais: horários, cadências, períodos da afluência diária ou sazonais, efeitos temporais das dependências a montante e a jusante.
- Os constrangimentos físicos: espaços, acessibilidades, ruído, vibrações, tóxicos, poeira, iluminação, ambiente térmico.
- A circulação das informações entre operadores (natureza e modalidades) e com os outros setores.
- O resultado do trabalho: qualidade, quantidade e modos de controle.
- As modalidades de manutenção, de reparo dos materiais (máquinas, ferramentas, locais).

Essas informações são coletadas por idas e vindas apropriadas entre as entrevistas, as observações e a consulta de documentos. Toda informação fornecida por uma dessas fontes remete eventualmente à procura de uma outra informação.

Abordagem da situação de trabalho **135**

- Um painel da produção do setor pode mostrar uma variação horária com reflexos na qualidade. A partir dessa constatação, questiona-se a supervisão e os operadores sobre a regularidade dessa variação e suas causas prováveis. ☐

- A observação de uma seqüência cronológica de operações leva a perguntar aos operadores sobre a constância dessa seqüência ou, ao contrário, suas variações, seu momento de aparição, e seus motivos. ☐

- Uma dificuldade expressa por um operador em entender a pergunta de um cliente num guichê levará à observação da postura que ele assume para se aproximar de seu interlocutor e a avaliar as características dos ruídos perturbadores, assim como sua origem. ☐

As primeiras informações coletadas expressam com freqüência a variabilidade do trabalho, suas condições de execução e a distância em relação a uma norma. As primeiras descrições dos operadores são muitas vezes do tipo:

- "Devo fazer essa operação após consultar este documento e, em princípio, quando aperto esta tecla do computador aparece essa imagem na minha tela."
- "Normalmente, pego o ferro antes de posicionar o fio a soldar."
- "Normalmente, a temperatura no local não ultrapassa 25°C."

É indispensável procurar as origens da variabilidade observada, das distâncias em relação à regra, ao normal, ao habitual. Essas explicações podem ser obtidas pela observação da atividade e de suas variações, de suas condições de realização, e por perguntas do tipo:

- "É sempre assim? E, quando não é, como você faz?"
- "Às vezes você deixa de consultar o documento? Quando? Em quais circunstâncias?"
- "O ferro de soldar está sempre ao alcance de sua mão direita e pronto para usar?"
- "Quando faz muito calor lá fora, a climatização é suficiente para manter a temperatura em 25°C?"

Como essa variabilidade não pode ser totalmente observada no lapso de tempo em que o ergonomista age nos locais de trabalho, a entrevista com os operadores é essencial para reconstituí-la.

Outros tipos de informação serão também procurados:

- Algumas informações dizem respeito às dificuldades que os operadores enfrentam nas condições em que se encontram: por exemplo, as dificuldades para ler uma informação na tela, pegar uma alavanca de comando, certificar-se da informação mostrada no medidor, recolher uma informação sobre um cliente para completar um dossiê. Esse inventário das dificuldades conduz à busca de suas causas, sabendo que freqüentemente é a análise da atividade que complementará sua identificação. É preciso de fato desconfiar de diagnósticos apressados.

- Outras informações dizem respeito às características dos operadores e o que eles sabem de sua saúde. Trata-se nesse caso de informações freqüentemente de caráter privado. Assim, é necessário ressaltar que só as descrições do estado dos operadores em relação com seu trabalho são úteis para a análise: dores nas costas de noite, nervosismo no fim de semana. Mas a ambigüidade às vezes persiste, por exemplo quando uma alteração do estado funcional dos operadores, mesmo provocada por seu trabalho, tem uma incidência sobre seu emprego. De todo jeito, nunca se deve forçar os operadores a expressar o que desejam guardar para si.

A coleta dessas informações é guiada pelas questões formuladas após a análise da demanda. No entanto é preciso ficar aberto a toda nova questão. Esta pode surgir, às vezes, no decorrer da condução da ação ergonômica e em particular da análise da atividade de trabalho.

Então essas informações coletadas são organizadas de maneira a produzir uma coerência entre os diferentes componentes da situação de trabalho. É útil devolver ao operador essa forma de estruturação de sua própria situação para saber se ele se reconhece nela, se elementos foram esquecidos, minimizados ou ampliados exageradamente. Torna-se então possível enunciar as questões que estarão na origem do pré-diagnóstico.

> *Não basta descrever e produzir fatos; não se pode escapar da tarefa que consiste em elaborar seu sentido.*
>
> Pierre Grieco, *Logique et connaissance scientifique*

9 — O PRÉ-DIAGNÓSTICO E O PLANEJAMENTO DAS OBSERVAÇÕES

I — Focalização da análise em torno de hipóteses

As primeiras etapas da análise da situação de trabalho são marcadas por uma atitude de escuta por parte do ergonomista em relação a seus interlocutores, uma atitude exploratória em relação aos dados e aos fatos com os quais é confrontado. A formalização dessas informações e sua contribuição para um esquema explicativo dos problemas levantados pressupõe, em compensação, uma abordagem mais orientada e o emprego de meios de investigação mais específicos. Vários tipos de objetivo podem estar subjacentes:

- Verificação e generalização de constatações particulares, necessidade de quantificações precisas, etc.

- Pesquisa mais aprofundada onde os dados estão incompletos ou, ainda, dificilmente acessíveis se não houver emprego de métodos adaptados.

- Descrições detalhadas de certas situações.

Mas, qualquer que seja a natureza do objetivo, a atenção dada a esta ou aquela característica da situação ou da atividade desenvolvida decorre de uma escolha do ergonomista. Essa escolha é resultado de hipóteses que ele elabora sobre o alcance explicativo e demonstrativo, em relação aos problemas levantados, dos fenômenos sobre os quais quer se debruçar mais especificamente. A objetivação dos critérios que vão levar o ergonomista a elaborar uma certa hipótese não é coisa fácil.

Pode-se adiantar que essa elaboração decorre de uma leitura dos fatos constatados durante a investigação do funcionamento da empresa e das primeiras observações da situação de trabalho em função da experiência e dos conhecimentos do ergonomista: especialmente por analogia com situações já conhecidas ou, então, a partir de relações com o conhecimento sobre o funcionamento do homem no trabalho.

Pode-se também prever que essa elaboração é naturalmente guiada pela expressão da demanda: considera então os problemas levantados e visa elucidar seus determinantes na situação de trabalho, para instaurar os princípios de transformação.

Alguns dos problemas que essas hipóteses buscam explicar podem ser específicos da situação estudada, outros podem se aproximar de conhecimentos já elaborados, mas devem se apoiar sobre a maneira em que efetivamente se apresentam na situação dada, ou seja, como eles se concretizam na atividade de trabalho.

> *Uma companhia de seguros se questiona a respeito da evolução das modalidades de digitação e processamento de informações dos prontuários de seguro-saúde. As queixas de fadiga visual são latentes, e a companhia não quer ver esse problema se agravando por ocasião da troca do equipamento.*
>
> *Os ergonomistas consultados identificam, desde a primeira visita, tarefas de digitação de dados, cujas modalidades são muito próximas das que já encontraram em outras situações. Essas situações tinham sido objeto de estudos, permitindo explicar de que maneira essas modalidades de digitação provocavam a fadiga visual e as dores nas costas das quais se queixavam as operadoras. Soluções tinham sido então propostas. As conclusões daqueles estudos poderiam então se aplicar a esta nova situação particular. Ora, muitas das recomendações gerais provenientes dos estudos precedentes tinham sido implantadas na empresa em questão: escolha de monitores de computador com boa resolução e sem reflexos, postos reguláveis, tempo de atenção à tela reduzido e intercalado com pausas. Subsistiam outros constrangimentos, ligados ao dispositivo técnico implantado: principalmente a persistência de fases de digitação dos dados, apesar de uma divisão do trabalho pouco rigorosa.*
>
> *De fato, os princípios gerais provenientes dos estudos anteriores ainda eram válidos, mas precisavam ser relacionados às características particulares da situação.*
>
> *As primeiras investigações levaram a formular as seguintes hipóteses:*
>
> *- Os postos de trabalho são reguláveis, mas de maneira pouco prática; como são usados por vários operadores, esses ajustes não são utilizados.*
>
> *- Os operadores reagrupam num mesmo período de tempo as tarefas de digitação, para aproveitar os períodos em que o sistema informático está menos sobrecarregado; esses períodos são relativamente longos.*
>
> *- Os procedimentos de digitação implicam em manipulações inúteis (repetição na digitação de dados) e na obrigação de passar por informações de controle não-pertinentes aos operadores.*
>
> *Esses elementos contribuem consideravelmente para a solicitação visual.*
>
> *As hipóteses são de fato provenientes dos conhecimentos do ergonomista, porém inseridas na situação a partir de constatações sobre a organização do trabalho e das primeiras observações da atividade. Vão levar a realizar observações e medidas específicas e depois, a precisar objetivos de transformação.*

II — No centro das hipóteses: a atividade

Numa primeira análise, qualquer um se vê tentado a estabelecer relações diretas entre as condições de trabalho e suas conseqüências para a saúde dos operadores e a eficácia da produção:

- Uma situação de trabalho barulhenta leva à surdez profissional.
- O carregamento de cargas pesadas leva a distúrbios osteomusculares.

O pré-diagnóstico e o planejamento das observações **139**

- Uma má iluminação está na origem de sintomas de fadiga visual, etc.

Essas relações de causa e efeito são estabelecidas, fundadas sobre constatações provenientes de estudos de caráter epidemiológico, explicadas pelos conhecimentos fundamentais, ilustradas por estudos no local.

Poder-se-ia concluir que basta identificar, numa situação de trabalho, os elementos dos quais se conhecem os efeitos nefastos para corrigi-los. Essa abordagem encontra rapidamente seus limites: muitas vezes inviável do ponto de vista econômico, muitas vezes também ineficaz. Os exemplos são comuns: uma proteção contra ruídos corre o risco de impedir o operador de acessar a sua máquina, o mais sofisticado sistema de iluminação não eliminará as queixas de fadiga visual, etc.

Esses limites têm dois tipos de explicação:

- Para começar, as características de uma situação de trabalho não podem ser apreendidas independentemente umas das outras: um mecânico vai preferir utilizar um solvente tóxico mas eficaz, para diminuir o tempo de limpeza de uma peça cujo acesso é incômodo, e que leva a um esforço físico e a posturas desconfortáveis.

- Em seguida, os constrangimentos próprios a uma situação de trabalho nem sempre podem ser identificadas *a priori*: assim, não é examinando as especificações de um programa de computador que se conseguirá simplesmente deduzir as dificuldades que pode encontrar seu usuário; estas resultam da confrontação entre as características do programa, os conhecimentos do operador, e os dados reais com os quais este é levado a trabalhar. Essa confrontação só toma efetivamente forma na execução do trabalho.

De fato, uma abordagem que seria fundada exclusivamente no estabelecimento de relações diretas entre elementos da situação de trabalho, por um lado, e saúde e eficácia por outro, negligenciaria o fato de *que essas relações passam necessariamente pela atividade do operador*. Este não apenas sofre restrições como realiza compromissos para, ao mesmo tempo, atingir objetivos que lhe foram designados e, na medida do possível, limitar os incômodos ocasionados pela realização do trabalho. É na sua atividade e através dela (suas ações e sua relações com o ambiente) que se concretizam os efeitos das condições de execução do trabalho.

Essa abordagem privilegiando a elucidação das relações entre as condições de execução do trabalho e a atividade permite também escapar da noção, quase sempre estéril, de "carga de trabalho". Essa noção não se revela operacional nem do ponto de vista da análise das situações, nem *a fortiori* do ponto de vista de sua transformação:

- Do ponto de vista da análise, uma vez que induz implicitamente a uma noção de escala, senão de métrica: haveria maior ou menor carga de trabalho, e esta seria, portanto, mensurável. De fato, se é possível medir elementos constitutivos da carga de trabalho (número de documentos a processar, peso da carga a transportar, etc., sabendo que esses documentos podem ser mais ou menos difíceis de processar, essas cargas mais ou menos volumosas ou fáceis de pegar), não se pode deduzir um indicador sintético que permita comparar simplesmente uma situação com outra. Mesmo considerando a tradução da "carga de trabalho" para o operador, toda medida leva a isolar componentes das funções fisiológicas ou psicológicas mobilizadas. Algumas dessas funções se traduzem eventualmente por indicadores mensuráveis (freqüência cardíaca, por exemplo) mas estes são parciais e nunca passíveis de serem reunidos num indicador geral.

- Do ponto de vista da transformação das situações, a noção de carga leva infalivelmente a recomendações em termos de efetivo, ou de volume de trabalho pedido. A ação ergonômica não traria nesse caso um ponto de vista novo à empresa.

Longe de nós a idéia de negar a realidade subjacente ao conceito de carga de trabalho. Vimos seu interesse quando relacionado à identificação das margens de manobra, permitindo ao operador elaborar modos operatórios para atingir seus objetivos com um custo menor. Mas sua apreensão não decorre então de uma avaliação, e sim da descrição e explicação dos mecanismos colocados em jogo, o que é de fato a finalidade da análise da atividade.

Hipóteses relativas a uma desconsideração dos constrangimentos reais da atividade

Uma empresa de limpeza industrial recebe queixas de alguns de seus clientes sobre a qualidade do serviço prestado.

Outros clientes, servidos pelas mesmas equipes de limpeza, estão por sua vez plenamente satisfeitos.

Além disso, um conflito opõe a direção dessa empresa aos representantes dos trabalhadores a respeito da distribuição e constituição das equipes.

Ergonomistas são consultados para trazer elementos úteis à negociação de uma nova organização do trabalho.

As primeiras observações da atividade mostram uma grande variabilidade na realização da limpeza (em duração e nos modos operatórios) conforme os locais de trabalho, mesmo sendo estes sempre prédios de escritórios.

Levanta-se a hipótese geral de que os critérios inicialmente escolhidos para determinar o número de pessoas e o tempo para efetuar a limpeza não levam em conta certos elementos que determinam a atividade de limpeza e sua eficiência:

- a ocupação variável do espaço pelo mobiliário;

- a distribuição dos locais em função da natureza do piso;

- a ocupação dos locais a limpar por pessoas que neles trabalham.

Esses dois últimos pontos contrariam as estratégias dos faxineiros para reduzir os deslocamentos e as manipulações de ferramentas de limpeza (aspiradores, vassouras, baldes, esfregão). □

Hipóteses relativas a dificuldades cognitivas

Operadoras devem digitar, a partir de formulários preenchidos por particulares, informações relativas a, entre outras coisas, profissão e atividade econômica destes. Essa digitação é de fato uma codificação, pois, para serem aceitas pelo computador, as denominações digitadas pelas operadoras devem ser reconhecidas pelo sistema e corresponder a uma nomenclatura pre-estabelecida. A instrução dada às operadoras é de digitar escrupulosamente o que está efetivamente estipulado nos formulários. O sistema, quando necessário, exibe mensagens pedindo informações complementares.

Um das primeiras constatações dos ergonomistas foi que as operadoras não digitam exatamente o que está escrito nos formulários e, muitas vezes, as mensagens que o sistema mostra, e que deveriam ajudá-las, deixam-nas totalmente perplexas.

As seguintes hipóteses são formuladas:

- *As operadoras são capazes de levar em conta combinações de informações figurando no formulário para digitar, denominações aceitáveis pelo sistema e em conformidade com a profissão efetiva. Seu trabalho, mais que uma simples digitação, é um trabalho de codificação que envolve uma interpretação do conjunto das informações do formulário e seus conhecimentos das profissões e das atividades econômicas.*

- *Como o sistema não devolve as informações que efetivamente considerou para escolher as mensagens de ajuda, as operadoras não podem compreender o sentido delas. Instala-se, de certa forma, um "diálogo de surdos".*

Hipóteses relativas a um desconhecimento do funcionamento e das capacidades do organismo humano

Uma empresa de fabricação de ligaduras cirúrgicas decide ampliar seus locais de fabricação e contratar trabalhadores.

O diretor da empresa deseja uma ação ergonômica destinada a orientar suas escolhas futuras.

O chefe do departamento de pessoal nos comunica suas dificuldades atuais para recrutar trabalhadores que permaneçam na empresa, e sua preocupação relativa aos objetivos de desenvolvimento.

Os responsáveis pela produção e pela qualidade insistem nos aspectos regulamentares, nas exigências de asseio, nas modalidades draconianas de controle, indispensáveis para atingir um nível de qualidade aceitável. Uma parte significativa do prêmio leva em conta a produtividade.

A produção é realizada em três setores, onde se sucedem as seguintes operações:

- *o embutimento dos fios nas agulhas;*

- *a bobinagem desses conjuntos;*

- *a colocação em sacos e a embalagem antes da esterilização.*

Três setores, três populações:

- *na primeira, mulheres muito jovens;*

- *na segunda, mulheres um pouco menos jovens;*

- *na terceira, mulheres com mais de 40 anos.*

Uma visita rápida aos setores permite uma idéia dos constrangimentos temporais: assim, no embutimento, os ciclos são inferiores a 10 segundos.

A partir desses primeiros elementos e levando-se em conta os dados existentes sobre os trabalhos repetitivos sob constrangimentos de tempo, faz-se a hipótese de uma "seleção" da população pelo volume dos constrangimentos temporais e das exigências de precisão.

Para verificar essa hipótese, os ergonomistas procedem:

- *A uma análise histórica da população da empresa, desde sua criação, colocando em evidência os percursos profissionais e os acidentes que conduziram os trabalhadores a deixar o emprego.*

- *À análise sistemática dos ciclos de produção por diferentes categorias de produtos, a fim de melhor compreender os níveis de exigência perceptiva e a natureza dos constrangimentos que eles impõem às operadoras (posturas, nível de atenção visual, etc.), levando em conta a pressão temporal.*

III — A elaboração do pré-diagnóstico

A complexidade e a variabilidade das situações de trabalho raramente levam ao enunciado de uma relação de causa e efeito simples entre uma condição do exercício da atividade e uma dificuldade particular. O ergonomista é, portanto, levado a formular não uma hipótese, mas várias, relacionadas entre si, e cujo grau de detalhamento pode ser mais ou menos elevado. Esse conjunto constitui um pré-diagnóstico que definiremos como o enunciado provisório de relações entre certas condições de execução do trabalho, características da atividade e resultados da atividade.

Ele apresenta uma explicação dos problemas levantados, aponta os elementos que deverão ser levados em conta nas transformações e justifica as investigações que vão ser realizadas. É elaborado a partir das constatações que foi possível fazer ao longo da investigação do funcionamento da empresa, das observações da atividade e dos conhecimentos do ergonomista a respeito do homem no trabalho.

Não se pode, entretanto, considerar o pré-diagnóstico — nem mesmo o diagnóstico final — como um modelo explicativo levando em conta todos os determinantes do trabalho e os componentes da atividade. O pré-diagnóstico é, de fato, destinado a ser demonstrado e a persuadir. Os fenômenos dos quais ele dá conta devem poder ser descritos e explicados. Além disso, por ser sua finalidade a transformação, ele deve incidir sobre características da situação de trabalho nas quais é possível intervir. Essa apreciação dos domínios e da importância das transformações possíveis nem sempre é fácil; os interlocutores técnicos ou financeiros na empresa não revelam facilmente os graus de liberdade de que efetivamente dispõem, e muitas vezes a busca de soluções inovadoras só é conseguida a partir de uma explicação convincente do problema levantado. Além disso, nunca se devem negligenciar as repercussões a longo prazo para a empresa dos novos conhecimentos trazidos pela ação ergonômica.

A formulação desse pré-diagnóstico pode ser:

- Muito explícita, por exemplo, por ocasião de um relatório intermediário de estudo.
- Menos formalizada, mas ainda assim importante, para justificar junto aos operadores a implantação de técnicas específicas.

O momento de sua formulação depende muito das condições da ação ergonômica. Só pode, no entanto, assumir uma forma operacional a partir de um conhecimento já elaborado da empresa e das atividades desenvolvidas.

Esse caráter operacional deve levar à organização da seqüência da análise, à compreensão da atividade de trabalho e à coleta de informações úteis às transformações. Deve também permitir que se evitem duas dificuldades que ameaçam toda análise do trabalho: a análise da atividade por si, sem relação com a problemática, e a utilização de técnicas bem-conhecidas mas que não se adaptam à situação.

IV — Demonstração e compreensão

A demonstração das hipóteses constitutivas do pré-diagnóstico é o eixo central que organiza a maneira como a análise da atividade vai ser conduzida, mas outros objetivos se acrescentam a essa demonstração:

- Em primeiro lugar, a verificação e a descrição rigorosa dos fatos: os diversos interlocutores na empresa — principalmente aqueles que decidirão as transformações — não estão necessariamente informados, nem convencidos, das constatações que estão na origem da abordagem ergonômica. Seus conhecimentos e pontos de vista estão diretamente relacionados a seus papéis específicos na empresa. É preciso lembrar que não existe na empresa conhecimento formalizado sobre a atividade do trabalho; esta é geralmente percebida em termos de objetivos a atingir, de meios a utilizar, de instruções e resultados. Levar em conta a atividade efetiva dos operadores pode, por si só, trazer um novo esclarecimento sobre o problema levantado.

- Em segundo lugar, os fatos até então ignorados, não-lembrados pelos interlocutores, podem se revelar e contribuir para uma maior compreensão dos problemas levantados. A análise da atividade não deve, portanto, se restringir a um estrito procedimento de verificação de hipóteses, mas manter-se aberta à observação e à investigação de elementos úteis para aprofundar a compreensão da atividade, daquilo que a condiciona, e de suas conseqüências.

- Enfim, a análise da atividade é o momento da presença efetiva do ergonomista no local de trabalho, e de contatos específicos entre o ergonomista e os operadores. A riqueza das trocas que nascerão dessa situação não deve ser prejudicada pela busca de objetivos de análise precisos demais e redutores.

Portanto fica claro que a análise da atividade tende a dois tipos de objetivos:

- Objetivos de investigações abertas, que poderão levar à adaptação dos métodos no decorrer do estudo. Isso corresponde principalmente à necessidade de um conhecimento da atividade suficientemente elaborado para servir de referência às transformações (consideração dos elementos positivos da situação de trabalho, conhecimento das estratégias e dos "saber fazer" empregados pelos operadores, fontes de informação realmente utilizadas, etc.);

- Objetivos de quantificação e de demonstração, que pressupõem métodos sistemáticos e finalizados.

V — No centro dos métodos: a observação

Uma apreensão da atividade de trabalho que ultrapasse as representações parciais dos diferentes atores na empresa implica na coleta de informações no momento do exercício efetivo dessa atividade. Essa coleta exige a presença do ergonomista no local e durante a realização do trabalho. Essa constatação "evidente" marca a diferença fundamental entre os métodos relativos à análise da atividade e os outros modos de abordagem do trabalho. A análise da atividade incide sobre um trabalho efetivamente realizado, num dado momento (portanto em condições específicas), enquanto que as outras abordagens se apóiam em "representações" do trabalho em geral, de seus determinantes e de suas conseqüências, porém fora de sua realização efetiva (através de entrevistas, análise de documentos, etc.).

A abordagem mais imediata da atividade é a observação. Esta pode ser realizada de maneira muito aberta (fala-se então em "observações livres"; é o que ocorre principalmente por ocasião das primeiras visitas ao posto de trabalho), ou tendo como foco a coleta de certas categorias de informações com objetivos precisos (fala-se então em "observações sistemáticas"). Para apreender o que não é direta ou simplesmente observável, técnicas particulares podem ser utilizadas: gravações em vídeo ou áudio, medidas eletrofisiológicas, por exemplo. Para compreender por que o operador procede de uma certa maneira, o ergonomista deverá entrevistá-lo. Mas quase sempre a observação é o ponto de partida (as explicitações serão abordadas mais adiante) ou a referência (para as medidas eletrofisiológicas que só fazem sentido se relacionadas ao trabalho realizado).

Pode-se afirmar que a observação em si é o processo que permite ao observador tomar conhecimento dos elementos de uma dada situação. Pode-se afirmar também que, voluntariamente ou não, a observação é focalizada, até porque se apóia essencialmente em tomadas de informações visuais. Não desenvolveremos aqui considerações aprofundadas sobre esse ponto, mas o lembramos para ressaltar a diferença entre a noção de observação e a de registro de observação. O analista vai efetivamente apoiar-se em registros para conservar traços de sua observação, quer sejam anotações em papel ou códigos num registrador de eventos. O processo que leva ao estabelecimento desses registros não é tão inocente quanto pode parecer. Corresponde a uma escolha de eventos entre aqueles que o observador percebe. Essa escolha é condicionada pela possibilidade que o observador tem de circunscrever e nomear esse evento, e evidentemente pelas hipóteses que o orientam.

Essa etapa corresponde a um primeiro nível de redução mais ou menos conscientemente dominado pelo ergonomista.

A partir desses registros brutos, o ergonomista vai poder reorganizar esses dados de múltiplas maneiras: em termos de estatísticas, levando mais ou menos em conta a variação no tempo. Essa reorganização corresponde à fase de descrição da atividade observada. Aí também, segundo o ângulo de observação dos dados, uma redução será efetuada.

Assim, em cada etapa, que vai da observação de uma atividade à sua descrição, escolhas mais ou menos voluntárias, mais ou menos explícitas são realizadas. A formulação das hipóteses num pré-diagnóstico, o estabelecimento de um plano de observação ajudam o ergonomista a dominar essas escolhas e a justificá-las.

VI — Levando em conta a dimensão temporal

A atividade de trabalho se desenvolve no tempo: nele se inscreve e por ele é condicionada: toda tarefa profissional a realizar é definida por limites temporais mais ou menos prescritos, determinados pela organização do trabalho, pelas coordenações necessárias com outros operadores, pelo funcionamento dos dispositivos, pelas propriedades dos produtos tratados, etc.

As dificuldades encontradas por um operador, os problemas a solucionar e o nível de aprendizado manifestam-se também no tempo de realização de um trabalho.

A medida do tempo é, pois, imprescindível para dar conta da atividade real e dos constran-gimentos que sobre ela pesam. Porém a importância do que está em jogo no uso do tempo torna sua medida extremamente delicada em relação aos operadores observados. O tempo é, antes de tudo, um constrangimento, e sua medida nas empresas serve geralmente para "avaliar" os trabalhadores, com conseqüências sobre os tempos alocados, as cadências e os salários. O ergonomista deve então poder explicar e comprovar a utilidade de situar, em relação a seus objetivos, suas observações quanto ao tempo: a identificação dos constrangimentos temporais, suas conseqüências sobre a atividade, a tradução temporal das dificuldades e dos incidentes no trabalho, a variabilidade da duração para realizar uma certa operação, etc.

O ergonomista deve então se assegurar de que os resultados que vai entregar não poderão ser usados para finalidades de avaliação individual dos operadores.

VII — A categorização dos observáveis

Ao efetuar sua atividade de trabalho, um operador emprega uma considerável variedade de funções fisiológicas e psicológicas. Para o observador, essa atividade se manifesta em comportamentos visíveis: gestos, posturas, ações sobre o dispositivo de trabalho, comunicações, etc. A descrição desses comportamentos se situa, necessariamente, entre dois pólos extremos: o primeiro corresponde a uma descrição a mais elementar possível (em termos de gestos, de posições dos segmentos corporais, por exemplo), o segundo corresponde a uma descrição mais sistemática em relação ao conteúdo do trabalho executado (em termos de ação finalizada ou de tomada de informação).

De um lado, lida-se com uma descrição que, fora as questões relativas à descrição dos observáveis, pode ser objeto de um consenso considerável entre diferentes observadores, mas essa descrição corre o risco de ser desconectada do conteúdo efetivo do trabalho. A escolha de tal modalidade de registro de observação está geralmente associada a hipóteses precisas em relação ao observável escolhido.

Convém mencionar também os dois tipos de estatuto que o mesmo fenômeno observável pode assumir:

- Pode ser um indicador direto daquilo que se quer descrever, como, por exemplo, os deslocamentos de um operador dando a medida de uma distância percorrida.

- Pode também ser um indicador indireto: os mesmos deslocamentos indicando agora as estratégias de controle do dispositivo.

De outro lado, a descrição em termos de ação ou de tipo de atividade corresponde, necessariamente, a um trabalho de interpretação por parte do observador.

No próximo capítulo voltaremos às precauções práticas a tomar para se dominar essa categorização, em função da natureza dos observáveis escolhidos.

VIII — Planificar a observação para quantificar e comparar

Planificar uma observação é, ao mesmo tempo, assegurar-se da coerência descritiva das modalidades de registro escolhidas e antecipar as quantificações, as comparações e as inferências que poderão ser feitas a partir dessa observação.

A coerência descritiva das observações

Todo registro de observação sistemática pressupõe um recorte prévio da realidade observada. Duas precauções fundamentais devem ser tomadas para assegurar a eficácia de tais registros. A primeira é relativa à definição precisa dos indícios elementares observáveis, permitindo atribuir um dado evento a uma classe previamente estabelecida. A segunda é relativa à coerência lógica do registro. Se um acontecimento produz um estado, e se há interesse em manter esse estado, em seu efeito sobre outras variáveis, em sua duração, é preciso determinar o que vai interromper esse estado e integrar isso à observação.

O programa Kronos, de ajuda na coleta e na análise de dados de observações sistemáticas, impõe a definição prévia de um "protocolo de descrição" estabelecendo a lógica da observação. Para cada categoria observável, um recorte prévio em classes excludentes entre si deve ser realizado. Isso significa que todo evento, de uma dada categoria, interrompe o estado gerado pelo evento precedente da mesma categoria. Assim, quando se observam os deslocamentos de um operador, o protocolo de descrição deve definir as diferentes áreas que se decidiu levar em conta. No momento do registro, o observador anotará as mudanças de área (o que é um evento pontual no tempo). Esse evento determinará, ao mesmo tempo, o fim do período em que o operador estava situado, na área que ele acaba de deixar, e o início do período de presença na nova área. Essa opção facilita consideravelmente a obtenção de representações gráficas padronizadas do desenrolar da atividade observada, bem como a realização de cálculos e principalmente de comparações.

A preparação das comparações

A verificação de relações entre condições de execução do trabalho e a atividade implica na realização de comparações. A escolha das situações, dos períodos de observação e dos observáveis condiciona a possibilidade de efetuar essas comparações.

- Vejamos primeiro o caso mais simples: uma hipótese diz respeito aos efeitos de determinantes do trabalho, dos quais vários estão presentes na empresa (a automatização de um processo está em curso; certos postos de trabalho já dispõem dessa automatização, outros não), e as observações poderão ser feitas sobre as diversas situações para comparar seus efeitos. A comparação poderá de fato revelar-se delicada, se a distância entre as duas situações for muito grande; com efeito, os observáveis pertinentes para estudar a mesma função podem ser de natureza diferente:
    - tomadas de informações diretas sobre o dispositivo e indicadas, por exemplo, por um deslocamento;
    - tomadas de informações numa tela de computador, indicadas por uma ação num teclado e a aparição de uma imagem.
- Uma hipótese diz respeito a um determinante da atividade cujas modalidades são variáveis no decorrer do tempo, mas essa variabilidade só toma forma numa escala temporal que ultrapassa a duração previsível de períodos de observação (por exemplo, a fabricação de diversos tipos de produto segundo os dias da semana). Nesse caso, é a escolha dos momentos de observação que será capital para efetuar comparações.
- Uma hipótese diz respeito a um determinante da atividade cujas modalidades são variáveis na escala de uma observação (por exemplo, o comprimento de uma fila de espera num guichê, a natureza das peças a usinar). Nesse caso, as modalidades desse determinante serão consideradas como um observável, e suas modificações serão registradas ao longo da observação. Encontra-se uma situação similar quando se quer estudar as interações entre vários aspectos da atividade (posturas e tomadas de informação, por exemplo).

A organização dos planos de observação para verificar esses diferentes tipos de hipótese se encontra sintetizada no esquema da Fig. 23.

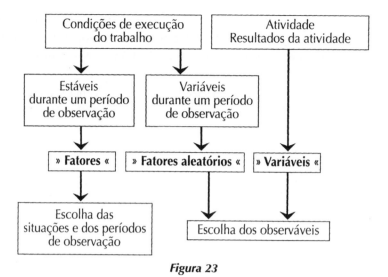

Figura 23

IX — Planificar a observação para dar conta do desenrolar da atividade

Não é possível, entretanto, respeitar as precauções apresentadas anteriormente em certos registros de atividades: o meio, os atores da situação mudam rapidamente, as ações são muito diferentes em função das circunstâncias, o operador é confrontado por novos problemas.

A obrigação de mudar de tipo de observável no decorrer da observação, para dar conta do que acontece, exclui então a elaboração de uma codificação muito sistemática.

Um eletricista vem consertar uma instalação complexa. As origens da disfunção podem ser diversas e localizadas em vários lugares.

Para identificar a pane e corrigi-la, ele deve deslocar-se, consultar documentos, interrogar trabalhadores, obter informações de instalações mais ou menos acessíveis. O campo de possibilidades é tão grande para o observador que seria arriscado prever com precisão qual tipo de observável será pertinente para considerar as ações do eletricista.

A observação poderá ser conduzida registrando-se aspectos mais específicos da atividade, mas os indícios que permitirão o registro desses eventos (e portanto a categorização) não serão definidos com precisão antecipadamente.

De fato, toda observação que pretenda evidenciar a lógica interna da atividade, deve levar em consideração os acontecimentos significativos para a realização do trabalho, seu encadeamento e suas relações. Na prática, isso significa uma atenção para as ações do operador no dispositivo, em especial aquelas que se afastam dos modos operatórios habituais, para as diferentes modalidades de tomadas de informações e as trocas verbais ou através de gestos.

Certos sinais são quase sempre reveladores das dificuldades encontradas pelo operador: tempos de ação mais longos, hesitações ou, ao contrário, precipitações, paradas abruptas da máquina, etc.

Esse tipo de registro é sem dúvida extremamente dependente da capacidade do observador em apreender a situação de trabalho, e muitas vezes os acontecimentos registrados não são imediatamente compreensíveis para ele. Sua explicação se dará somente após entrevistar o operador. A observação deve, portanto, estar prevista para favorecer o diálogo com o operador.

X — Caracterização do meio e análise da atividade

No decorrer da ação ergonômica, pode-se revelar útil a realização de medidas de certas características do ambiente.

Mas essa caracterização só tem interesse se for possível relacioná-la à atividade que ocorre nesse ambiente.

É evidente que, por exemplo, uma medida do nível de iluminação num setor só é pertinente se colocada em relação com as exigências visuais do trabalho nele realizado.

Fazer medidas de ruído em lugares onde seu nível parece elevado tem um interesse limitado se os operadores não permanecem lá. Ao contrário, a caracterização de um lugar aparentemente menos barulhento será importante se for muito freqüentado.

Além disso, muitas características do ambiente não são estáveis:

- A iluminação varia em função do momento do dia.
- O barulho varia em função da velocidade e do número de máquinas em funcionamento.
- O atulhamento de um dado local varia não só em função das máquinas nele implantadas como também em função dos estoques, devoluções dos clientes, etc., que são variáveis no tempo.

Um conhecimento da situação e das atividades é, portanto, um pré-requisito para a realização de medidas: é o que permite escolher os locais, os momentos e as técnicas de avaliação. Em todos os casos, a interpretação dos resultados só poderá ser feita em relação com as constatações provenientes da análise da atividade. Os resultados deverão ser confrontados com os pontos de vista dos operadores e dos departamentos técnicos da empresa.

Essas medidas permitirão também avaliar a eficácia das transformações realizadas e o respeito ao conteúdo do memorial descritivo.

As matemáticas só nos dão representações aproximadas e limitadas da realidade, mesmo se essas representações são às vezes extremamente fiéis.

Hubert Rives, *Malicorne*

10 AS MODALIDADES PRÁTICAS DA OBSERVAÇÃO

A organização das observações se faz em função das hipóteses que guiam a análise, mas também em função das limitações ou das facilidades próprias de cada situação de trabalho. A adaptação das técnicas de registro, em função da exatidão esperada, a utilização de indicadores pertinentes e fáceis de identificar condicionam o custo e a fidelidade das descrições da atividade.

Mencionamos no capítulo anterior a distinção entre os registros de observação centrados em comportamentos elementares (posturas, deslocamentos, direções do olhar, etc.) e dos registros centrados nas ações de trabalho. De fato, é raro ficar-se satisfeito unicamente com os primeiros. Uma postura, um deslocamento, uma tomada de informação não poderão ser explicados sem uma referência ao trabalho que está sendo realizado. Uma observação sistemática combinará, portanto, geralmente, várias classes de observáveis para poder relacioná-los.

A cada uma dessas classes de observáveis estão associadas questões técnicas relativas a seu registro ou hipóteses específicas. Veremos a seguir as usadas com mais freqüência, e discutiremos em seguida as vantagens relativas das diferentes técnicas de registro, para concluir este capítulo com os tratamentos estatísticos e as modalidades de formalização desses registros.

I — Algumas grandes categorias de observáveis
1 — Os deslocamentos

O registro das localizações de um operador levado a se deslocar para efetuar seu trabalho é geralmente simples de realizar, na medida em que o observador pode acompanhar o operador em seus deslocamentos ou porque estes ocorrem num espaço limitado. Se a organização do espaço corresponde a funções bem-identificadas do dispositivo técnico, a localização do operador dá uma indicação sobre o tipo de tarefa efetuada. O encadeamento dos locais freqüentados por um operador pode revelar estratégias usadas para conduzir o dispositivo. A análise dos deslocamentos pode também ser um meio de avaliar a disposição dos equipamentos e materiais num local em função do trabalho a realizar. Freqüentes idas e vindas entre duas áreas afastadas entre si podem significar a necessidade de agir ou de tomar informações simultaneamente nesses dois lugares.

É preciso, no entanto, prudência na interpretação dos deslocamentos: além de seu motivo original, um deslocamento pode servir para tomadas de informação de controle, para contatos úteis com outros operadores:

- Um operador pode ter de observar parâmetros num dispositivo afastado de seu posto de trabalho. Esse levantamento poderia ser feito automaticamente à distância. Mas nesse deslocamento o operador pode recolher informações informais muito úteis sobre o estado do dispositivo, ou até sobre o que encontra no caminho.

- Ao se deslocar pelo corredor de um serviço hospitalar, uma enfermeira pode dar uma olhada no quarto de um doente para assegurar-se de que não há problema.

Na gráfica de um jornal diário, os operadores monitoram uma rotativa a partir de uma mesa de comando situada numa cabine anti-ruído. Em torno da rotativa o nível de ruído é muito elevado e constata-se a presença de produtos químicos na atmosfera. Na prática, os operadores são levados freqüentemente a deixar a cabine para intervir ou tomar informações na própria máquina.

Uma observação é feita para avaliar quanto tempo o operador fica fora da cabine e, portanto, exposto ao agente agressivo. A localização das intervenções na rotativa é anotada para se obter uma primeira categorização de seu objeto.

Essas observações são realizadas em diversos momentos: no início e no decorrer da impressão. Os ajustes parecem mais freqüentes no início da impressão e entre os diferentes jornais impressos, sendo que alguns parecem provocar um maior número de deslocamentos.

Entre os aspectos que motivaram a ação ergonômica está a freqüente retirada de exemplares na saída da rotativa, embora haja um sistema de retirada automática a partir da cabine. Os operadores explicam por que não usam esse sistema de retirada: risco de mau funcionamento e tempo longo demais entre a chegada do jornal retirado e as modificações de ajuste efetuadas. □

2 — A direção do olhar

A observação da direção do olhar consiste em registrar em qual parte do sistema técnico ou do ambiente de trabalho o operador retira informações visuais. Não se deve confundir esse tipo de observação com as medidas de movimentos dos olhos que exigem o uso de uma aparelhagem especial pelo operador e que permitem obter uma indicação bastante exata sobre as localizações das fixações visuais. Os registros de direção do olhar podem, no entanto, ser suficientes em muitos casos. De fato, e isso é uma habilidade que cada um usa e pode constatar na vida cotidiana, a posição da cabeça e a orientação dos olhos de um indivíduo permitem inferir de maneira relativamente confiável para onde está olhando. A precisão de tais registros é influenciada pela posição do observador em relação ao indivíduo observado, por seu conhecimento do ambiente e, evidentemente, pelo ângulo entre as diferentes direções (o qual depende da distância e do tamanho dos elementos olhados). Além disso, numa situação de trabalho, o ambiente é estruturado pelo sistema técnico, e as

As modalidades práticas da observação **151**

tomadas de informação visual do operador são guiadas pela tarefa que ele realiza: um bom conhecimento prévio da tarefa e da localização das informações suscetíveis de uso pelo operador constitui uma garantia quanto à qualidade dos registros.

Vários elementos podem alterar a eficácia de tais registros: por exemplo, a proximidade eventual de fontes de informação diferentes ou, ainda, uma freqüência elevada das mudanças de direção do olhar. No primeiro caso, o único meio de melhorar a precisão do registro é, para o observador, posicionar-se no eixo onde podem ocorrer confusões. No segundo caso, é necessário dispor de um registrador eletrônico de eventos ou então proceder, se possível, a uma gravação em vídeo.

A variabilidade do ambiente pode ser também um obstáculo à realização de tais registros: o desfilar da paisagem e, portanto, dos sinais pertinentes para o operador, no caso da condução de um trem ou de um automóvel, transformação progressiva do objeto e do ambiente de trabalho num canteiro de obras.

A importância da atividade visual na execução de um trabalho é tamanha que a natureza das hipóteses que podem ser formuladas em relação a ela é muito variada:

- A direção do olhar é geralmente relevante como meio de avaliação das fontes de informação usadas pelos operadores.

- As observações da direção do olhar podem também ser utilizadas como indicador da exigência visual da tarefa. Nos trabalhos com monitores e principalmente nas tarefas de digitação, a freqüência elevada das fixações sobre elementos de natureza diferente (tela, documentos, teclado) pode de fato gerar uma solicitação excessiva dos mecanismos de acomodação, de convergência e de adaptação às diferentes luminosidades. As observações sistemáticas da direção do olhar podem permitir evidenciar freqüências muito elevadas dessas mudanças, mas também relacioná-las com as características da tarefa.

Operadores monitoram máquinas que embalam cigarros em maços e depois em pacotes. O dispositivo assegura o agrupamento dos cigarros, a embalagem em papel alumínio, em cartão impresso e em papel celofane, a colagem de um selo, e depois o agrupamento dos maços em pacotes. O operador é encarregado de alimentar as gavetas com os diferentes materiais necessários e de supervisionar o bom funcionamento do equipamento. Numerosos incidentes podem atrapalhar seu funcionamento. Certos automatismos foram instalados para parar a máquina a fim de impedir o atolamento dos materiais, cuja recuperação é trabalhosa; um quadro sinóptico deve ajudar os operadores a localizar a origem dos incidentes.

Na prática, os operadores procuravam antecipar a ocorrência desses incidentes pela identificação de indícios visuais e por intervenções preventivas. Sem essas intervenções, a máquina pararia com muita freqüência e a produção cairia em quantidade e em qualidade (maços malfeitos).

A observação da direção do olhar permite localizar os lugares mais supervisionados pelos operadores. Os comentários dos operadores sobre esses resultados permitem identificar os indícios procurados e as razões de sua detecção: a antecipação de disfunções que podem levar à parada da máquina e a um longo tempo para reativá-la.

Assim, um elemento da máquina que assegura a alimentação dos cigarros é, por meio de freqüentes olhares em sua direção (a cada 2 segundos, em média), objeto de um controle particular: a cada instante, um cigarro malposicionado pode estar na origem de múltiplos incidentes a jusante.

> Mas a observação mostra também que essa tomada de informação é muito menos freqüente quando os operadores estão ocupados com tarefas de reabastecimento.
>
> Esse conjunto de resultados permite propor uma formalização dos indícios pertinentes para os operadores (formalização útil à formação), dá elementos, permitindo uma reorganização espacial do posto e facilitando o controle visual. Permite também uma avaliação do quadro sinóptico que acaba informando mais a respeito da localização dos incidentes (as conseqüências) depois que ocorrem do que sobre sua origem. □

3 — As comunicações

As comunicações entre indivíduos no trabalho têm diversas formas: verbais, por meio de intermediários específicos (telefone, documentos escritos, etc.), mas também por gestos.

O estatuto das comunicações verbais, numa observação sistemática, é particular. A importância de seu conteúdo na realização do trabalho pode justificar sua gravação. Não abordaremos nesta obra os métodos que podem ser usados para analisar esses conteúdos. Mas, independentemente das análises particulares que poderão ser feitas de tais gravações, cabe notar que podem trazer informações úteis à interpretação dos dados de observação registrados simultaneamente.

No entanto, um plano de observação sistemático (em que o observador codifica "no ato") pode muito bem levar em conta as comunicações, limitando seu registro à identificação de sua natureza (verbal, por gesto, telefônica, etc.), dos interlocutores ou a uma classificação grosseira de seu conteúdo (objeto da comunicação). Neste último caso, o trabalho de codificação pressupõe um bom conhecimento prévio do conteúdo do trabalho e do sistema técnico para analisar a forma e o conteúdo dessas comunicações. Muitas vezes, os operadores usam uma linguagem profissional específica da atividade e, outras vezes, da própria situação. O conhecimento dessa linguagem pode ser indispensável para compreender bem as coordenações e o funcionamento dos ambientes coletivos de trabalho.

Uma caracterização mesmo rudimentar das comunicações pode permitir uma quantificação das fontes de informação e dos interlocutores privilegiados. Pode, assim, revelar os aspectos coletivos da atividade.

4 — As posturas

As posturas constituem um indicador complexo da atividade e dos constrangimentos que pesam sobre ela. São também um objeto de estudo em si, na medida em que são fontes de fadiga e podem gerar distúrbios vertebrais, articulares, etc.

A postura pode ser considerada, ao mesmo tempo, como o suporte dos movimentos para trabalhar (ela contribui para a força e a precisão dos gestos e dos esforços físicos) e como o suporte das tomadas de informação visual (determinação do campo visual, distância dos objetos olhados), enquanto assegura a função essencial de conservação do equilíbrio. Pode informar também sobre o estado do operador, na medida em que não é independente de sua fadiga muscular ou visual (distância entre os olhos e a tarefa). Esse conjunto complexo é também influenciado pelas relações entre as características antropométricas do operador e as características físicas dos postos de trabalho. O conhecimento dessas características constitui, portanto, um complemento indispensável à análise das posturas.

Vários tipos de hipótese podem então ser associados à observação das posturas:

- O operador é levado a assumir freqüentemente, ou por longo tempo, posturas desconfortáveis.
- Os constrangimentos que pesam sobre o operador reduzem suas possibilidades de mudança de postura.
- A evolução da atividade das posturas adotadas durante o dia revela um desconforto crescente ligado à fadiga.
- As modificações da postura revelam dificuldades particulares ligadas à execução da tarefa.

Estudar as posturas numa observação sistemática coloca problemas técnicos muito diferentes segundo o tipo de hipóteses subjacentes e segundo a natureza da atividade observada. Assim, nos trabalhos em que os gestos são amplos e variados, a importância da variabilidade das posturas, combinada à variedade dos graus de liberdade dos segmentos corporais, pode ser tal que o observador seja levado a limitar os registros aos elementos mais evidentes da postura ou a certos momentos cruciais. Nas tarefas em que os gestos de trabalho são menos amplos, as dificuldades do registro estão, ao contrário, ligadas a dificuldades de discriminação de modificações progressivas da postura.

A postura é constituída pela organização relativa dos diferentes segmentos corporais, mesmo que só se considerem algumas modalidades para cada elemento selecionado da postura na observação. A combinação destes leva freqüentemente a uma multiplicidade de posturas possíveis, portanto difíceis de codificar. Por essa razão, um método prático pode consistir em registrar-se isoladamente cada um dos elementos da postura. Esse método é, no entanto, difícil de ser usado para registros contínuos e leva geralmente à escolha de observações instantâneas.

Se o ergonomista quer levar em consideração a continuidade temporal, deve previamente identificar posturas-tipo.

5 — As observações em termos de ações ou de tomadas de informação

Os observáveis que acabam de ser mencionados correspondem a comportamentos elementares e, fora as comunicações verbais, seu recorte em unidades de registro se faz em referência ao espaço: localização do operador no espaço de trabalho, posição da cabeça, dos diversos segmentos corporais. Esse recorte, em si, não coloca problemas fundamentais. A visibilidade ou a possibilidade de discriminação podem tornar as observações difíceis, mas o observador pode avaliar a precisão de seus registros e considerá-las na interpretação dos resultados.

Quando se quer realizar registros em termos de ações, o problema é mais delicado:

- Situar uma ação é quase sempre identificar os gestos, os objetos manipulados, e mesmo o contexto em que sua combinação faz sentido para o observador. Esse conjunto é freqüentemente implícito para o observador e depende muito de sua familiaridade com o domínio de atividade. Caberá, pois, para assegurar a possibilidade de reprodução das observações, definir de maneira explícita os indícios elementares que permitem a caracterização de uma ação para o observador.

- Da identificação desse conjunto de indícios à atribuição de uma intenção ao operador, existe um limite maldefinido. Há, portanto, com freqüência, riscos de interpretações errôneas dos fatos observados. Esse ponto é provavelmente o mais problemático: uma ação se define geralmente por um objetivo para aquele que a realiza; ora, esse objetivo não é acessível à observação. É bem verdade que, em muitos casos, há adequação, mas o que a justifica não é facilmente passível de formalização. No entanto essa dificuldade não se coloca quando as ações que se deseja registrar correspondem a gestos elementares: apertar um botão de comando, abrir uma válvula, encher um tanque, etc.

- Além disso, ao contrário dos comportamentos elementares dos quais se pode facilmente definir um recorte (um operador está num dado local, assume uma dada postura num dado momento), as ações podem se superpor: um ajuste simultâneo a um controle, um gesto de preparação simultâneo a um gesto de execução, o operador pedindo e tomando uma informação enquanto age. Isso pode tornar os recortes (indispensáveis para uma observação sistemática) arbitrários do ponto de vista da lógica interna da atividade.

Não há solução pronta para isso, a qualidade da planilha de observação da atividade só pode ser avaliada em função de sua pertinência para o operador, o que pressupõe trocas contínuas com ele antes e depois da observação.

6 — Observáveis relativos ao sistema técnico e ao contexto

O conhecimento do contexto no qual o operador desenvolve a atividade é freqüentemente indispensável à compreensão do trabalho. Em certos casos, esses elementos de contexto são relativos aos próprios fatores que condicionam a atividade, e dos quais se quer estudar os efeitos (as características do veículo que chega, numa linha de montagem, o atulhamento de um local, etc.).

Os problemas levantados pelo registro desses observáveis são evidentemente muito dependentes do sistema técnico envolvido; ressaltaremos simplesmente que muitas vezes a caracterização da situação fica muito difícil, pela multiplicidade dos parâmetros pertinentes. A procura de meios automáticos para adquirir esses dados é, portanto, muitas vezes justificada, mas raramente são simples de aplicar nas situações de trabalho. É necessário limitar-se em geral aos traços disponíveis. Pode-se, por exemplo, relacionar a atividade observada com o histórico dos incidentes técnicos e dos parâmetros de condução de uma instalação informatizada. Pode-se também registrar *a posteriori* as características dos documentos dos quais observou-se o processamento no computador.

Por outro lado, as características do sistema técnico e do ambiente podem também ser resultado da atividade: a conseqüência direta ou indireta das ações. O conteúdo da tela do computador indica o que é digitado no teclado, os indicadores de uma máquina informam sobre os últimos ajustes feitos. A identificação de referências materiais para as quais verificou-se a correspondência direta com a atividade é, muitas vezes, um meio eficaz para descrever seus componentes.

Numa indústria da confecção, operadoras costuram as diferentes partes de luvas de segurança. A parte fixa dos salários é reduzida, uma vez que são pagas essencialmente por produção. Constata-se que elas mantêm uma produção bastante elevada. Um registro sistemático das posturas a partir de uma planilha de observações pré-estabelecida (conjunto cabeça/tronco, membros superiores, membros inferiores) e das distâncias entre os olhos e a tarefa põe em evidência uma imobilização quase permanente desses diferentes segmentos corporais. Interpretam-se esses resultados pelas exigências de precisão e velocidade, pelo tipo de atividade e pela organização espacial do posto, que determinam o posicionamento fixo de quatro segmentos corporais (os pés nos comandos, as nádegas sobre o assento, as mãos próximas à agulha, os olhos, e portanto a cabeça, numa distância constante da agulha). Os graus de liberdade na organização da postura são, portanto, muito reduzidos. Um indício suplementar veio confirmar essa interpretação: todo fim de dia, as operárias colocam sua cadeira na plataforma da máquina de costura para facilitar a limpeza, e toda manhã recolocam o assento no lugar. O registro da posição dos pés das cadeiras no chão mostrou que as operárias voltavam a colocá-las no mesmo lugar (variação num raio de cerca de 1 centímetro, como se só houvesse uma posição possível da cadeira para cada uma delas). □

7 — Levando em conta a dimensão coletiva nos registros de observação

A atividade é em primeiro lugar individual, mas inscreve-se com freqüência num quadro coletivo, onde os operadores compartilham objetivos comuns, precisam cooperar e se coordenar, onde o resultado de suas ações tem efeitos mais ou menos diretos sobre o trabalho dos outros.

Três características principais condicionam a natureza dos registros apropriados para descrever essa dimensão coletiva:

O número de atores em jogo

Esse ponto coloca, em primeiro lugar, um problema prático do ponto de vista da descrição: a mudança de foco da observação do indivíduo para uma dupla de indivíduos ou para um grupo modifica a natureza dos observáveis que podem ser considerados e, portanto, a riqueza de descrição da atividade de cada um.

Coloca também problemas mais teóricos do ponto de vista das formalizações subjacentes à estruturação dessas observações: a descrição da "atividade" de um grupo não pode ser reduzida à soma da atividade de seus membros.

Diante dessa dificuldade, o ergonomista pode situar sua escolha do modo de observação entre duas posições extremas:

- Manter o foco num operador, privilegiando suas ações e tomadas de informação em interação com seus colegas.

- Focalizar a observação na estruturação do grupo (evoluções no andamento e na distribuição das tarefas executadas, ocupação do espaço, etc.).

Quando o que está em jogo associa-se de maneira relevante à compreensão do funcionamento coletivo, essas duas abordagens devem ser adotadas simultaneamente.

O recurso a dois ou mais observadores, cada um centrando seus registros num operador, permite também observações ricas, que podem considerar particularmente as lógicas de ação próprias a cada operador.

A distância entre os atores

Muitas atividades pressupõem coordenações à distância que podem ser apoiadas por sinais sonoros ou visuais, mas, mais freqüentemente, por meios de comunicação como rádio ou telefone.

Aqui também — e caso os interlocutores estejam envolvidos na situação estudada — a presença de observadores junto a cada ator pode ser necessária, ou pelo menos a possibilidade de coletar o conteúdo das trocas verbais. O problema é mais delicado quando um interlocutor é externo à situação.

A escala temporal

A dimensão coletiva do trabalho não se traduz necessariamente pela simultaneidade de ações coordenadas. Assim, a busca de um objetivo comum pode ser compartilhada por equipes sucessivas. Nesse caso, pode ser justificável centrar a observação nas modalidades de transmissão das instruções.

Nos sistemas seqüenciais de produção, as comunicações entre montante e jusante podem prevenir que há algo de anormal no produto fabricado, e as comunicações entre jusante e montante podem informar sobre os defeitos de qualidade identificados pelos operadores em fim de linha.

Em muitas situações de trabalho, existem dependências consideráveis na sucessão das operações a efetuar, pelos diferentes operadores (canteiro de obras, centro cirúrgico, etc.). Uma descrição precisa das etapas de preparação, dos momentos de desencadeamento das operações, das eventuais acelerações para cada um dos operadores envolvidos é essencial. Essa descrição terá melhor aproveitamento se enriquecida por uma identificação dos indícios apreendidos pelos operadores sobre o andamento do trabalho dos outros.

A descrição de coordenações de ações que têm um componente sensório-motor grande pressupõe observações muito acuradas, para as quais quase sempre é necessária a gravação em vídeo.

II — As técnicas de registro

A escolha das modalidades práticas de registro é condicionada:

- Pelas restrições próprias às situações de trabalho observadas. A presença direta do observador nas proximidades do ou dos operadores torna-se às vezes delicada, em função do espaço disponível, da mobilidade dos operadores, ou pelo incômodo que ela pode gerar na execução do trabalho.

- Pelas propriedades dos observáveis a levar em consideração. A freqüência e as possibilidades de discriminação dos observáveis condicionam o número de observáveis diferentes que se poderá registrar e a precisão dos registros.

- Pelas hipóteses que guiam as observações e, por conseguinte, pelo tipo de exploração que o ergonomista pretende realizar a partir desses registros.

Distinguiremos três dimensões que diferenciam as modalidades de registros, relativas:

- À consideração ou não da continuidade temporal dos observáveis.
- Ao suporte dos registros.
- À utilização de meios de gravação permitindo um registro diferido.

1 — Observações instantâneas e observações contínuas

Interesses e limites das observações instantâneas

Considerar a continuidade temporal pode parecer indispensável para descrever fielmente a cronologia e o encadeamento das ações de um operador; esse tipo de registro pode se revelar incompatível com o número de observáveis que se quer considerar simultaneamente. Essa exigência de multiplicidade de observáveis encontra-se essencialmente quando os observáveis registrados são de natureza multidimensional: registros de posturas descritas pelo estado de diversos segmentos corporais, por exemplo, e quando se centra a análise nas relações entre os observáveis (simultaneidade).

É possível, nesse caso, registrar a intervalos de tempo regulares, ou em momentos significativos, um estado instantâneo da situação.

Esse tipo de registro é particularmente prático quando se quer ressaltar características comuns a um conjunto de operadores num setor. Procede-se então efetuando observações instantâneas operador por operador, um após o outro.

É também adequado a pesquisas sobre a evolução em períodos relativamente longos (em particular um dia inteiro).

Os tratamentos e inferências que se extraem dessas observações devem, no entanto, sempre ser feitos tendo-se em conta que não foi considerada a continuidade temporal. A estabilidade dos fenômenos estudados deve então ser verificada *a posteriori*.

Na seqüência deste capítulo, abordaremos essencialmente as observações contínuas.

2 — Registros manuais e registros com aparelhos

O aparecimento de meios eletrônicos de registro de eventos e de microcomputadores portáteis transformou os modos de registro de observações disponíveis. Essa transformação se situa em dois níveis:

- Os meios eletrônicos de registro de eventos dispondo de uma base de tempo poupam ao observador o trabalho de registrar as datas dos eventos observados: isso leva, ao mesmo tempo, à possibilidade de registrar eventos cuja freqüência é bastante grande (da ordem do segundo) e a uma maior precisão temporal.
- O conteúdo dessas observações pode ser imediatamente transmitido a um computador para que sejam realizados os primeiros tratamentos. É então possível proceder a retornos de informação e a ajustes durante as observações.

Os registros papel/lápis

Não obstante, os registros papel/lápis apresentam vantagens adequadas a muitas situações de observação. É o caso, em particular, durante observações prévias, momento em que ainda é prematuro fechar-se numa planilha de observação rígida demais. Às vezes, são também indispensáveis como complemento a um registro sistemático feito com meios eletrônicos, para anotar eventos importantes não-previstos na codificação prévia: incidentes, por exemplo. Pode-se também facilmente anotar de maneira esquemática uma configuração espacial.

Às vezes, é o próprio ambiente que acaba evitando os eventuais imprevistos devidos à utilização de suportes eletrônicos frágeis.

No entanto, as observações papel/lápis só são possíveis se a freqüência dos observáveis é pouco elevada; o tempo acumulado em identificar a ação, verificar o tempo e fazer o registro escrito não pode ser comprimido abaixo de um certo limiar.

Praticamente, podem-se distinguir duas modalidades extremas de registros manuais:

- A primeira, que exige o mínimo de preparação material prévia, é o modo de registro "código e data": o observador anota códigos que correspondem aos eventos e sua "data" de ocorrência (o momento: hora e minuto, por exemplo). Os dados coletados se apresentam então na forma de uma lista cronológica de eventos.

- A segunda consiste em preparar planilhas de entrada de dados onde colunas são atribuídas aos eventos que se deseja registrar, correspondendo cada página a uma duração de observação. O observador marca as colunas em função dos eventos que ocorrem, aproximadamente no lugar que corresponde ao momento de sua ocorrência.

Esse segundo modo é menos preciso, do ponto de vista temporal, mas o primeiro também não é muito preciso. As planilhas de observação permitem um registro mais rápido, pois não exigem que se escrevam códigos ou datas. São mais fáceis de tabular: cada página pode ser objeto de uma tabulação intermediária, o tempo é provisoriamente calculado a partir de sua representação espacial (em centímetros, e não em horas, minutos e segundos, o que é mais difícil). Essas planilhas permitem até uma primeira visualização gráfica do desenvolvimento da atividade.

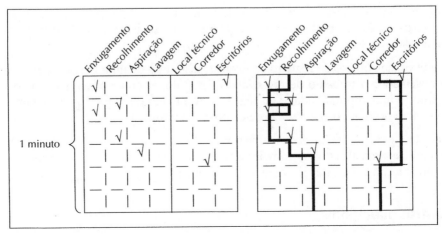

Figura 24 — *Exemplo de planilha de observação.*

Os registradores de eventos

Os diferentes sistemas de auxílio ao registro de observações não têm todos as mesmas qualidades. A diversidade crescente dos materiais disponíveis ou adaptáveis para cumprir esse papel deverá permitir, num futuro próximo, dispor de ferramentas diferenciadas segundo a natureza das situações estudadas e dos planos de observação.

Atualmente, as ferramentas usadas são registradores de eventos específicos ou, mais freqüentemente, microcomputadores de bolso com relógio interno. O instrumento de entrada de dados pode ser um teclado, o que obriga à definição de códigos alfanuméricos associados aos observáveis, e dos quais o observador deve se lembrar para aproveitar a rapidez de registro permitida por esses equipamentos. Sistemas que utilizam leitoras de código de barra podem limitar o recurso à memorização, ao fornecer suportes mais explícitos de codificação. Os sistemas tipo "assistentes pessoais", providos de reconhecimento de escrita ou de formas, permitem elaborar de "formulários" ou planilhas de entrada de dados adaptadas às situações observadas.

Em todos os casos, o interesse maior desses auxílios e de sua integração num dispositivo de processamento dos dados coletados é a possibilidade de restituição quase imediata das observações realizadas. A articulação que isso permite com as explicações dos operadores facilita a validação e o enriquecimento das observações.

3 — Gravações em vídeo

O recurso às gravações em vídeo apresenta certas vantagens em relação aos registros diretos feitos em tempo real.

- Permitem, graças à utilização da câmera lenta e da pausa, registros de observáveis cuja freqüência é elevada ou de discriminação difícil (é o caso da direção do olhar, quando o operador ocupa um posto fixo).
- Permitem registrar vários observáveis simultaneamente ou, ainda, dados impossíveis de anotar em tempo real (os conteúdos de telas de computador, por exemplo). Isso supõe, evidentemente, a inserção de uma base de tempo nas imagens gravadas.
- Permitem ainda uma tabulação e, portanto, uma codificação *a posteriori*.

Vê-se que essas vantagens não são todas da mesma natureza; no primeiro caso, trata-se apenas de um auxílio para obter registros mais precisos; no segundo caso, o próprio processo de registro é transformado. O observador pode voltar atrás e, portanto, levar em conta eventos posteriores àquele que registrou. Graças às pausas, pode analisar combinações de fenômenos. Os indivíduos observados, por meio de comentários relativos à atividade filmada, podem trazer uma contribuição para a descrição de sua atividade. O método, então, ultrapassa a observação em si; voltaremos a isso no capítulo sobre as explicações do operador.

Convém ressaltar que um registro filmado se faz em função de escolhas prévias: ponto de vista fixo ou móvel, focalização de determinada característica da atividade. Prefere-se geralmente um ponto de vista fixo, mas motivado, à câmera na mão, que exige habilidade e competências específicas.

III — A descrição da atividade observada

A descrição de uma atividade a partir de registros de observação enfrenta um obstáculo considerável: a dificuldade de se expressar de maneira sintética o desenvolvimento temporal de uma atividade. Assim, para ilustrar as características de uma atividade, a projeção de uma seqüência filmada e comentada é freqüentemente o método mais eficaz: o desenvolvimento temporal, o ambiente, as múltiplas características espaciais estão nele praticamente preservadas. Se esse método é incontestavelmente "pedagógico", não pode ser o fundamento de demonstrações válidas nem o suporte para a elaboração de conhecimentos verificáveis.

Já ressaltamos que o trabalho de registro implicava em escolhas, uma redução em relação às múltiplas dimensões observáveis da atividade. O trabalho de descrição é, por sua vez, a aplicação de novas reduções, da escolha de pontos de vista particulares para acentuar certos aspectos da atividade desenvolvida.

Abordaremos, para começar, diversos indicadores estatísticos correntemente empregados em análise da atividade, numa ordem crescente de inclusão da dimensão temporal e cronológica, e então mencionaremos modalidades de descrição mais complexas que procuram preservar o desenvolvimento temporal da atividade.

1 — Os indicadores estatísticos

As ocorrências de eventos

O indicador estatístico mais imediato é a contagem das ocorrências de eventos. Pode mesmo ser aplicada a registros que não levam em conta o tempo, a não ser a duração do período de observação: "durante um período de observação de 1 hora, o operador realizou sete ajustes de sua máquina". Indicador simples, mas que tem o interesse de ser fácil de comunicar, portanto de ser um suporte de troca com o operador ou outros interlocutores. Geralmente, só é significativo em relação a indícios similares em outras condições de execução do trabalho: "quando se fabricam outros tipos de peças, os ajustes não são tão freqüentes".

As durações das categorias de observáveis

O cálculo da duração das categorias pressupõe que o plano de observação permita identificar o início e o fim dos observáveis considerados.

Um primeiro nível de descrição das durações das categorias é o cálculo da duração total da permanência de cada uma delas: "o operador passou 15 minutos, ou seja, 25% do tempo de observação, regulando sua máquina". Esse tipo de resultado se presta a representações gráficas do tipo "diagrama em setores" (ou "pizza") ou, para comparações, a representações do tipo histograma de barras (empilhado).

Um segundo nível de descrição corresponde à distribuição das durações elementares. Esse tipo de descrição é acompanhado por diversos indicadores estatísticos, principalmente os chamados "de tendência central" (média, mediana, moda) e os chamados de "dispersão" (desvio-padrão, desvio interquartil, extensão).

A média é freqüentemente usada como indicador de tendência central para distribuições. De fato, se, com o desvio-padrão, ela serve para as comparações, não representa necessariamente a realidade observada. Com efeito, muitas vezes as distribuições dos tempos observados assumem a forma de curvas bastante assimétricas. E o valor da média pode muito bem não se aproximar de nenhuma duração real observada. É preferível então a mediana, que se pode formular de maneira simples e eloqüente: "a metade dos ajustes demora menos de 10 segundos". Da mesma maneira, características importantes dessas distribuições podem ser formuladas em termos de efetivos ou de porcentagem em relação a uma duração significativa:

"Dois ajustes em sete duraram mais de 5 minutos".

As seqüências de categorias de observáveis ou de eventos

A análise de seqüências de categorias de observáveis ou eventos corresponde a uma primeira apreensão parcial do desenvolvimento da atividade. Num primeiro nível de descrição pode ser o caso de constituir um "quadro de transição", indicando o encadeamento de dois eventos, mas essas descrições só constituem, no entanto, um indicador muito sintético. A localização de seqüências completas que correspondem a objetivos particulares ou a ciclos de trabalho permite uma abordagem mais diretamente ligada ao conteúdo da atividade. A sua análise, se integrada à estrutura temporal dos encadeamentos, pode retratar modificações de modos operatórios ou desvios entre modos operatórios previstos e a atividade real; permite ainda investigar relações causais entre eventos: "os ajustes de mais de 5 minutos são sistematicamente feitos após cada mudança de lote de matérias-primas".

Esses indicadores estatísticos se prestam facilmente a comparações ou, em outros termos, para evidenciar relações de certos fatores com as variáveis observadas relativas à atividade. Essas relações podem ser contextuais (em tais condições, as coisas ocorrem de uma tal maneira) ou, ainda, seqüenciais (tal evento leva a tal modificação). Mas essas constatações têm apenas um interesse limitado, caso o analista perca de vista os dados elementares que constituíram esses indicadores estatísticos. É geralmente no nível elementar que ele vai poder encontrar as pistas para a explicação dos fenômenos observados. Do mesmo modo, uma vigilância permanente sobre a natureza das categorizações realizadas durante o registro de observações é indispensável para que não se tirem conclusões errôneas a partir dessas quantificações.

As descrições que procuram preservar o desenvolvimento cronológico e, assim, recolocar cada observável em seu contexto são um suporte a abordagens mais interpretativas.

2 — As descrições cronológicas

As descrições cronológicas se situam entre dois pólos segundo a natureza dos dados de observação registrados:

- Por um lado, a partir de registros sistemáticos, centrados em certos observáveis, e levando em conta o início e o fim das categorias de observáveis definidas (ou seja, os registros permitindo quantificações temporais), é possível produzir gráficos de atividade.

- Por outro lado, a partir de observações mais abertas, para as quais os observáveis registrados podem mudar em função do contexto, podem-se obter descrições mais narrativas.

Os gráficos de atividade

As representações gráficas do desenvolvimento temporal das variáveis observadas são uma ferramenta útil por dois motivos:

- Em primeiro lugar, são uma ferramenta para o analista, permitem coletar quase a totalidade das informações coletadas numa observação sistemática: os momentos, as durações, as transições, as simultaneidades, as evoluções; os eventos excepcionais ou os mais freqüentes podem ser apreendidos de maneira visual. Sua consulta permite então guiar a escolha de indicadores estatísticos pertinentes.

- Em segundo lugar, são freqüentemente o suporte mais concreto, servindo como material para as entrevistas entre o ergonomista e os operadores observados, a respeito da atividade efetivamente realizada. São também um meio eficaz para explicar em que a medida do tempo é útil nas técnicas de observação e que essa medida não pretende se referir a critérios de avaliação.

A elaboração dessas representações gráficas apresenta, no entanto, problemas técnicos. É de fato difícil realizá-las manualmente para observações relativas a períodos longos. O uso de ferramentas informáticas é, portanto, geralmente indispensável. O interesse de tais ferramentas é que facilitam a escolha dos períodos a representar, sua precisão temporal e as modalidades de representação dos observáveis.

Nem todas as modalidades de representação gráfica têm as mesmas qualidades: as linhas simbolizam adequadamente a permanência de uma categoria, as superfícies sombreadas ou coloridas permitem estabelecer relações por superposição, os símbolos gráficos ou as indicações pontilhadas ressaltam o caráter pontual de um evento.

É importante também ter cautela quanto às tendências subjetivas que podem ser introduzidas por certas modalidades de visualização: essas representações são, necessariamente, espaciais e a posição deste ou daquele elemento pode dar a ele um relevo particular, ou ainda ocultá-lo.

As descrições narrativas

Nesse caso, as reconstituições se parecem mais com um roteiro de filme. As ações são descritas na linguagem corrente, as referências temporais são menos precisas ou, mais exatamente, menos sistemáticas.

As qualidades desse tipo de descrição são mais difíceis de formalizar. Correspondem, evidentemente, a registros pouco sistemáticos, mas espera-se que expressem de maneira compreensível o encadeamento das ações e a coerência desse encadeamento. Enriquecidas pelas entrevistas que acompanham a observação, são as mais apropriadas para estabelecer como se dão a planificação e a antecipação na atividade do operador. São também apropriadas para considerar situações específicas incidentais ou problemáticas para os operadores.

De fato, quase sempre as descrições recorrem mais ou menos a esses dois extremos: um gráfico de atividade ganhará se for acompanhado de comentários, recolocando os comportamentos elementares num contexto mais significativo (tal deslocamento, num momento dado, corresponde à ocorrência de um incidente); por sua vez, uma descrição mais narrativa deve apoiar-se em alguns marcos sistemáticos de lugares, tempo, atores presentes.

As modalidades práticas da observação

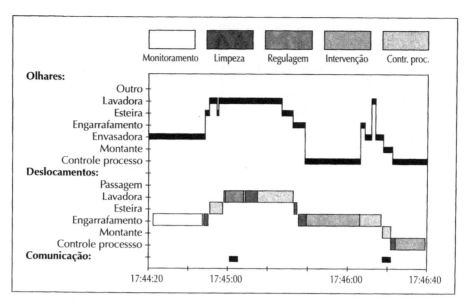

Figura 25 — *Exemplo de gráfico de atividade obtido com o programa Kronos. A parte superior representa a sucessão do olhar para as diferentes áreas de uma linha de embalagem; a parte inferior, os deslocamentos nessas mesmas áreas. As ações são representadas por tonalidades diferentes no interior dos deslocamentos.*

IV — Os limites da observação

Podem-se distinguir globalmente dois grandes tipos de limite à observação da atividade: limites de ordem prática ligados às técnicas usadas e limites ligados aos próprios fundamentos da observação. Para serem ultrapassados, o primeiro tipo deve levar à criação de novas ferramentas, e o segundo tipo deve levar à implantação de métodos complementares.

A apreensão da variabilidade pela observação

Para explicar o segundo tipo de limite, convém lembrar que a preocupação fundamental da abordagem ergonômica é a consideração da variabilidade dos sistemas de trabalho. Mas essa variabilidade não se expressa necessariamente na escala temporal de uma ação ergonômica: variações sazonais, desgaste das instalações, envelhecimento da população, etc. Além disso, certos fatores de variabilidade operam de maneira aleatória: disfunções das instalações, qualidade das matérias-primas. Ora, a análise da atividade fundada na observação só pode abranger períodos limitados e de natureza específica. Sabendo-se que muitas vezes os defeitos maiores na concepção dos sistemas de trabalho são devidos a uma subestimação dessa variabilidade, percebem-se as precauções que devem ser tomadas para dar um alcance geral aos resultados das análises detalhadas da atividade.

Sem dúvida, o ergonomista terá o cuidado de escolher períodos de observação mais representativos das condições de execução do trabalho cujos efeitos ele quer analisar. Ele deve, no entanto, garantir um conhecimento preciso das condições particulares (que raramente controla) nas quais ele efetua suas observações. A análise prévia da tarefa deve ajudá-lo nessa identificação, mas ele não poderá descartar a experiência do ou dos operadores observados.

A análise da tarefa e a consideração da experiência dos operadores são, portanto, um complemento indispensável para associar às observações.

Convém ressaltar que é a escala temporal da ação ergonômica que pode ser um obstáculo à descrição e à análise de certos fatores de variabilidade. De fato, quando a variabilidade se inscreve no quadro temporal da análise da atividade, a observação é então uma ferramenta potente para descrever essa variabilidade e explicar suas conseqüências.

A esse limite proveniente da escala temporal da análise, acrescenta-se eventualmente um outro, ligado ao número de postos e de operadores com os quais é possível conduzir essas análises. As características individuais dos operadores são elementos determinantes da atividade realizada, e aí também a abordagem pela observação só poderá considerar uma parte dessa diversidade.

O conhecimento da população e de sua diversidade constitui um segundo complemento à observação.

A atividade apreendida por suas manifestações observáveis

De maneira mais fundamental ainda, acrescenta-se a constatação evidente de que só se pode observar a atividade por meio de suas traduções manifestas: visíveis por um observador ou registráveis por aparelhos de medida. Assim, se a observação pode ser considerada como o meio mais irrefutável para se chegar a um conhecimento da atividade real, em vários casos mostra-se insuficiente para compreender os motivos dessa atividade, os raciocínios e os conhecimentos em que se baseia. É, no entanto, um apoio indispensável para produzir explicações por parte dos operadores: é a partir de casos concretos que podem ocorrer trocas detalhadas a respeito de eventos e ações efetivamente constatados pelo observador e vividos pelo operador.

> *Ao contrário do discurso científico, quanto menos o poema tem significado — no sentido tradicional do termo — mais chance tem de fazer "sentido". "O mar crédulo como uma ipoméia", escreveu René Char. Releiam esse verso e deixem-no brotar...*
>
> Hubert Rives, *Malicorne*

11 AS VERBALIZAÇÕES

No que diz respeito aos três objetos da análise do trabalho (a atividade, as condições nas quais é realizada, e suas conseqüências), a verbalização do operador é essencial, pelas seguintes razões:

- A atividade não pode ser reduzida ao que é manifesto e, portanto, observável. Os raciocínios, o tratamento das informações, o planejamento das ações só podem ser realmente apreendidos por meio das explicações dos operadores.
- As observações e medidas são sempre limitadas em sua duração. Assim, o operador pode ajudar a ressituar essas observações num quadro temporal mais geral.
- Nem todas as conseqüências do trabalho são aparentes. A fadiga, eventuais distúrbios sofridos não têm tradução manifesta; o operador pode expressá-las e relacioná-las com características da atividade.

Mas a verbalização do operador não é óbvia:
- Já vimos que o operador tende a descrever seu trabalho e suas conseqüências em função do que ele pensa ser os interesses e objetivos de seu interlocutor. Os do ergonomista, mesmo após explicações preliminares, podem permanecer malcompreendidos. A maneira e o objeto do questionamento vão contribuir progressivamente para seu esclarecimento.
- Operações de rotina e estratégias podem ser o resultado de aprendizagens antigas, de uma longa experiência. Sua importância, seus motivos e os conhecimentos que lhe são subjacentes, porém, nem sempre são mencionados espontaneamente pelo operador.
- Certas dimensões da atividade não se prestam facilmente a uma expressão verbal. É o caso, por exemplo, de habilidades manuais muito integradas (por exemplo, a explicitação de como se faz laço num cadarço). É o caso também da apreciação da qualidade de um produto por sensações táteis.

> *Durante a análise da atividade de jovens mulheres embutindo o fio em agulhas cirúrgicas, os ergonomistas observam que algumas das agulhas que as operadoras retiram de uma caixa situada à sua frente escapam de seus dedos, ou parecem ser apanhadas com dificuldade. Anotam esses eventos numa categoria de incidentes e depois comunicam os primeiros resultados dessas observações às operadoras. Elas dão imediatamente uma significação a esses "incidentes".*
>
> *Com efeito, quando as agulhas são apanhadas, elas obtêm informações táteis sobre o tamanho das agulhas, sua qualidade de polimento; sentem se falta ponta nas extremidades das agulhas. Elas se picam também, e mostram a extremidade do polegar e do indicador onde puseram curativos.*

As primeiras explicações do operador são freqüentemente lacônicas. A continuação das trocas, se for fundamentada num questionamento sobre a atividade do operador e as condições concretas nas quais ela se realiza, deve proporcionar uma expressão mais rica e detalhada.

As verbalizações assim suscitadas levam, às vezes, os operadores a descobrir por si a complexidade do que fazem e suas conseqüências.

> *Durante um primeiro contato com uma operária de uma confecção em seu posto, o ergonomista pergunta a ela em que consiste seu trabalho. Apoiando sua descrição com os gestos que normalmente faz, diz: "Pego a camisa e a gola nas duas caixas à esquerda, coloco-as debaixo da agulha desta maneira, costuro e depois coloco o conjunto na caixa da direita". Ela dá uma descrição muito simplificada de sua atividade, conforme as ações prescritas pela organização do trabalho. É na continuação das trocas com o ergonomista que a operária vai enriquecer sua descrição, relatar incidentes (fios que arrebentam, falta de correspondência entre a gola e o corpo da camisa, etc.), as flutuações de abastecimento ou de saída, as variações nos tipos de camisa a costurar, os retoques que deve fazer após o controle, etc.*

I — Os momentos da verbalização e seus objetivos

Recorrer às verbalizações é necessário para as diferentes etapas da ação ergonômica. A progressão no conhecimento da situação de trabalho e a compreensão da atividade condicionam as modalidades de troca entre o operador e o ergonomista, bem como as informações mais específicas que ele procura.

- Nos primeiros contatos com o operador, o objetivo é compreender as principais características da atividade, os constrangimentos sob os quais ela se realiza, suas flutuações e suas conseqüências mais evidentes para a saúde e para a produção. Nessa fase, o ergonomista descobre o funcionamento do sistema técnico tal como é apresentado pelo operador, do ponto de vista do que este deve realizar efetivamente. O ergonomista se familiariza com o vocabulário profissional utilizado. Todas essas trocas vão contribuir para a elaboração das primeiras hipóteses e para a escolha dos momentos e dos métodos de observação que virão a seguir.

- No decorrer dos períodos de observação mais sistemática, as verbalizações vão permitir compreender melhor o desenvolvimento da atividade observada. Elas se referem então aos eventos que se produzem e às ações efetivamente realizadas. As constatações e os resultados provenientes das observações servem então de apoio às verbalizações. Modalidades precisas de coleta das verbalizações podem ser definidas; voltaremos a isso mais tarde. Além disso, as observações dos operadores poderão conduzir a ajustes ou correções na escolha dos observáveis e das condições de seu registro.

- No momento da interpretação dos resultados, as trocas com os operadores vão contribuir para a elaboração e validação do diagnóstico final.

Cada uma dessas etapas corresponde, portanto, a objetivos relativamente bem-definidos para o ergonomista; no entanto o conteúdo das trocas não pode e não deve ser estritamente limitado a seus próprios questionamentos. A todo momento, o operador pode trazer novos elementos, pode voltar a pontos mencionados na visita anterior, insistir em algum aspecto que o ergonomista parece ignorar. A riqueza das informações que ele dá depende evidentemente das relações que progressivamente se estabelecem com seu interlocutor e da confiança que deposita nele. Essa confiança não pode nascer no contexto de questionamentos restritivos demais.

A atenção em manter um contexto de troca aberta é crucial, principalmente durante os primeiros contatos e durante a devolução, digamos assim, das conclusões.

Ao contrário, no âmbito da análise da atividade em si, geralmente se é levado a definir um contexto mais sistemático para suscitar as verbalizações. Distinguiremos, portanto, mesmo que na prática essas duas dimensões possam estar combinadas:

- De um lado, as verbalizações "de ordem geral" referindo-se às condições do trabalho e sua variabilidade.
- De outro, as realizadas em relação direta com o desenvolvimento de uma atividade observada pelo ergonomista.

II — As verbalizações sobre as condições de exercício da atividade e suas conseqüências

Essas verbalizações podem ser coletadas no decorrer de entrevistas no posto de trabalho, mas também em outro local, se nele as condições forem mais favoráveis.

Muitas vezes, essas entrevistas com os operadores fazem aparecer de imediato elementos importantes das situações de trabalho que não são mencionados pelos outros interlocutores: desvios em relação ao trabalho previsto, constrangimentos negligenciados pela supervisão, etc.

Vão permitir apreender o sistema técnico do ponto de vista daquilo que é pertinente para o operador.

Por razões já mencionadas, é necessário colocar-se numa situação que permita ao operador encontrar referências relativamente concretas:

- Sejam referências cronológicas: pede-se ao operador para contar um dia de trabalho, o que faz ao chegar em seu posto de trabalho, qual a operação seguinte à primeira, o que acontece quando a caixa de suprimentos fica vazia, etc. Essa descrição cronológica será evidentemente muito mais fácil se existirem eventos marcantes e facilmente identificáveis. Essa descrição pode ser rica no caso de um motorista entregador, mas mais difícil para um operário de linha de montagem.
- Sejam referências de espaço ou de objetos: para uma enfermeira, a referência aos diversos locais onde atua (na sala de curativos, no almoxarifado, etc.) permitirá uma descrição

das atividades que neles ocorre. Poderão ser suscitadas verbalizações sobre a utilidade dos comandos de uma máquina e as condições de sua utilização. Da mesma maneira, as funcionalidades de um programa de computador poderão ser revisadas a partir das opções de seus menus. Para conduzir à produção de informações pertinentes, o questionamento deve ser feito com ênfase na utilização efetiva do equipamento pelo operador e não numa explicação técnica deste.

Essas verbalizações são então gerais: ajudam numa primeira identificação das principais restrições do trabalho, ajudam a delimitar as propriedades da situação, pertinentes para a seqüência da investigação. Mas um outro tipo de questionamento é necessário para descobrir as características significativas da atividade. Nesse caso, é útil reduzir ao máximo a distância espacial e temporal entre o questionamento e o desenvolvimento da atividade em si.

III — As verbalizações em relação a uma atividade observada

Durante o desenvolvimento do trabalho, o recurso a uma verbalização do operador modifica necessariamente as condições nas quais ele trabalha. Seja porque esta é efetuada simultaneamente à realização do trabalho, seja porque implica numa interrupção desse trabalho. A primeira regra a seguir é, portanto, zelar para que essa perturbação não tenha conseqüências negativas para o operador. É com sua opinião e seu acordo que serão escolhidos os momentos e modalidades dessas verbalizações. É preciso, no entanto, manter-se atento aos incômodos possíveis, mesmo quando o operador não os expressa. Ele pode se sentir obrigado a tolerar os incômodos assim provocados porque seus chefes lhe terão pedido para aceitar essas entrevistas. O atraso que pode ocorrer deverá eventualmente ser recuperado após a visita do ergonomista. É preciso também zelar para que os colegas do operador não sejam perturbados, e que a disponibilidade do operador não acarrete uma sobrecarga de trabalho para eles.

Distinguem-se duas grandes modalidades de verbalização em relação à atividade: as verbalizações simultâneas, realizadas durante o decorrer do trabalho, e as verbalizações consecutivas, realizadas depois. Nos dois casos, podem ser mais ou menos solicitadas pelo ergonomista, mais ou menos suscitadas por um questionamento.

A escolha entre verbalizações simultâneas ou consecutivas depende das condições de exercício da atividade e do tipo de informação que se quer.

As verbalizações simultâneas apresentam o interesse de produzir explicações no próprio contexto da atividade. As condições concretas de seu exercício são apresentadas (a peça usinada, o documento tratado, etc.). O operador está "em situação" para se expressar, o ergonomista "em situação" para compreender. Em compensação, a verbalização vai necessariamente interagir com o desenvolvimento da atividade, que será assim modificado. Essa interação pode tornar impossível uma verbalização desse tipo: o nível de atenção exigido pela realização do trabalho pode ser elevado demais e os constrangimentos de tempo rigorosos demais. Raciocínios complexos que solicitam explicações detalhadas não podem ser explicitados durante o curso da ação.

Além disso, essa verbalização simultânea poderá se tornar difícil e até mesmo impossível se houver um ruído intenso, se o operador for obrigado a usar equipamentos de proteção individual como uma máscara, se ele se deslocar rapidamente, se houver riscos em manter-se perto dele durante seu trabalho, etc.

A *verbalização simultânea* pode ser suscitada seja durante o curso do trabalho, por iniciativa do ergonomista que vai questionar o operador, seja por uma instrução prévia: "Indique os momentos em que há um problema, quando você sai dos procedimentos-padrão". Essas duas opções não correspondem aos mesmos objetivos: no primeiro caso, o objetivo é geralmente a compreensão para o ergonomista; no segundo é um objetivo de identificação da variabilidade e das informações pertinentes para o operador.

As *verbalizações consecutivas*, por seu lado, apresentam o interesse de preservar o desenvolvimento normal da atividade. São geralmente coletadas apresentando ao operador resultados de observações. Indicadores estatísticos podem assim ser recolocados no quadro da variabilidade conhecida pelo operador. Relatórios detalhados da atividade observada podem servir de apoio à explicitação dos motivos das ações.

> *Numa fábrica de cerveja, a análise da atividade de um operador de máquina envasadora põe em evidência as relações entre a natureza das tomadas de informações visuais e o conjunto dos deslocamentos do operador. Este integra o estado das outras máquinas da linha à sua estratégia de conduta. Os ergonomistas apresentam aos operadores representações gráficas dessas estratégias e suas observações. Estes reconhecem a validade das observações, mas aumentam a complexidade dessa representação. "Quando vocês mostram que a gente tira informações sobre o fluxo de garrafas na saída da lavadora, simplificam as coisas; a gente vê também se a lavadora está funcionando." Para os ergonomistas, a lavadora é uma máquina dentro da qual passa um fluxo de garrafas, na qual não há como perceber disfunções. Os operadores os levam então até o setor de engarrafamento: "Mas sim, vejam: a gente vê se ela gira". Frente ao olhar perplexo dos ergonomistas, mostram então a rotação de um pino do qual se retirou a proteção.*   □

No caso de verbalizações consecutivas, o assunto delas pode ser suscitado pelo ergonomista que vai interrogar o operador a partir das constatações feitas durante a observação, mas pode também ser deixado à iniciativa do operador em função do que lhe parece importante e significativo.

A eficácia de tais verbalizações pressupõe que o operador possa se apoiar em referências concretas, permitindo-lhe lembrar as circunstâncias e o encadeamento de suas ações. Essas referências podem ser relatos de eventos ou incidentes, retorno das observações realizadas pelo ergonomista, ou até registros filmados.

IV — As modalidades do questionamento

A incitação à verbalização comporta dois aspectos complementares: a relação da atividade com o contexto e o questionamento.

Já mencionamos a importância da apresentação de referências espaciais e temporais permitindo essa relação. Lembremos que não se trata de pedir uma "opinião" ao trabalhador, mas permitir-lhe reconstituir, em parte, os raciocínios que fazia ao longo do período em que foi observado. Para isso, o operador é convidado a comentar fatos de observação que o ergonomista lhe apresenta, a partir de diferentes registros: anotações de observação da atividade, fitas de vídeo, etc.

O questionamento deve ser feito com muitas precauções. O primeiro risco é fazer perguntas que levem automaticamente a uma resposta preestabelecida. Um outro risco é a produção de respostas gerais, que não trazem informações pertinentes. É preciso evitar, em particular, a pergunta "por que...", que apresenta dois inconvenientes:

- Pode ser percebida como carregada de suspeita ("Você tinha uma boa razão para...") e incitar o operador a buscar uma justificativa "oficial" de sua ação, fazendo um tipo de teorização *a posteriori*.
- Além disso, "por que" introduz uma confusão entre as causas e os objetivos. O operador, por trás da pergunta "Por que você faz isso?" pode entender indiferentemente "Que evento o levou a fazer isso?" e "O que procurava obter fazendo isso?".

As perguntas podem ter a forma geral:
- "O que você está fazendo nesse momento?"
- "Como faz isso?"
- "O que o leva a...?"
- "O que você procura fazer?"

Mas é sobretudo apoiado em fatos significativos e específicos à situação que o operador vai poder expressar os motivos de suas ações. Muitas vezes essas explicações aparecem naturalmente quando se pedem descrições detalhadas das ações e dos indícios levantados.

O ergonomista que questiona o operador a partir de registros de observações não deve esquecer que todas as modalidades sensoriais estão em jogo na atividade do operador. Caso se obstine em perguntar ao operador "Mas como você vê que a máquina parou?" pode impedir o operador de explicar que ele ouviu a parada da máquina. Uma pergunta sobre "Como você percebe..." deixa mais espaço à expressão de uma diversidade de modalidades sensoriais.

Se é muito importante recolocar, antes de mais nada, o operador na situação que foi observada, as perguntas poderão em seguida se abrir ao que ocorre fora do momento observado, para conhecer a variabilidade da atividade além do tempo de observação, de registro:
- "É sempre assim?"
- "Você sempre faz do mesmo jeito?"

As perguntas podem também dizer respeito a dificuldades encontradas pelo operador:
- "Você sempre consegue?"
- "O que acontece quando você não consegue?"
- "O que o atrapalha?"

Cada resposta a uma pergunta pode ser uma oportunidade de ir mais longe por meio de outra pergunta para aprofundar, tornar mais precisa a descrição, ajudar o operador a se lembrar de fatos novos, pôr em relação cadeias de causalidades.

Uma operária é encarregada de decapar peças metálicas usinadas mergulhando-as num banho. Está enchendo o cesto de peças antes de colocá-lo na cuba de decapagem.

— Você arruma direitinho as peças no cesto por quê?

— Porque assim cabem mais.

As verbalizações

— *Qual a vantagem de colocar mais?*

— *Posso ir mais rápido na minha produção.*

— *E você sempre as arruma do mesmo jeito?*

— *Não, porque tem peças muito tortas; daí, não dá para arrumá-las.*

— *Então você põe menos peças?*

— *Sim, o que me atrasa, e depois preciso compensar esse atraso nas outras.*

— *As últimas peças do cesto, você não as coloca do mesmo jeito que as outras...*

— *É porque preciso calçá-las bem, para evitar que caiam na cuba quando mergulho o cesto no banho... Porque, daí, será preciso procurá-las, o que não é fácil, além do que é perigoso.*

— *Acontece muito?*

— *Às vezes.*

— *Várias vezes por dia?*

— *Sim, quatro ou cinco vezes.*

— *E são muitas peças?*

— *Depende: às vezes só uma, às vezes três ou quatro...*

— *E para pegá-las, como você faz?... E, quando caem, é por quê?*

— *Depende, às vezes porque não as calcei, não tinha tempo, precisava ir depressa. Outras vezes, por não ter segurado direito o cabo do cesto; então, com o braço esticado em cima da cuba, ele pode virar e algumas peças caem.*

— *E por que às vezes você não tem tempo de calçá-las direito?*

— *Porque o chefe me pediu para andar rápido; no setor de montagem estavam quase sem peças...*

— *É freqüente apressá-la assim?*

— *Depende, mais de manhã.*

Pode-se, assim, reconstituir elementos da atividade em curso, e determinantes dessa atividade (porque ela arruma as peças), as dificuldades (calçamento das peças), os incidentes (queda de peças), os constrangimentos (o cabo do cesto, a pressão de tempo). □

Além disso, ao longo da verbalização, é necessário reconhecer as reticências do operador em responder a uma pergunta, seu aborrecimento, às vezes:

- Reticência em falar dos modos operatórios implicando riscos ou a não-conformidade com as prescrições.
- Reticência em falar sobre certos efeitos sobre sua saúde, seja porque de domínio psíquico (medo, ansiedade), seja porque poderiam ser interpretados em termos de inaptidão do ponto de vista médico, seja, ainda, porque se manifestam na vida fora do trabalho.

O questionamento será então interrompido, ou se mudará de assunto. Não se deve jamais forçar a verbalização.

O ponto de vista dos operadores sobre sua situação de trabalho é, muitas vezes, recolhido em termos genéricos, os quais não permitem pôr em evidência nem as dificuldades concretas que encontram, nem as competências específicas que mobilizam para realizar seu trabalho. A coleta de dados em situação de trabalho e em ligação com a atividade efetiva contribui, além de uma avaliação da satisfação ou insatisfação do operador, para a identificação das características pertinentes da situação para sustentar o diagnóstico. Os operadores têm de fato conhecimentos específicos que nem sempre encontram oportunidade de expressar:

- Conhecimento da variabilidade, dos incidentes e dos ajustes a que precisam recorrer para dar conta deles.
- Conhecimentos de exigências não-formalizadas do trabalho.
- Conhecimentos relativos às exigências do trabalho apreendidas em suas inter-relações.

Esses conhecimentos são úteis, e mesmo indispensáveis, tanto na fase de diagnóstico, quanto para elaborar os projetos de transformação.

V — Das verbalizações à estrutura da atividade

Quando o objetivo do analista é compreender a própria estrutura da atividade de um operador que lida simultaneamente com vários problemas, ou que é freqüentemente interrompido, ele vai combinar de maneira particular um registro da atividade e uma "auto-confrontação" com o operador.

Tomemos, por exemplo, um operador de sala de controle. Ele monitora várias instalações, e mantém contatos por telefone ou rádio com operadores de área. Um ergonomista observa sua atividade e anota os eventos que ocorrem. Eis um extrato de alguns minutos:

Hora	Evento
8:31	Alarme
8:31:30	Pega o rádio: "A 118 está estranha. Pode ir lá ver?"
8:32	Alarme
8:32:15	"Preciso encher."
8:33	Olha mostrador 13
8:33:20	Pega o rádio: "Pode verificar o medidor de temperatura da 113?"
8:33:45	Chamada no rádio: "Estou na bomba, há um vazamento na junta; pode pedir ajuda?"
8:34:15	Pega o telefone: "Pode colocar a fiação para o enchimento do 116?"
8:34:45	Chamada no rádio: "Estou nela, o que é para eu verificar?"
8:35:55	Telefone toca: "Sim, ok, eu mando."
8:37	Responde no rádio: "O medidor não está desligado?"

Munido desse tipo de registro, o ergonomista tem muita dificuldade para compreender o que ocorreu, as decisões que o operador tomou, o tempo que gastou para resolver cada problema, etc. Mas, se ele apresenta esse registro ao operador (ou um vídeo, por exemplo),

As verbalizações   **173**

este saberá explicar-lhe: "Naquele momento, eu estava com três problemas ao mesmo tempo. Vi que a bomba 118 não funcionava normalmente, e pedi para um operador de área verificar. A curva de temperatura da 113 me parecia estranha, e pedi para verificarem o medidor; depois, eu precisava encher o reservatório 116, que é de água contra incêndio".

Guiando os comentários do operador, o ergonomista poderá atribuir cada evento a uma das histórias em curso.

Hora	Evento	Bomba 118	Medidor de temperatura válvula 113	Enchimento reservatório 116
8:31	Alarme	*		
8:31:30	Pega o rádio: "A 118 está estranha. Pode ir lá ver?"	*		
8:32	Alarme			*
8:32:15	"Preciso encher."			*
8:33	Olha mostrador 13		*	
8:33:20	Pega o rádio: "Pode verificar o medidor de temperatura da 113?"		*	
8:33:45	Chamada no rádio: "Estou na bomba, há um vazamento na junta; pode pedir ajuda?"	*		
8:34:15	Pega o telefone: "Pode colocar a fiação para o enchimento do 116?"			*
8:34:45	Chamada no rádio: "Estou nela, o que é para eu verificar?"		*	
8:35:55	Telefone toca: "Sim, ok, eu mando".			*
8:37	Responde no rádio: "O medidor não está desligado?"		*	
***		***	***	***

Esse tipo de análise (proveniente da teoria do curso de ação) permite pôr em evidência a estrutura temporal da atividade, a maneira como o operador lida simultaneamente com várias histórias, os elementos que ele deve manter na memória quando muda de problema, etc. É muito útil para estudar as dificuldades que os operadores encontram em termos de planejamento, interrupções, tarefas múltiplas.

É igualmente útil para acessar o raciocínio empregado por um operador em seu trabalho, as formas de antecipação às quais recorre, etc.

As condições para poder levar a bom termo essa análise são:

- Registros suficientemente ricos da atividade, na forma de vídeo, ou de lista de eventos. A exatidão dos registros deve ser tal que o operador possa reconhecer a situação e as ações que realizava naquele momento.
- Uma autoconfrontação o mais rapidamente possível, após o momento de observação da atividade, e para a qual o ergonomista e o operador disponham de tempo suficiente. De fato, precisarão rever o registro e reconstituir o desenvolvimento de toda a atividade registrada.

Esse método é o único que permite analisar o tratamento pelo operador de uma diversidade de problemas emaranhados. Infelizmente seu uso é complicado. Importa, portanto, que os momentos que são objeto de uma análise exaustiva por meio desse método sejam bem-selecionados:

- Seja pela escolha inicial dos períodos de observação.
- Seja pela seleção, num registro mais longo, de extratos particularmente interessantes.

> *Seus bons sentimentos, o que significam, se não aparecerem? E seu saber, de que adianta, se fica sem conseqüências?*
>
> Bertolt Brecht, *Sainte Jeanne des abattoirs*

12 O DIAGNÓSTICO E A TRANSFORMAÇÃO

No final da análise da atividade em uma ou várias situações de trabalho, o ergonomista vai propor um "diagnóstico local", relativo a essas situações. Freqüentemente, fornecerá também elementos para um diagnóstico mais geral, abrangendo certos aspectos do funcionamento global da empresa.

I — A função do diagnóstico local

O diagnóstico relativo a uma situação de trabalho é um produto essencial da análise efetuada pelo ergonomista. É orientado pelos fatores identificados durante a análise da demanda e do funcionamento da empresa; sintetiza os resultados das observações, das medidas e das explicitações fornecidas pelos operadores. Aponta os fatores a serem considerados para permitir uma transformação da situação de trabalho.

Ele propõe uma formulação das relações entre condições de exercício da atividade, atividade realizada e resultados da atividade, que deve considerar, melhor que as representações anteriores, as dificuldades encontradas naquela situação, e que foram o objeto da demanda da ação ergonômica.

O diagnóstico formulado pelo ergonomista será divulgado na empresa de maneira a se confrontar com outras descrições do trabalho que existiam antes de sua ação. O ponto de vista proposto pelo ergonomista não tem a pretensão de ser o único; outros pontos de vista são necessários, mas uma confrontação entre diferentes descrições do que ocorre nas situações de trabalho se torna incontornável, para elaborar soluções para os problemas encontrados.

> *Numa empresa de transformação de alumínio para a fabricação de componentes eletrônicos, o alumínio em folhas finas é submetido a vários tratamentos eletroquímicos sucessivos: o primeiro, a gravação ou "etching"; o segundo, a oxidação. Estamos no setor de oxidação.*
>
> *Um colega apita, há um crepitar, um operário corre em direção à máquina... é a terceira vez desde o início do turno que uma ruptura acontece.*

O operador: "É o metal que está malgravado". Ele apalpa a folha de metal como se fosse um pano. Ele retira uns bons 20 metros de alumínio, que vão para o lixo. Enquanto isso, ele continua apalpando o metal e, finalmente, decide: "Agora deve dar".

O ergonomista pega dois pedaços de metal, um no lugar da ruptura, outro no lugar onde o operário acha que as características mecânicas têm, segundo ele, um nível aceitável. Apresenta depois essas duas amostras a três pessoas do setor.

O chefe da equipe: "Os operários dizem freqüentemente que o metal está malgravado. É bem possível, e nós avisamos os colegas no setor de gravação".

O responsável pelo controle: "É sempre a mesma coisa. Tem de haver um responsável, então dizem que o problema tem origem a montante". Ele apalpa o metal e acrescenta: "Pode ser que esteja um pouco rígido, mas o início da operação não é possível. Poderia passar a chapa nessas máquinas e a operação não teria início". (O operário tinha comentado que o metal parecia uma chapa.)

O técnico do setor: "Não é porque o metal está malgravado que quebrou; não acredito nisso. Pode haver inúmeras causas para uma ruptura; por exemplo, se o metal é malcolocado em cima dos rolos puxadores, pode haver um início de operação".

O ergonomista conta o que o operário dissera e lhe apresenta os pedaços de alumínio.

O técnico do setor: "A folha de metal pode deixar de aderir aos rolos se for rígida. Então, a diferença de potencial entre os rolos e o metal pode estar na origem de arcos elétricos que podem levar à ruptura."

E de fato, como tinha sugerido o operário, a origem da ruptura pode estar na rigidez de um certo ponto do metal, causada por uma gravação malfeita.

Esse exemplo ressalta os pontos de vista dos diferentes protagonistas dessa "história de uma ruptura". É significativo que a atenção dos responsáveis pela produção dessa empresa esteja voltada para as propriedades elétricas das quais o metal só é o suporte. Dessa forma, além da manutenção das bobinas e sua substituição, o procedimento oficial exige dos operários somente o controle dos diferentes parâmetros elétricos de funcionamento das máquinas. No entanto o que permite aos operários realizar seu trabalho em condições aceitáveis é a possibilidade de dominar o conhecimento da qualidade do metal ao longo da fabricação. Essa busca orienta suas estratégias de supervisão; passam uma parte considerável de seu tempo a apalpar o metal, a evitar que ele dobre, a verificar e controlar para que a tensão na parte central seja a mesma das bordas.

II — Do pré-diagnóstico ao diagnóstico

O diagnóstico já está contido em potencial no pré-diagnóstico, que serve para construir o planejamento das observações sistemáticas. Em certos casos, essas observações apenas trarão uma confirmação e uma demonstração dos elementos que o ergonomista tinha enunciado em seu pré-diagnóstico.

Na maioria dos casos, as observações e explicitações fornecidas pelos operadores vão enriquecer o pré-diagnóstico: certos determinantes das estratégias adotadas pelos operadores virão à tona ou se tornarão mais precisos.

Existem também casos em que as observações e as verbalizações dos operadores levam à reconsideração do pré-diagnóstico, fazendo com que o ergonomista construa um novo plano de observação.

Durante a primeira fase de estudo da atividade de um operador num balcão de embarque de passageiros num aeroporto, um ergonomista recebe queixas sobre a penosidade física e interrogações sobre a qualidade do serviço oferecido aos clientes. No entanto a densidade de tráfego da companhia não é muito alta. O ergonomista faz hipóteses sobre o número de bagagens e seu peso em relação às posturas adotadas pelos operadores, levando em conta a concepção dos balcões de embarque. As primeiras observações realizadas não permitem confirmar essas hipóteses. Durante a discussão desses resultados, os operadores relatam que os passageiros chegam todos juntos no último minuto. O ergonomista observa então a posição dos operadores em seu assento, e anota ao mesmo tempo o número de passageiros na fila de espera e o horário de cada observação. Essas observações lhe permitem elaborar novas hipóteses, que se apóiam no resultado de pesquisas, mostrando uma relação entre as modificações posturais e o constrangimento de tempo. O ergonomista constrói um código de registro das posturas para diferentes tipos de vôo, e isso em vários momentos do dia.

Ele anota, além disso, as evoluções do número e da natureza das comunicações verbais entre os funcionários da companhia aérea e os passageiros e levanta a hipótese de que as relações com os clientes se degradam com o constrangimento de tempo. Apóia também a hipótese sobre os resultados de pesquisas que colocam em evidência a diminuição e a contração das comunicações verbais entre os controladores de vôo e as tripulações durante o aumento do tráfego...

III — A formulação do diagnóstico local

Diferentemente do diagnóstico médico, o diagnóstico ergonômico não consiste em relacionar o problema particular a uma classe de problemas já bem-conhecida. Ele é sempre uma criação original que tenta dar conta da integração na atividade dos operadores dos constrangimentos da situação particular.

Para ficar claro, de maneira duradoura, aos diferentes interlocutores do ergonomista, é recomendável que o diagnóstico local tenha uma formulação breve, que sintetize o novo ponto de vista assim proposto.

No controle de vôo, um estudo ergonômico pôs em evidência que "para evitar as colisões, os controladores não trabalham com aviões isolados, e sim com pares de aviões, mais exatamente pares futuros de aviões". Essa formulação permitiu compreender como a apresentação da informação, avião por avião, tornava complexa a antecipação das colisões.

A formulação do diagnóstico é uma tomada de posição em relação a representações anteriores da situação de trabalho que não permitiam explicar os problemas encontrados. Assim, o diagnóstico tem freqüentemente uma forma implícita do tipo: "Contrariamente às representações que predominam na empresa, [o operador não se contenta em...]".

Um dos primeiros estudos ergonômicos sobre o trabalho em linha de montagem tinha sido motivado pelos sinais de "sobrecarga mental" de operárias da indústria eletrônica que montavam aparelhos de televisão. A análise de sua atividade mostrou que, "ao contrário da representação mais disseminada, essas operárias não efetuam um trabalho puramente manual. Devem tomar numerosas decisões sob constrangimento de tempo".

Numa refinaria dotada de um sistema de operação informatizado, a análise da atividade dos operadores na sala de controle mostrou que "os operadores não se contentam em consultar a informação fornecida pelo sistema: constroem a informação, confrontando diferentes fontes para detectar os materiais que falham nas medidas". Podem-se assim compreender as trocas entre os operadores da sala de controle e os de área, e a "carga de trabalho" em que essa construção permanente da informação implica.

IV — Do diagnóstico à transformação

A análise ergonômica do trabalho é orientada para permitir uma transformação das situações de trabalho: não tem por objeto principal *descrever* as situações existentes. Ora, o papel da análise do trabalho, tendo em vista a transformação das situações de trabalho, é sempre paradoxal. Não se podem "adaptar as situações de trabalho à atividade dos operadores". Toda mudança na situação atual vai modificar a atividade, levar os operadores a utilizar novas estratégias. Como avaliar se a nova situação será mais favorável que a anterior, como prever as novas dificuldades que poderão surgir?

Tradicionalmente, uma análise do trabalho terminava apresentando "recomendações". Os fatores críticos da situação de trabalho eram evidenciados e orientações de transformação eram propostas. Constatou-se que essa prática apresentava inúmeras dificuldades:

- Não é garantido que os resultados da análise do trabalho e as recomendações que os acompanham atinjam exatamente aqueles que podem ter um papel efetivo na transformação da situação de trabalho. Pode ser que um responsável pelos métodos ou um integrante do departamento de compras esteja estudando a encomenda de uma nova máquina para esse posto de trabalho. Pode ser que, no departamento de pessoal, alguém esteja refletindo sobre uma nova política de qualificações. Os resultados da análise do trabalho que foi realizada poderiam potencialmente guiar sua reflexão. Mas não há garantia de que as "recomendações" tenham sido redigidas de maneira pertinente para esses interlocutores.

- A transformação mais "simples" de um posto de trabalho, o acréscimo de uma talha ou o deslocamento de um comando, precisa sempre de um trabalho de concepção. Compromissos serão efetuados, entre os objetivos fixados pelas "recomendações" e o que está disponível nos catálogos dos fornecedores, ou que possa ser facilmente fabricado. Os projetistas nem sempre têm condições de, sozinhos, avaliar as conseqüências desses compromissos sobre a atividade dos operadores;

Em vez de ir embora após ter deixado suas "recomendações" é desejável que o ergonomista possa *acompanhar o processo de transformação*. Esse objetivo condicionará a maneira como formulará seu diagnóstico global e o divulgará na empresa.

V — O diagnóstico geral, em relação às possibilidades de transformação

A análise do trabalho permitiu formular um diagnóstico na forma "tais fatores levam os operadores ou operadoras a trabalhar de tal maneira, o que tem tais conseqüências sobre a produção e tais conseqüências sobre a saúde".

Os fatores em jogo podem ser de natureza muito diversa:

- Disposição particular do posto de trabalho envolvido, características dos autômatos ou dos programas usados. Esses elementos podem ter ligação com os processos de concepção habituais na empresa, e/ou com as políticas de investimento. Podem também estar relacionados com a pouca possibilidade de escolha de máquinas de um certo tipo disponíveis no mercado, e a predominância de um pequeno número de construtores.
- Organização do trabalho no setor ou no departamento: distribuição das tarefas entre os operadores, efetivo disponível num dado momento, natureza das instruções a aplicar.
- Política comercial: variedade aceita nos pedidos dos clientes, diversidade dos materiais oferecidos pelos diferentes fornecedores.
- Política de seleção ou de formação dos operadores.
- Políticas de gestão, de atribuição dos custos (por exemplo: a quem são atribuídos os custos relacionados aos acidentes, à falta de qualidade, às paradas das instalações?).

O ergonomista tem, portanto, a responsabilidade de não limitar seu diagnóstico aos fatores imediatamente constatados na situação de trabalho envolvida e de chamar a atenção da empresa para certos aspectos de sua gestão, de sua organização ou de seus processos de concepção.

Ao mesmo tempo, ele tem obrigação de contribuir a uma transformação rápida da situação de trabalho perigosa ou de pouco desempenho que motivou sua ação. A formulação e a restituição de seu diagnóstico vão, portanto, se basear na análise de dois grupos de atores:

- Quem pode contribuir para uma transformação mínima da situação de trabalho envolvida? Quais são os projetos a curto prazo por ocasião dos quais uma transformação pode ser iniciada? Entre os interlocutores envolvidos, encontram-se por exemplo:
    - os operadores envolvidos;
    - a supervisão;
    - o responsável pelo setor ou departamento;
    - o responsável pela manutenção;
    - o responsável pelos métodos e pelo departamento de obras e de manutenção predial que cuidam desse setor;
    - o médico do trabalho, o responsável pelas condições de trabalho ou segurança;
    - o CHSCT;
    - o diretor da empresa ou do departamento.
- Quem pode contribuir para modificar políticas de longo prazo da empresa, das quais certos aspectos se revelam desfavoráveis à eficácia e à saúde dos operadores? Será o caso, por exemplo:

- dos responsáveis industriais da empresa (direção de produção e direção de métodos);
- da direção de recursos humanos;
- da direção de qualidade;
- da comissão de fábrica; e, freqüentemente com menos importância, do CHSCT;
- novamente, dos responsáveis pelo setor, do médico do trabalho.

Essa identificação dos diferentes níveis possíveis de transformação da situação de trabalho e dos atores envolvidos vai se traduzir:

- Na formulação do diagnóstico geral.
- Nas modalidades de difusão.
- Nas propostas de prosseguimento da ação ergonômica para acompanhar a transformação.

A formulação do diagnóstico geral

O diagnóstico geral baseia-se na demonstração precisa do diagnóstico local, efetuado em uma ou em algumas situações de trabalho. Propõe uma extensão do "olhar" aplicado sobre essas situações a um conjunto mais amplo de problemas existentes na empresa, e que o ergonomista localizou nas fases de análise da demanda e do funcionamento da empresa.

A divulgação do diagnóstico geral

A divulgação do diagnóstico na empresa para além dos interlocutores imediatamente envolvidos na situação particular analisada é um problema difícil. Se o diagnóstico estiver separado das análises precisas que permitiram a produção do diagnóstico local, corre o risco de parecer infundado, especulativo, até mesmo impertinente. Se, ao contrário, só puder ser lido acompanhado dos resultados das análises efetuadas em alguns postos de trabalho, é provável que seu aspecto generalizável escape ao pequeno número de responsáveis que se darão ao trabalho de ler algumas dezenas de páginas de um relatório de ação ergonômica. A divulgação do diagnóstico geral depende, ao mesmo tempo, da redação de documentos sintéticos e, para muitos, dos contatos que o ergonomista poderá ter com os responsáveis nos escalões mais altos.

O ergonomista deve estar consciente de que os efeitos de seu diagnóstico não dependem somente da pertinência deste, mas em grande parte da maneira pela qual ele conseguir divulgá-lo na empresa, de modo a influenciar os processos de decisão. Ora, o diagnóstico aponta freqüentemente contradições que podem existir entre diferentes lógicas presentes na empresa. Para o ergonomista é sempre interessante que seu diagnóstico seja divulgado para o conjunto de interlocutores, cada um raciocinando segundo uma das lógicas envolvidas, de forma a permitir novas discussões ou negociações. Em certos casos, as lógicas em questão serão as da direção da empresa e dos representantes dos trabalhadores. Mas, em outros casos, por exemplo quando a representação dos trabalhadores não existe, será extremamente importante divulgar o diagnóstico junto a vários responsáveis que têm lógicas diferentes (por exemplo, direção de recursos humanos, direção de qualidade, direção de produção, direção da empresa).

Os fatos e as interpretações divulgadas pelo ergonomista podem então levar a uma modificação dos modos de elaboração dos compromissos entre as diferentes lógicas envolvidas.

As propostas de acompanhamento da transformação

Ao término da análise do trabalho, será possível propor:

- Um diagnóstico local e elementos de demonstração.
- Um diagnóstico mais geral.
- Referências para a transformação da situação de trabalho, incidindo, ao mesmo tempo, sobre os aspectos mais imediatos e sobre certos aspectos envolvendo uma política de conjunto da empresa.

Os campos de ação abertos pelo diagnóstico ergonômico podem ser muito diversos:

- Concepção dos próprios produtos, para facilitar sua fabricação.
- Redefinição do serviço de atendimento ao cliente.
- Concepção das construções ou dos espaços de trabalho.
- Concepção das máquinas e das ferramentas.
- Concepção dos sistemas de tratamento de informação.
- Elaboração dos procedimentos ou auxílios ao trabalho.
- Organização geral da empresa, distribuição das missões entre os diferentes departamentos.
- Organização do trabalho, distribuição das tarefas.
- Elaboração de planos de formação.
- Organização da circulação de informações sobre as dificuldades encontradas.
- Etc.

Em função dos limites das "recomendações" acima mencionadas, o ergonomista proporá provavelmente um acompanhamento do processo de transformação. Diferentes aspectos desse acompanhamento serão detalhados adiante.

No entanto, não é certo que a empresa aceite essa proposta. Satisfeita com um diagnóstico que lhe propõe uma nova interpretação das dificuldades que vinha encontrando, pode julgar que suas próprias forças serão suficientes para realizar com sucesso a transformação. Ou então, por diferentes razões, pode ser levada a adiá-la... Muitas vezes, decorrem meses ou anos, após dificuldades imprevistas, encontradas no decorrer de um processo de concepção ou adaptação, até ela chamar de novo o ergonomista, para acompanhar esse processo.

VI — Toda transformação é um processo de concepção

Distinguem-se habitualmente a ergonomia de correção (que diz respeito a transformações limitadas da situação de trabalho), a ergonomia de adaptação (que aproveita um investimento já previsto para introduzir as transformações necessárias no posto de trabalho), e a ergonomia de concepção (que diz respeito à concepção de uma nova situação de trabalho).

Essa diferenciação não resiste muito à realidade da ação ergonômica. Três pontos essenciais são comuns a todos os processos de transformação:

- As transformações da situação de trabalho vão introduzir modificações na atividade dos operadores, que podem ter efeitos favoráveis ou desfavoráveis sobre a saúde e sobre a produção. Esses efeitos não podem ser diretamente deduzidos da análise da atividade atual. É necessário, portanto, encontrar meios de antecipar a atividade futura possível dos operadores.
- Os aspectos ligados à concepção do posto de trabalho não são independentes daqueles relativos à edificação, à organização do trabalho, ou à formação dos operadores.
- O processo de transformação põe em jogo diferentes atores, cuja atividade profissional implica em etapas, procedimentos obrigatórios.

Essas características vão levar o ergonomista, em todos os casos de transformação:

- A analisar o papel dos diversos atores, os procedimentos e as etapas previstas para a concepção da nova situação, e eventualmente a propor modificações na estrutura do projeto.
- A sugerir uma abordagem conjunta dos aspectos ligados às máquinas, ao programa do computador, aos locais, à organização do trabalho e à formação.
- A propor meios de antecipar as conseqüências sobre a atividade futura das diferentes soluções elaboradas.

Falaremos aqui, portanto, em "projeto" para qualquer processo de concepção ou de transformação de uma situação de trabalho que foi objeto de uma decisão da empresa (excluindo modificações diretamente realizadas pelos próprios operadores no posto de trabalho). A dimensão de um projeto pode, portanto, ir da compra de uma talha à concepção de uma fábrica inteira, passando pela informatização de um departamento. Evidentemente, a amplitude do processo de acompanhamento ergonômico será muito diversa em função dos investimentos e prazos em jogo: uma ou duas reuniões serão suficientes para acertar uma transformação limitada a um posto de trabalho; mas uma centena poderá ser necessária para acompanhar a construção de uma fábrica inteira.

Abordaremos em detalhe aqui apenas projetos de tamanho limitado (introdução de uma nova máquina, por exemplo); a condução dos projetos muito grandes (construção de uma fábrica) envolve desenvolvimentos que ultrapassam o propósito desta obra.

VII — Identificar os atores e os objetivos

Quando um ergonomista é consultado a respeito da transformação de uma situação de trabalho, uma de suas primeiras preocupações é identificar como são definidos os objetivos desse investimento:

- Até que ponto a empresa analisou as dificuldades existentes atualmente, antes de decidir por um tipo de resposta para essas dificuldades? Os indicadores relativos à eficiência econômica (produção, qualidade) foram relacionados com os indicadores relativos às dificuldades encontradas pelos operadores?
- Quais são os fatores em jogo, para a empresa e a evolução provável de seu mercado, da população empregada, do meio ambiente, da regulamentação? O investimento é uma

resposta a uma análise estratégica incluindo esses diferentes fatores, ou uma resposta imediata a um problema localizado?

- A definição dos objetivos do projeto foi alvo de uma discussão com vários responsáveis, detentores de lógicas diferentes, ou provém de um só responsável, que fez um compromisso implícito entre vários fatores que não foram realmente explicitados?

Se o investimento for decidido após uma análise da atividade na situação existente, a resposta a várias dessas perguntas estará disponível. Se não, o ergonomista será levado a encorajar o responsável pelo investimento a definir mais claramente seus objetivos.

Ao mesmo tempo, o ergonomista procurará identificar quais são os atores do processo de transformação. Uma das principais questões será identificar qual é a parte de cada um:

- Especialistas de projetos (departamento de projetos técnicos interno ou externo à empresa, fornecedores), com bom conhecimento das tecnologias, mas provavelmente um conhecimento limitado da realidade cotidiana da produção.
- Pessoas envolvidas na produção(membros dos departamentos de produção e de manutenção).
- Diretor da empresa, ou os responsáveis suscetíveis de relacionar esse investimento específico com uma reflexão a longo prazo abrangendo múltiplos fatores em jogo.

O ergonomista poderá ser levado a alertar os responsáveis pela empresa quando o projeto se apóia unicamente em especialistas da tecnologia, sem que os envolvidos na produção nem os responsáveis "generalistas" estejam a ele suficientemente associados.

VIII — Formular objetivos detalhados antes de escolher soluções

Num primeiro momento, se for consultado em tempo, o ergonomista contribuirá para explicitar o problema a resolver, antes que seja dada uma solução tecnológica e organizacional.

A análise de situações existentes permitirá explicitar:

- A diversidade das situações com as quais os operadores têm de lidar e a variabilidade que devem enfrentar.
- As dificuldades que encontram.
- Estratégias que empregam para produzir de maneira eficaz, e que não devem ser inviabilizadas pela transformação.

> Uma operadora empacota doces congelados em caixas de 24 unidades. Na situação A, ela os conta um a um, o que a obriga a uma atenção constante e a manipular os produtos à temperatura de 35°C negativos, ação penosa, apesar das luvas. Na situação B, os "croissants" descem automaticamente por uma canaleta direto na caixa, colocada numa balança. Constata-se uma nítida degradação da qualidade dos produtos, pois a função de controle que a operadora exerce não foi levada em consideração.

O ergonomista fará sua análise incidir sobre a situação atual, que deve ser objeto de uma transformação, mas também, sempre que possível, sobre situações de referência que recorrem a tecnologias ou organizações similares a essas, cuja escolha está sendo considerada.

A participação do ergonomista nessa primeira fase do projeto pode permitir aos responsáveis pela empresa:

- Não adotar soluções de automatização pouco apropriadas, que poderiam ser caras e pouco eficientes.
- Levar em conta relações entre o posto de trabalho considerado, seu ambiente e o que acontece a montante e a jusante, etc.
- Preparar-se para tratar, de modo simultâneo e coerente, os problemas relativos aos materiais, às edificações e à infra-estrutura, à organização do trabalho e à formação dos operadores.

O ergonomista pode propor aos responsáveis pelo memorial descritivo ou pela consulta a fornecedores:

- Uma formalização das diferentes situações nas quais os operadores poderão se encontrar (preparação da máquina, mudanças de produção, incidentes, limpeza, manutenção), que permite elaborar soluções não apenas limitadas às fases de produção normal.
- Pontos de referência sobre as propriedades humanas a considerar e os riscos a evitar (normas antropométricas, de ruído, de iluminação, etc.).
- Uma formalização dos modos de cooperação com os fornecedores, que permitirão avaliar as soluções que estes propõem procurando antecipar a atividade futura dos operadores. Este último ponto será desenvolvido em seguida.

IX — Avaliar as soluções propostas

Quando fornecedores, um escritório de arquitetura, ou um escritório de projetos (departamento de projetos técnicos) propõem uma ou várias soluções, é hábito nas empresas avaliá-las essencialmente em função do custo e das garantias de seriedade que os fornecedores podem dar.

Infelizmente, esse modo de avaliação não é suficiente para garantir um funcionamento eficiente da futura instalação. O ergonomista pode contribuir para encontrar uma resposta à pergunta: "Como se poderá trabalhar com esse dispositivo?". Trata-se de propor uma antecipação não somente do funcionamento técnico da instalação, mas da atividade futura dos operadores que nela trabalharão. Talvez se possam assim identificar dificuldades a tempo, e pedir modificações antes que se tornem dispendiosas.

Três condições para se antecipar a atividade futura

A primeira condição diz respeito à existência de suportes, permitindo prefigurar as futuras instalações. Podem ser, conforme o caso, plantas, maquetes em pequena escala, modelos simplificados em escala 1:1, protótipos, material emprestado pelo fornecedor, cópias de telas do programa, etc. Tais suportes não são oferecidos espontaneamente por todos os fornecedores. Por essa razão, é necessário exigi-los no memorial descritivo.

A segunda condição diz respeito à necessidade de poder confrontar competências diferentes. A antecipação do trabalho futuro geralmente não pode ser assunto só do responsável pelo projeto e do ergonomista. Para identificar prováveis dificuldades, é necessário recorrer também às competências dos responsáveis e operadores de produção e de manutenção que conheçam bem a situação atual e sua variabilidade. Será recomendável, portanto, reunir essas diferentes competências num grupo de trabalho, segundo condições aceitas por todos, e em especial pelas instâncias de representação dos trabalhadores.

A terceira condição diz respeito ao modo de antecipação da atividade futura. Não basta reunir pessoas de competências diferentes em torno de uma planta ou de um protótipo do futuro sistema para que elas consigam identificar eventuais problemas. Um dos perigos é se concentrar sobre a questão "Como isso funciona?" em vez de se colocar a pergunta "Como os operadores poderão trabalhar nas diferentes situações que irão encontrar?". A contribuição do ergonomista permitirá ao grupo levantar as diferentes situações prováveis, sem se limitar às situações normais de produção. Depois, para cada uma dessas situações, ele proporá simular a atividade futura.

Caso se disponha de um protótipo, poderá ser realizada uma verdadeira experimentação, para observar a atividade do operador nas diferentes situações, localizar as dificuldades. Caso se disponha apenas de plantas ou maquetes, será preciso imaginar em detalhe, a partir desses suportes, a atividade possível dos operadores.

> *Por exemplo: "Suponhamos que a caçamba de refugos esteja cheia. Como o operador fica sabendo? No lugar em que estiver naquele momento, será que a informação chegará até ele? Ele precisa parar imediatamente a máquina? Dispõe dos meios para pará-la? Como irá retirar a caçamba cheia? Quais são os esforços e posturas correspondentes? Dispõe de espaço para introduzir a caçamba vazia antes que a cheia seja levada pelo operador de empilhadeira? Como avisá-lo para vir buscar a caçamba cheia? Quais precauções deve tomar antes de reiniciar a máquina? Como pode verificar se as condições estão atendidas para reiniciá-la?"*

Será dada especial atenção à busca e ao tratamento da informação pelo operador (como pode saber que...?), aos deslocamentos que ele fará, a suas comunicações com outros, aos esforços e posturas envolvidas, aos motivos de exposição a fatores de risco (ruídos, agentes tóxicos, etc.), à disponibilidade das ferramentas. Evidentemente, esses elementos serão examinados levando-se em conta os constrangimentos de tempo impostos.

Essa antecipação permite comparar rapidamente duas soluções propostas por fornecedores. Permite também examinar em detalhe a solução selecionada, para localizar as modificações que seriam necessárias.

Trata-se, evidentemente, de uma antecipação iterativa, ou seja, o mesmo dispositivo poderá ser examinado várias vezes para verificar a pertinência das modificações efetuadas, antes de dar o sinal verde para a realização ou a entrega.

Essa antecipação da atividade futura permite, igualmente, verificar se as escolhas que foram feitas em matéria de organização do trabalho e de programas de formação são adequadas.

X — A chegada dos equipamentos, a fase de ajuste e a partida

A mesma abordagem pode ser empregada na chegada de equipamentos ao fornecedor, ao canteiro de montagem na empresa, e à fase de ajuste. Em vez de se contentar em verificar se os materiais estão formalmente de acordo com o especificado no memorial descritivo, é possível aproveitar esses períodos para fazer simulações em tamanho natural, e localizar correções de detalhe que seriam necessárias. Pode-se facilmente avaliar nesse momento a acessibilidade às diferentes áreas, os esforços excessivos empreendidos para fazer certas peças, o incômodo produzido por uma iluminação ofuscante, etc.

Durante a partida das instalações, o ergonomista pode de novo analisar a atividade real dos operadores, segundo os métodos desenvolvidos ao longo desta obra.

Essa análise é particularmente importante, pois:

- Permite localizar dificuldades não previstas e obter sua rápida correção.
- Permite localizar complementos na formação que poderiam ser necessários aos operadores.
- Permite identificar elementos de formação dos quais se beneficiam os operadores que fazem a partida, que terão de ser fornecidos formalmente a operadores que ingressarão mais tarde, sem conhecer esse período.
- Permite, enfim, tirar lições do desenvolvimento do projeto para as transformações seguintes.

XI — A vida cotidiana

A presença do ergonomista e as análises que efetuou levaram os atores da empresa a olhar as situações a partir de um novo ponto de vista, o da atividade dos operadores.

O ergonomista, habitualmente, não fica indefinidamente na situação envolvida pela transformação. A vida cotidiana volta a acontecer e, dia após dia, modificações maiores ou menores vão ocorrer aqui ou ali.

É provável que por ocasião de uma mudança de produção, de uma modificação na organização, ou devido ao envelhecimento das instalações, novas dificuldades venham a aparecer. Se a ação do ergonomista incidiu unicamente sobre os meios de trabalho, esta deverá certamente ser recomeçada por ocasião de uma evolução significativa, a menos que tenha permitido também, aos diferentes atores da empresa, transformar seus conhecimentos e seu modo de abordar os problemas. Nesse caso, a referência à atividade de trabalho constituirá eventualmente uma linguagem comum a diferentes interlocutores, permitindo que as transformações sucessivas sigam no sentido de uma melhor compatibilidade com a saúde dos operadores e com a eficiência do equipamento de produção.

XII — Avaliar a ação ergonômica, identificar seus efeitos

O que é uma ação ergonômica bem-sucedida?

Toda ação ergonômica sobre o trabalho comporta dimensões contraditórias, quer se trate de sua implantação ou dos resultados que alcança. Induz e suscita julgamentos igualmente contraditórios, dos quais é importante não se esquivar.

> *Numa fábrica de móveis com mais de cem pessoas, o ergonomista entrega um relatório de diagnóstico que é malrecebido pelo diretor da empresa, que o vê mais como um reflexo das reivindicações dos trabalhadores em matéria de condições de trabalho do que como uma análise de especialista. O diretor da empresa qualifica o ergonomista de sindicalista, rejeita o conteúdo do diagnóstico, a seus olhos tendencioso demais.*
>
> *Sem dúvida, nesse caso o diretor da empresa fica com uma imagem ruim do próprio diagnóstico, mais ainda do ergonomista: trata-se de uma inadaptação, ou de falta de tato na expressão dos resultados, ou de uma não-integração pela empresa dos conceitos preconizados? No entanto uma ação ergonômica ocorre algum tempo após o diagnóstico. Diagnóstico mal ou bem-sucedido?*

> *Numa plataforma de embalagem de uma empresa agroalimentícia, as restrições do mercado provocam variações consideráveis na produção, colocando em evidência — com urgência (a crise está próxima) — o problema da organização do tempo de trabalho. A ação ergonômica é centrada nessa questão, de pleno acordo com o responsável pela empresa. O relatório é (pelo que se pode julgar) tecnicamente excelente e perfeitamente adaptado (ou seja, convincente para os interlocutores do ergonomista). É, pelo menos, a opinião expressa pelo diretor da empresa. Tudo vai bem.*
>
> *Exceto que, na época, as coisas ocorreram mais rápido do que o previsto e, sob a pressão dos imprevistos do mercado, as decisões de adaptação do tempo de trabalho tiveram que ser tomadas antes do fim da ação ergonômica, que desse modo tornou-se obsoleta antes mesmo de estar pronta, independentemente de sua qualidade.*
>
> *Ação ergonômica bem-sucedida, mas inútil?*

É evidente que não pode haver uma resposta simples à questão de saber se uma ação ergonômica foi bem-sucedida. Esses dois exemplos ressaltam a dificuldade que há em formular um julgamento objetivo, "universal", sobre os resultados de uma ação ergonômica, pois vai depender de quem os julga.

Uma ação sobre o trabalho coloca diferentes fatores em jogo, conforme os atores da empresa (direção, gerência, operadores, representantes dos trabalhadores). Supõe-se que seja capaz de atender simultaneamente a um conjunto de necessidades e expectativas que convém tentar distinguir.

Também para o ergonomista, o que a ação põe em jogo é importante, já que envolve ao mesmo tempo a confiabilidade de sua capacidade técnica e a eficiência de sua prática enquanto consultor. Ele também é julgado e avaliado.

O momento em que a avaliação é feita não pode ser negligenciado, pois é difícil precisar o fim de uma ação ergonômica. Ela se inscreve na história da empresa, e os compromissos realizados em seu decorrer podem ser questionados, as decisões de implantação do que foi preconizado podem então ser adiadas ou rejeitadas, e certas evoluções podem dar lugar a longas negociações das quais o resultado é incerto.

A análise retrospectiva é, portanto, essencial. Responde a uma dupla preocupação:

- A da empresa, que precisa saber o que a ação ergonômica que solicitou lhe "deu como retorno" ou "custou".
- A do ergonomista, que deve capitalizar, acumular, para tornar confiável sua prática de ação.

É então importante poder avaliar o que evoluiu ou não durante a ação ou ao término dela, porém nem sempre é possível discernir claramente o que gerou a mudança.

Mas, às vezes, a mudança é também o que não se pode ver ao voltar à empresa, e que os atores podem esquecer. Por exemplo, opções em matéria de investimento e de concepção, escolhas organizacionais podem ser abandonadas ou questionadas a partir da ação e do que ela produz nas relações entre atores, e nos processos de tomada de decisão. Deve-se, portanto, ter condições de mostrar ou lembrar o que não foi feito e que a ação pôde evitar.

As relações entre a natureza da ação ergonômica e a mudança

A maneira como as perguntas são colocadas na empresa, e a partir das quais se constroem os problemas a resolver, vai orientar em grande medida a condução da ação ergonômica. Mas esta também está relacionada à maneira como a empresa é capaz de se apropriar e de implantar os resultados da ação ergonômica em curso.

Mesmo que, na realidade, a prática da ação ergonômica não possa ser caracterizada tão simplesmente, ela se estende fundamentalmente entre dois pólos:

- Um centrado na produção de resultados a obter, em resposta a uma demanda.
- E outro centrado na construção da ação, orientado por um processo a ser iniciado e acompanhado, guiado por uma preocupação com a contiduidade da ação através de efeitos de longo prazo e visando levar em consideração o conteúdo do trabalho e de suas condições de realização como variável estratégica.

A produção de resultados imediatos

No primeiro caso, a ação do ergonomista é considerada como um momento datado na vida da empresa, correspondendo à realização de uma assessoria que permite que um problema seja resolvido *a priori*, caso o procedimento adequado tenha sido aplicado e a assessoria correta solicitada.

Ergonomistas são solicitados para uma ação que diz respeito à concepção de uma fábrica de estamparia de folhas de alumínio para a fabricação de pequenos aparelhos eletrodomésticos. Esses ergonomistas fazem "direito" seu trabalho: análise e reformulação da demanda, elaboração de hipóteses, análise do trabalho (observações, entrevistas, medições), sugestões de recomendações, tudo isso com a participação dos trabalhadores e seus representantes. Todos os ingredientes, ou quase, da ação ergonômica foram reunidos.

Entregam os resultados de suas análises, explicitam a natureza e as razões que presidiram a definição das linhas de ação propostas. Redigem um relatório cujo conteúdo é referendado por todos os parceiros na empresa.

E, então, vão embora...

...para só voltar mais tarde, com a fábrica construída e funcionando há mais de 6 meses.

Tinham de fato negociado esse retorno, que aliás na época chamaram de "validação". Por trás desse termo dissimulava-se o fato de que iriam ser capazes de se reconhecer na nova situação: poder dizer: "Isso... um pouco fomos nós que fizemos".

Esse objetivo era em parte legítimo e, desse ponto de vista, não se diferencia completamente das representações que todo projetista tem dos resultados de seu trabalho.

Inscreviam sua ação numa lógica de aplicação de um saber sobre o homem que deveria modificar, ao mesmo tempo, as representações dos engenheiros sobre o trabalho e a maneira como esse saber se aplica.

Globalmente, aliás, o conjunto das recomendações relativas às condições materiais de trabalho foi levado em consideração, sendo as soluções implantadas o resultado de um compromisso entre as recomendações ergonômicas e os outros fatores de evolução da empresa, em particular o processo de automação.

Já as recomendações que os ergonomistas formularam referindo-se ao conteúdo do trabalho das operadoras em relação à evolução da organização e à formação não foram, ou o foram muito pouco, implantadas, mesmo tendo, no decorrer de sua avaliação, achado que um processo havia sido desencadeado, "posto em movimento".

De fato, o processo de elaboração dos compromissos lhes havia escapado ou, mais exatamente, não tinham nele estado presentes. Os critérios ergonômicos presidindo a formulação das "recomendações" tornaram-se fatores, entre outros, num processo de evolução da empresa. O que descobriram muito concretamente na avaliação dessa nova situação de trabalho é que o ponto de vista sobre o trabalho e suas condições de realização, que tinha guiado sua ação (da análise às recomendações), estava na prática confrontado, complementado, até mesmo contestado por outros pontos de vista, mas de alguma maneira sem que tivesse sido considerado.

No entanto o projeto subjacente à ação ergonômica era realmente favorecer um procedimento integrando o conhecimento da realidade do trabalho, tornar aceita a idéia da complexidade do trabalho dessas mulheres consideradas como "não-qualificadas", fazer com que fossem reconhecidas suas competências e sua capacidade de contribuir nas escolhas técnicas e, desse modo, fazer evoluir as práticas da empresa em matéria de concepção do trabalho. □

Os resultados dessa ação ressaltam que não se pode negligenciar a utilização dos "instrumentos" que a ação ergonômica fornece numa perspectiva de mudança. As interrogações relativas a uma ação são, portanto, úteis e essenciais para avaliar as metodologias de ação de maneira crítica. De fato, mesmo se a ação prevista é claramente orientada pela intenção de provocar um movimento no curso das coisas, de fazer com que se expressem, e até mesmo que evoluam as representações dos responsáveis pelos métodos ou dos representantes dos trabalhadores, nada permite julgar *a priori* os resultados para os quais se orienta.

Do método implantado depende em larga medida a eficácia da ação ergonômica quanto às evoluções do trabalho. Isso coloca claramente a questão da construção da ação ergonômica e do lugar que o ergonomista pode vir a ocupar na condução de um projeto.

A ação de longo prazo

Quando se inscreve nessa óptica, o que está em jogo na ação ergonômica está mais voltado para a construção do problema a resolver, associando a ele os atores envolvidos, do que encontrar uma solução.

É fazer prevalecer uma outra concepção da mudança e da ação que está a ela associada, mais dinâmica, mais interativa. Tal perspectiva ressalta que a ação ergonômica não pode de maneira alguma ser reduzida à aplicação de uma assessoria técnica, pois é também uma prática social. A ação ergonômica responde não somente à demanda imediata, mas deve também contribuir:

- Para a estruturação de um ponto de vista sobre o trabalho que provoque questões de uma outra natureza e faça emergir novos problemas.

- Para tratar dos problemas de maneira conjunta e negociada, contribuindo assim para fazer evoluir as relações sociais na empresa.

Uma organização sindical pede a uma equipe de pesquisadores para ajudá-la a melhor caracterizar o trabalho das mulheres na indústria eletrônica, a melhor compreender as relações entre o conteúdo de seu trabalho e sua saúde.

Nessa época, os pesquisadores não tinham acesso às empresas e era preciso encontrar os trabalhadores nos bares, na saída das fábricas, para fazê-los falar sobre seu trabalho e tentar melhor compreender as causas e conseqüências envolvidas. Esse interesse manifesto por seu trabalho, a natureza dos questionamentos, a preocupação com a transferência do saber dos pesquisadores, os objetivos buscados foram suscitando o interesse e a implicação dos trabalhadores envolvidos e das equipes sindicais.

Vários anos depois, outros pesquisadores interessados nas práticas dos Comitês de Higiene e Segurança (CHS) encontram, durante sua pesquisa, trabalhadores de uma das empresa que tinham contribuído com a pesquisa anterior.

Ficam surpresos com a maneira como os problemas de condições de trabalho são evocados, analisados, e com a maneira como esses dados são usados no quadro das ações reivindicativas, em relação aos outros CHS encontrados.

E então, surpresa: as pessoas entrevistadas contam coisas que não vivenciaram elas mesmas, mas que lhes foram transferidas na ação por colegas bem mais velhos, e que eventualmente nem estavam mais na empresa, mas que tinham participado da pesquisa anterior.

Esse exemplo mostra que a avaliação dos resultados não pode ser feita a curto prazo, mas com tempo.

Pôr os atores da empresa "em movimento"

Uma parte daquilo que o ergonomista contribuiu para construir com os atores da empresa deve permanecer, "autonomizar-se", adquirir uma legitimidade que resista ao tempo. O desafio é que um ponto de vista sobre o trabalho possa continuar presente, se desenvolver sem o ergonomista e contribuir para fazer evoluir a maneira como os responsáveis da empresa gerenciam as decisões relativas aos investimentos técnicos ou organizacionais.

Se o projeto que orienta a ação do ergonomista é de fato a transformação do trabalho e, portanto, a evolução da maneira como a empresa funciona, o que está em jogo na ação ergonômica se situa num outro nível, mais realista. Diz respeito à maneira como as representações dos atores se estruturam e podem evoluir, o que coloca a questão das modalidades da associação (condições, posicionamentos e papéis) dos trabalhadores na mudança. Nesse quadro, são centrais a questão da maneira como os conhecimentos sobre

O diagnóstico e a transformação

o trabalho são produzidos e transferidos (associação dos trabalhadores na elaboração das hipóteses, analise, tratamentos dos dados e sua representação) e a questão das condições de sua apropriação (disponibilidade, associação na elaboração dos compromissos).

Mas o que está igualmente em jogo é a temporalidade da ação, da qual certos resultados, por razões de eficácia imediata e de visibilidade, devem poder se cristalizar nas soluções. Outros resultados devem contribuir para a gestão prospectiva dos problemas do trabalho. A idéia de progresso torna-se então central.

É bem evidente que a ação do ergonomista deve integrar estas duas dimensões estratégicas:

- Permitir a ação imediata através da busca de soluções.
- Favorecer a durabilidade da ação, assim como a evolução e o domínio das situações, transferindo uma parte de suas próprias competências para a empresa.

As características do procedimento aplicado são certamente centrais para assegurar essa transferência. A durabilidade será, por sua vez, melhor assegurada caso um conjunto de atores-chave tenha sido "instrumentalizado".

Ergonomistas participam da concepção de uma estamparia. Um dos objetivos buscados é diminuir significativamente o nível de ruído. Os ergonomistas associam estreitamente o engenheiro responsável pela segurança às medições e sua interpretação, assim como aos resultados da análise do trabalho na antiga instalação.

Essa cooperação resulta na elaboração, pelo responsável pela segurança, de uma base de dados reunindo os níveis de ruído para cada prensa em função dos tipos de ferramenta, da natureza das peças a estampar e das cadências de produção.

Durante a fase de avaliação, os ergonomistas constatam que o responsável pela produção associa sistematicamente o responsável pela segurança ao planejamento da produção em termos de escolha de máquinas e distribuição da produção.

Numa indústria de plásticos, a direção de recursos humanos não dispõe de dados estruturados que permitam passar com facilidade de uma visão retrospectiva a uma gestão prospectiva (como aliás o conjunto das fábricas do grupo). Um número impressionante de dados está disponível na empresa, mas os arquivos estão organizados por natureza de problemas (formação, etc.) e não a partir dos indivíduos. Ergonomistas são chamados para um projeto de investimento técnico que deve levar a reconversões profissionais. No contexto do diagnóstico, pretendem descrever a população envolvida nessas evoluções a partir da relação de dados dos arquivos existentes (idade, sexo, formação inicial, posições sucessivas, tempo de casa, saúde, etc.), com os dados caracterizando as evoluções por que passou a empresa (políticas de investimento, políticas comerciais, evoluções organizacionais, etc.).

Essa demanda é primeiramente percebida como um questionamento das competências do departamento de recursos humanos. Finalmente, a escolha dos dados descritivos e a maneira como são organizados e tratados são julgados particularmente úteis pelo departamento de recursos humanos. Quem elaborou a demanda pretende desse modo melhorar a sua compreensão dos itinerários de vida profissional, adquirir uma melhor visibilidade dos problemas que encontram os trabalhadores, estar melhor preparado para conduzir ações específicas para uma gestão mais eficaz dos recursos humanos e espera poder adquirir um lugar legítimo para todas as decisões relativas aos futuros projetos de investimento.

> *As forças que nos vinham de baixo eram ilimitadas.*
> *A beleza, a confiança nem pesavam muito.*
> *No entanto, hoje, seu orvalho é fecundo.*
>
> Paul Éluard, *Une leçon de morale*

CONCLUSÃO

A análise da atividade revela na empresa aspectos do trabalho muitas vezes desconhecidos. Mostra a grande variedade das atividades dos operadores para manter a produção esperada: regulação de incidentes, escolha de informações pertinentes, antecipação e controle das ações, raciocínios apropriados a cada momento e em função de eventos diversos. Permite compreender como essa atividade, não-aparente, está na origem dos gestos, esforços, posturas, deslocamentos e comunicações manifestas. Evidencia a maneira como ocorre a confrontação entre as características do trabalho e o funcionamento dos operadores, eles mesmos submetidos a transformações permanentes ao longo do tempo. Explica de que modo essa confrontação incide nos operadores e na produção.

A análise da atividade questiona os métodos habitualmente utilizados para definir os meios de produção, métodos que muitas vezes subestimam as variações do trabalho, os constrangimentos ligados às condições de trabalho e as especificidades dos operadores. Permite levar em conta os atributos desses operadores na concepção das técnicas e dos modos de organização do trabalho. Em particular, orienta as escolhas nesses domínios para a busca de meios que aumentem as "margens de manobra" dos operadores, de maneira que, frente à variabilidade, possam empregar meios que sejam coerentes com sua diversidade e sua própria variabilidade.

Então, quando essa prática de análise da atividade se difunde na empresa, constata-se que, progressivamente, uma outra maneira de considerar o trabalho se instala: os operadores não se sentem mais culpados em relação a seus "erros" e aos danos à sua saúde, que constatam, e eles mesmos propõem transformações de sua situação de trabalho, podendo justificar suas propostas. Os representantes do CHSCT, os departamentos de segurança levantam questões que ultrapassam o quadro regulamentar e normativo das condições de trabalho. Os técnicos passam a observar e dialogar com os operadores antes de fazer escolhas técnicas e organizacionais, os responsáveis pelos recursos humanos passam a se preocupar com as competências ocultas e as consideram em seus planos de formação, os médicos do trabalho ampliam seu campo de ação, as direções passam a integrar esse ponto de vista sobre o trabalho em sua política para a empresa. A análise da atividade torna-se então uma prática para os diferentes atores da empresa. Entretanto tal visão ainda não está generalizada nos meios do trabalho. Assim, é necessário continuar a comprovar sua eficácia para que as más condições de trabalho não mais sejam consideradas inevitáveis, como um preço necessário a ser pago para assegurar o desenvolvimento do sistema de produção.

BIBLIOGRAFIA

Livros

AFNOR, *Recueil des normes d'ergonomie*, Courbevoie, 1991, 268p.

ALEZRA C., CHRISTOL J., FALZON P., MAZOYER B., PINSKY L., SALEMBIER P. (sous la direction de). *L'ergonomie des logiciels, un atout pour la conception des systèmes informatiques*, Paris, La Documentation Française, Les cahiers "technologie, emploi, travail", 1987, 118p.

BANDT de J., DEJOURS C., DUBAR C., *La France malade du travail*, Paris, Bayard, 1995, 207p.

CASSOU B., HUEZ D., MOUSSEL M.L., SPITZER C., TOURANCHET A. (sous la direction de), *Les risques du travail. Pour ne pas perdre sa vie à la gagner*, Paris, La Découverte, 1985, 640p.

CLOT Y., *Le travail sans l'homme? Pour une psychologie des milieux de travail et de vie*, Paris, La Découverte, 1995, 274p.

CUNY X., *Les accidents du travail*, Paris, PUF, Que sais-je?

DADOY M. et coll., *Les analyses du travail, enjeux et formes*, Paris, CEREQ, Collection des Études, 1990, 240p.

DANIELLOU F., *L'opérateur, la vanne, l'écran*, Montrouge, ANACT, 1986, 452p.

DANIELLOU F. (sous la direction de), *L'ergonomie en quête de ses principes*, Toulouse, Octarès, 1996, 242p.

DEJEAN P.H. et coll., *Organiser et concevoir des espaces de travail*, Montrouge, ANACT, Collection Outils et Méthodes, 1988.

DEJOURS C., *Travail: usure mentale*, Paris, Bayard, 1992, 263p.

DEJOURS C., *Le facteur humain*, Paris, PUF, 1995, 127p.

DORAY B., *Le Taylorisme, une folie rationnelle?*, Paris, Dunod, 1981.

DURAFFOURG J. et coll., *Informatisation et transformation du travail, réorganisation d'une salle de rédaction*, Montrouge, ANACT, 1982, 162p.

EXIGA A., PIOTET F., SAINSAULIEU R., *L'analyse sociologique des conditions de travail*, Montrouge, ANACT, 1981, 141p.

EVETTE T., LAUTIER F., *De l'atelier au territoire: le travail en quête d'espace*, Paris, L'Harmattan, 1994, 253p.

FALZON P., *Ergonomie cognitive du dialogue*, Grenoble, PUG, 1989, 175p.

FAVERGE J.M., "L'analyse du travail", in REUCHLIN M., *Traité de psychologie appliquée*, Paris, PUF, 1972, 7, 60.

HUBAULT F., *Traité d'ergonomie*, Toulouse, Octarès, 1996, 728p.

HUEZ D. (sous la direction de), *Souffrances et précarités au travail*, Paris, Syros, 357p.

JOBERT G.(sous la direction de), *Comprendre le travail*, Arcueil, Éducation Permanente, n° 116 et 117, 1993.

KARNAS G., "L'analyse du travail", in LEVY LEBOYER C. et SPERANDIO J.C., *Traité de psychologie du travail*, Paris, PUF, 1987, 813p.

KEYSER V. de, VAN DAELE A., *L'ergonomie de conception*, Bruxelles, De Boeck Wesmael, 1989, 247p.

KEYSER V. de, *L'analyse des conditions de travail*, Paris, Entreprise Moderne d'Edition et Librairie Technique, 1982.

LEPLAT J., DE TERSSAC G., *Les facteurs humains de la fiabilité*, Toulouse, Octarès, 1990, 382p.

LEPLAT J., CUNY X., *Introduction à la psychologie du travail*, Paris, PUF, Collection Le Psychologue, 1984, 240p.

MALINE J., *Simuler le travail*, Montrouge, ANACT, 1994, 156 p.

MARQUIÉ J.C., PAUMES D., VOLKOFF S., *Le travail au fil de l'âge*, Toulouse, Octarés, 1995, 512p.

MONTMOLLIN M. de, *L'ergonomie*, Paris, La Découverte, Collection Repères, 1990, 124p.

MONTMOLLIN M. de, *L'intelligence de la tâche*, Berne, Peter Lang, 1984, 183p.

MONTMOLLIN M. de, *Le taylorisme à visage humain*, Paris, PUF, 1981, 188p.

MONTMOLLIN M. de, *Vocabulaire de l'ergonomie*, Toulouse, Octarès, 1995, 255p.

NOULIN M., *L'ergonomie*, Paris, Techniplus, 1992, 197 p.

OMBREDANE A., FAVERGE J.M., *L'analyse du travail*, Paris, PUF, 1955.

PÉPIN M., *L'aménagement du temps de travail*, Montrouge, ANACT, Collection Outils et Méthodes, 1990, 96p.

PIOTET F., SAINSAULIEU R., *Méthodes pour une sociologie de l'entreprise*, Paris, PFNSP/ANACT, 1994, 382p.

QUEINNEC Y. et coll., *Repères pour négocier le travail posté*, Toulouse, Octarès, 1985, 254p.

ROY O. du, et coll., *Réussir l'investissement productif*, Paris, Les Éditions d'Organisation, 1985, 201p.

ROY O. du, *L'usine et son avenir. Conduite socio technique des investissements. Des méthodes européennes*, Luxembourg, Office des Publications Officielles des Comunautés Européennes, 1992, 130p.

SCHWARTZ Y., FATA D., *L'homme producteur. Autour des mutations du travail et des savoirs*, Paris, Messidor, Éditions Sociales, 1985.

SCHWARTZ Y., *Expérience et connaissances du travail*, Paris, Messidor, 1988, 907p.

SEGRESTIN D., *Sociologie de l'entreprise*, Paris, Armand Colin, 1992, 223p.

SPERANDIO J.C., *L'ergonomie du travail mental*, Paris, Masson, 1988, 140p.

SPERANDIO J.C. (sous la direction de), *L'ergonomie face aux changements technologiques et organisationnels du travail humain*, Toulouse, Octarès, 1996, 436p.

TERSSAC G. de, et FRIEDBERG E. (sous la direction de), *Coopération et conception*, Toulouse, Octarès, 1996.

TEIGER C., "L'organisation temporelle des activités", in LEVY LEBOYER C. et SPERANDIO J.C., *Traité de psychologie du travail*, Paris, PUF, 1987, 813 p.

TEIGER C. et coll., *Les rotativistes, changer les conditions de travail*, Montrouge, ANACT, 1982, 344 p.

THEUREAU J., JEFFROY F., *Ergonomie des situations informatisées. La conception centrée sur le cours d'action de l'utilisateur*, Berne, Peter Lang, 1994, 325p.

VALENTIN A., LUCONGSANG R., *L'ergonomie des logiciels*, Montrouge, ANACT, 1987, 118p.

WISNER A., *Quand voyagent les usines. Essai d'anthropotechnologie*, Paris, Syros, 1985, 195p.

WISNER A., Eléments de méthodologie ergonomique. Méthodes utilisables de la physiologie et de la psychologie dans la réalité du travail, in SCHERRER J., *Précis de physiologie du travail: notions d'ergonomie*, Paris, Masson, 1992, 608p.

WISNER A., *Réflexions sur l'ergonomie (1962-1995)*, Toulouse, Octarès, 1995, 158p.

WOODSON W.E., CONOVER D.W., *Guide d'ergonomie*, Paris, Éditions d'Organisation, 1978, 485p.

ZARFIAN P., *Le travail et l'événement. Essai sociologique sur le travail industriel à l'époque actuelle*, Paris, L'Harmattan, 1995, 249p.

Revistas

Travail et Changement, 40-41, Quai Fulchiron, 69005 - Lyon.

Mots clés: Suplemento documentário mensal da ANACT.

Perfomances Humaines et Techniques, 24, rue Nazareth, 31000 - Toulouse.

Le Travail Humain, PUF, 108, Bd. Saint Germain, 75006 - Paris.

Santé et Travail, FNMF, 255, rue de Vaugirard, 75719 - Paris Cedex 15.

Programas de computador

KERGUELEN A., KRONOS, *Logiciel de recueil et de traitement de données d'analyse de l'activité*, Lyon, ANACT, 1995.

POSFÁCIO DA 1.ª EDIÇÃO

Alain Wisner
Professor do Conservatoire National des Arts et Métiers

A análise do trabalho, objeto deste livro, desenvolveu-se essencialmente nos países de língua francesa, a partir dos trabalhos de Suzanne Pacaud; André Ombredane e Jean-Marie Faverge; e Jacques Leplat, do Laboratório de Ergonomia do CNAM, e de muitos outros. Justifica-se pela necessidade de conhecer a realidade do trabalho para mudá-lo e parece indispensável àqueles que a praticam.

Deve-se por isso julgar que a grande maioria dos ergonomistas, praticando sua especialidade pelo mundo afora, têm uma atividade estéril só porque não usam a análise do trabalho? Seria um grave erro. A via da experimentação, da modelização, do estudo sistemático permanece essencial e deve, aliás, muitas vezes ser seguida após a análise do trabalho. Como então pode se dispensar a análise do trabalho? De fato, inúmeras situações apresentam ainda falhas grosseiras que a observação atenta, mesmo não-analítica, permite pôr em evidência. Além disso, uma grande parte da ergonomia refere-se a situações estudadas há muito tempo (automóveis, aviões, postos de trabalho com monitor, etc.), sobre as quais sabe-se muita coisa. Enfim, os ergonomistas que trabalham nos mais diversos países têm muitas vezes uma experiência prática considerável e são capazes de fazer bons diagnósticos com uma grande economia de meios e de tempo, graças a métodos de análise do trabalho "selvagens" que nem mesmo eles saberiam descrever facilmente.

O grande mérito da análise do trabalho é explicitar esses métodos, desenvolvê-los, e conhecer seus limites. Permite assim um diagnóstico mais preciso, mais seguro, e menos orientado de antemão para uma problemática familiar ao ergonomista. A característica principal da análise do trabalho é introduzir o método científico no diagnóstico ergonômico.

Tudo isso seria evidente se não houvesse um descompasso histórico entre a expressão de uma necessidade social e o estado de maturação das disciplinas científicas necessárias. Os ergonomistas foram de fato levados pelos próprios trabalhadores em direção à análise da realidade das situações de trabalho. Quando, por exemplo, tentava-se, na década de 60, medir através de "índices de carga", de penosidade das situações de trabalho, os resultados eram decepcionantes, pois a descrição do trabalho provinha do "estudo do trabalho" da Organização Científica do Trabalho (OCT), ligada ao trabalho prescrito. Foi para conhecer o trabalho real que Suzanne Pacaud e Jean-Marie Faverge foram a campo, mas, por mais competentes que fossem, não dispunham de todas as ferramentas práticas e teóricas necessárias. Começaram a constituir as ferramentas práticas que este livro descreve, mas a psicologia cognitiva, quadro teórico indispensável à análise do trabalho, só estava em seus primórdios. Mesmo assim, estas só se desenvolviam em laboratório, sob o olhar crítico dos behavioristas.

A conjunção das necessidades da análise do trabalho e do desenvolvimento da psicologia cognitiva só ocorre mais tarde, e ainda não está concluída. Para certos analistas do trabalho, seu método é por natureza muito multidisciplinar para ficar atado demais a uma única disciplina. Além disso, para muitos psicólogos cognitivistas, a experimentação permanece sendo o único método científico, e o estudo no local não passa de uma fase prévia de estatuto duvidoso. No máximo, esses cognitivistas admitem que os resultados obtidos em situação padrão (a do laboratório), podem ser modulados pelo ambiente. Ainda assim, os efeitos desse ambiente devem ser medidos em laboratório.

De fato, para dar à análise do trabalho o quadro teórico que merece, é necessário ser ainda mais multidisciplinar do que pretende ser o ergonomista. É preciso explorar o domínio antropológico, examinando as metodologias etnológicas. Encontram-se na literatura correspondente muitas questões, e às vezes respostas, que são as do analista do trabalho:

- Pode existir um "ator exemplar", cujo comportamento pode ser considerado típico da situação e do saber do grupo? É, ao contrário, necessário distinguir múltiplos atores, de acordo com as diferenças de seus papéis? Para nós, ergonomistas, tratar-se-á por exemplo do operador, do mecânico-ajustador, do controlador de qualidade e do especialista da manutenção.

- Se existem representações diferentes, eventualmente antagônicas em certos pontos, devem ser consideradas com pesos diferentes, devem-se excluir algumas entre elas (como se fez durante muito tempo com as dos operadores e como certos ergonomistas fazem atualmente com as representações da supervisão)? Deve-se, ao contrário, achar que todas essas representações são necessárias e referir-se assim a uma psicologia social cognitiva, a uma abordagem etnológica do grupo?

- Qual é a importância da perturbação trazida ao trabalho, às relações cognitivas do grupo, à cognição do trabalho, pela simples presença do observador, de suas perguntas, de suas hipóteses mais ou menos expressas aos membros do grupo observado?

- Enfim, em que medida os modelos cognitivos adquiridos numa dada situação são transferidos para uma situação nova? No caso de ocorrer essa transferência, ela ocorre sem modificação e, portanto, de modo inadequado ou acompanhada das transformações necessárias a um novo ambiente?

Os analistas do trabalho têm o que aprender com as perguntas e respostas dos etnólogos. Estes precisam, por sua vez, das aquisições da psicologia cognitiva e, mais particularmente, da análise do trabalho, pois procuram há muito tempo os meios de abordar o funcionamento cognitivo, ou pelo menos os modelos cognitivos e suas variações.

O novo domínio científico que constitui o quadro teórico da análise do trabalho é o das ciências cognitivas do trabalho, que combinam a abordagem psicológica e a abordagem antropológica (antropologia cognitiva). Desde já os frutos desse domínio científico são promissores, pois mostram que na vida cotidiana o raciocínio por etapas lógicas (inteligência acadêmica, IA) que se exige do aluno de matemática para obter uma boa nota na escola não é aquele usado na vida real. Como é a inteligência acadêmica que é usada para construir a inteligência artificial, estamos feitos! Os conceitos, bem como as iniciais, são os mesmos, como observa Neisser! De fato, uma das grandes dificuldades que encontra o ergonomista que se ocupa de novas tecnologias, é o choque entre a IA e a cognição real ligada à vida cotidiana e à vida de trabalho, que precisa conhecer.

A análise do trabalho tem ainda belos dias pela frente...

POSFÁCIO DA 2.ª EDIÇÃO

Yves Lichtenberger
Professor associado da Universidade de Marne-la-Vallée
Pesquisador do Laboratoire Technique, Territoires et Sociétés (Latts)

O ergonomista entre conflito e cooperação no trabalho

O ergonomista não age diretamente sobre o trabalho. Ao incitar o debate sobre sua realidade e as representações que dele se fazem, cria as condições de sua transformação. Por ficar atento antes de mais nada ao que as situações têm de particular, permite a compreensão a partir do que é, não do que deveria ser e deveria impor-se racionalmente a cada um, mas do que poderia ser e das condições a partir das quais cada um, com sua própria racionalidade, pode ser ator.

Este livro é, portanto, uma ferramenta preciosa para o estudante que pretende tornar-se ergonomista e também para o executivo ou o responsável sindical levados a consultá-lo ou desejosos de contribuir para transformar o trabalho. Nele foi retomada, de maneira mais precisa e mais ilustrada do que na edição precedente, a rica experiência dos autores, apresentada em duas partes: os capítulos 2 a 4 permitem situar o trabalho em toda sua complexidade humana, técnica, econômica e social, e os capítulos 5 a 12 seguem as etapas, as modalidades e as ferramentas da ação ergonômica.

A atividade de trabalho é complicada, pois põe em jogo uma grande quantidade de elementos que é preciso "desembaraçar", mas é sobretudo complexa, na medida em que para ela convergem racionalidades diferentes que é preciso integrar. Essas racionalidades, essas lógicas diferentes são sempre sustentadas por atores particulares, sem os quais não teriam existência. Seria no entanto um grande equívoco pensar que elas são apreendidas através do jogo dos "parceiros sociais" entre si. Essas lógicas são, em primeiro lugar, as que determinam a estratégia da empresa ou da organização, que a levam a apostar no interesse de seus clientes ou usuários potenciais; em seguida são escolhas feitas quanto à maneira de atendê-lo, que opõem departamentos financeiros, técnicos e comerciais, matriz e filiais; são ao mesmo tempo discussões sobre o que se deve privilegiar: a qualidade ou a quantidade, a variedade ou a série, o custo ou o prazo; enfim, essas lógicas se cristalizam em regras, procedimentos, indicadores e ferramentas de gestão que pressupõem, e tornam às vezes rápidas demais, as arbitragens a fazer. Ao enunciar essa complexidade, não se fica distante do debate social causado pelo trabalho; mostra-se, ao contrário, sua real densidade.

Essas diferentes lógicas, que são as tantas dimensões do trabalho que esta obra se dedica a definir, não se cristalizam nas oposições tradicionalmente identificadas entre empregadores e sindicatos; elas permeiam os diferentes atores envolvidos, de maneira variável, segundo os momentos e os contextos. Assim, as soluções que podem ser elaboradas para transformar o trabalho só excepcionalmente decorrem da busca do *one best way*, que tanto preza a organização científica do trabalho, essa sobrevivência do positivismo nos modos de gestão. A competitividade das empresas e a eficiência das organizações hoje não mais se resolvem na qualidade da prescrição das tarefas, mas na sua capacidade em desenvolver a iniciativa de seus trabalhadores, permitindo-lhes reapropriar-se de maneira autônoma

Posfácio da 2.ª edição

da densidade do que está em jogo na sua ação. É por isso que a elaboração de soluções pertinentes exige procedimentos de cooperação e um trabalho social permitindo a integração dessas diferentes dimensões na consciência dos atores individuais e coletivos. O conjunto desta obra o confirma: a compreensão que o ergonomista visa vai além da simples exigência de conhecimento do que se quer transformar. É, ao mesmo tempo, apreensão do caráter interativo do trabalho e construção de representações compartilhadas necessárias ao estabelecimento de uma sinergia, fonte de produtividade entre as ações de cada um.

Assim, a ambição com a qual este livro é aberto, "transformar o trabalho (...) é a finalidade primeira da ação ergonômica", vem logo após o título que coloca como pré-requisito a necessidade de começar por sua compreensão. Por que essa exigência? Afinal de contas, cada um tem sua idéia sobre a maneira como o trabalho deveria ser modificado, e desconfia da intervenção de um especialista quando não tem certeza se este servirá a seus interesses. É grande então a tentação de fechar o memorial descritivo e limitar a intervenção do especialista à realização de soluções pré-definidas, sem ou com um mínimo de negociação. Mas essa abordagem, que evita uma confrontação sobre a própria natureza do problema a resolver, por mais tranquilizadora que seja, leva também a confinar os atores num confronto esterilizante. A realidade do trabalho usual só aparece aí de forma fragmentada, como argumento invocado por um ou outro, conforme seus interesses. A transformação do trabalho é então mais abordada como a partilha a efetuar do que como inscrição de pontos de vista divergentes numa mesma realidade. Reivindicar, como fazem com razão os autores aqui reunidos, que a eficácia de sua ação se apóie na autonomia de uma abordagem de pesquisa é mais que a indicação de um método; é situar, de imediato, a atividade de trabalho sob o duplo signo da divergência entre pontos de vistas e da cooperação necessária. Compreender torna-se assim o meio de construir uma representação compartilhada do problema a resolver e dos obstáculos que é preciso transpor, antes mesmo de determinar suas soluções e seus meios; e essa compreensão compartilhada começa ainda antes da definição do problema por um trabalho conjunto do ergonomista e dos atores envolvidos.

É preciso se precaver, no entanto, quanto a uma visão idílica de um trabalho humano reconciliado. Desde a noite dos tempos, da maldição de Adão à etimologia da palavra que evoca a tortura, o trabalho, por mais enriquecedor que possa ser, se define antes de mais nada como um constrangimento. Compreende-se então a tentação de alguns em explorar outras vias, a de uma sociedade liberada do trabalho, ou da relação salarial, a da retribuição de atividades livremente determinadas. É preciso reconhecer, entretanto, que essas tentativas deixam transparecer freqüentemente mais o temor frente ao desemprego que alguma alegria emancipatória: têm um sabor de "na falta de outra coisa..." e mesmo aqueles que seriam os beneficiados não se mostram entusiasmados. O que tem o trabalho que torna esse constrangimento desejável e faz que sua ausência traga males ainda piores? É porque o trabalho, esforço consentido para outrem, é ao mesmo tempo constrangimento e fonte de elos sociais. Por ser contribuição do indivíduo à sociedade, o trabalho faz também com que a sociedade tenha obrigações para com o indivíduo e lhe permite nela ocupar um lugar digno. Mesmo se, num jogo de palavras, entenda-se o termo "sociedade" como sociedade industrial ou comercial, ou capitalista, mesmo sabendo-se que a dignidade no trabalho permanece uma conquista a defender e a reatualizar sem cessar, a afirmação não deixa de ser verdadeira: o trabalho é um meio de sair da assistência e da dependência.

Como deixa claro Robert Castel* em seu notável afresco histórico sobre a metamorfose da questão social: o assalariado, originalmente um pária que, não possuindo nem posição, nem saber-fazer particular, tinha que se entregar mesmo a quem pudesse extrair valor de seus dois braços, adquiriu no decorrer desse século XX um estatuto invejado e uma posição respeitada. Ao lado do salário, foi instituído um conjunto de bens comuns, assegurando sua proteção e sua dignidade. Para chegar a isso, foram necessárias longas lutas para encaixar entre si relações econômicas e sociais. Essa integração das dimensões econômicas e sociais do trabalho levou a tornar ultrapassada uma visão que fazia do trabalho uma simples mercadoria e a dar ênfase ao que ele traz de engajamentos recíprocos, o que os juristas designam como sendo o caráter sinalagmático do contrato de trabalho.

Essa concepção enquanto engajamentos recíprocos está hoje fragilizada porque a ligação estabelecida entre trabalho e proteção social, ligação que funda a legitimidade dos engajamentos, encontra-se desestabilizada. De fato, a produção de riquezas suplementares obtém-se mais rapidamente procurando-se ganhos de produtividade que restringem o emprego do que encontrando novas atividades e serviços a desenvolver; assim, o custo da proteção do não-emprego não deixa de crescer em relação às riquezas produzidas pelo trabalho. Alguns se pronunciam pelo retorno ao trabalho sem proteção, outros pela necessidade de proteção e renda sem contrapartida de trabalho. Essa dissociação entre o econômico e o social é carregada de ameaças, não somente do ponto de vista da capacidade de integração e coesão de uma sociedade, mas sobretudo do ponto de vista do desenvolvimento do que deu ao trabalho seu valor. Num momento em que as formas modernas de trabalho requerem uma implicação cada vez mais intensa dos trabalhadores em seu trabalho, tem-se o sentimento de que, enquanto lhes é pedido cada vez mais engajamentos, cada vez menos lhes é dado em contrapartida, tanto no que diz respeito à perenidade de seu emprego, quanto ao reconhecimento de suas competências! No entanto, porque estamos em nossas sociedades condenados ao trabalho, temos que reaprender a relacionar o econômico e o social, e fazer da proteção e do engajamento que ela permite um fator de riqueza. Ora, esse desafio não pode mais ser enfrentado, contrariamente aos tempos triunfantes da industrialização, que concebia o essencial do trabalho como execução, sem a "re-apropriação" do que acontece na empresa por seus trabalhadores, para permitir-lhes integrar, por meio de suas decisões e atividades, as diferentes dimensões técnicas, econômicas e sociais do trabalho a que temos nos referido.

Eis por que precisamos dos ergonomistas, pois, como mostra este livro, são "grandes integradores" por excelência. As relações profissionais não são, nem naturalmente nem espontaneamente, relações de cooperação: porque o trabalho é uma obrigação à qual é necessário subordinar seus próprios desejos, que têm *a priori* todas as razões para ser conflitantes. Os conflitos no trabalho são a expressão de diferenças e de divergências a partir das quais a cooperação deve ser construída, e esta pode sê-lo porque, no fundo, cada um precisa do outro para trabalhar e existir. Os conflitos não são sinal de disfunções ou mal-entendidos, que um pouco de escuta, respeito ou comunicação bastaria para dissipar. Precisam, para serem superados, de um trabalho de mediação e de integração que identifique as divergências e não as anule. É por isso que este livro, que nos dá os meios para tal atitude, poderia igualmente ter como título: "Criar as condições de um trabalho cooperativo".

---

*Robert Castel, *Métamorphose de la question sociale: une chronique du salariat*, Fayard, Paris, 1995, 488 p.